다시 읽는 존 던

다시 읽는 존 던

최재헌

경북대학교출판부

저자_최재헌

경북대학교 영어영문학과, 동 대학원 졸업(문학박사)
미국 오리건 주립대학 및 노스캐롤라이나 주립대학 교환교수
한국밀턴과근세영문학회 회장 역임
현 경북대학교 영어영문학과 교수

주요 저서 및 논문
『다시 읽는 존 밀턴의 실낙원』(2004년 문화관광부 우수학술도서)
『르네상스 시대 영국시의 이해』
『밀턴의 이해』(공저)
『영미시 오디세이』
『포스트모던 시대의 영미시』(공저)
『존 밀턴의 생애와 사상』
『존 던의 초기시 연구』(2013년 대한민국학술원 우수학술도서)
「존 밀턴의 『이혼론』에 나타난 기독교인의 자유와 젠더 문제」 외 다수

다시 읽는 존 던

찍은 날 2013년 9월 25일 | **펴낸 날** 2013년 9월 30일
지은이 최재헌 | **펴낸이** 함인석 | **펴낸 곳** 경북대학교출판부
출판등록 1973년 10월 10일 ㉱97호 | **주소** 대구광역시 북구 대학로 80
전화 053-950-6741~3 | **팩스** 053-953-4692 | **E-mail** press@knu.ac.kr
ISBN 978-89-7180-383-7 93840

정가는 뒤표지에 있습니다.
파본은 바꾸어 드립니다.

책머리에

지금까지 17세기 영국을 대표하는 시인인 존 던(John Donne)에 대한 비평은 그가 후기 르네상스라는 특정한 역사적 순간에 글을 쓴 작가라는 사실에 거의 주의를 기울이지 않았다. 이 시대에 유럽에서는 코페르니쿠스의 지동설 등 당시의 천문학을 비롯한 과학이 인간과 지구가 세계의 중심이라고 생각하던 확고한 믿음을 전복하여 인간을 탈중심화시킨 급격한 변화의 소용돌이가 일어나고 있었다. 특히 던은 당시 과학과 수학의 발명품이자 도구인 망원경과 컴퍼스 등을 사용하여 시간과 공간의 변화 원리를 통해 권위나 젠더, 권력 등의 문제를 다루었다. 여기에는 당시 영국의 제국주의와 팽창주의, 식민주의적 관점에서 여성을 바라보는 시각이 강하게 드러나고 있다. 이런 문화적·역사적 문제들을 드러내 보이며 모호하고 비밀로 가득 찬 던의 텍스트를 해체하여 오늘날 우리가 살고 있는 문화적 순간 속에서 수행되고 있는 다양한 읽기를 모색함으로써 기존의 해석을 대체할 존 던 다시 읽기를 하는 것이 본 연구의 목적이다.

1970년대까지만 하더라도 존 던 비평은 엘리엇(T. S. Eliot)의 형이상학파 시인에 대한 재평가와 신비평적 글읽기 전략과 경향을 반영하는 범주를 크게 벗어나지 못하였다. 그러나 1980년대에 들어서면서부터 젠더 개념이나 이데올로기, 권력, 르네상스기의 언어에 대한 탐구 등으로 인해 기존의 던의 텍스트를 완전히 새로운 시각에서 읽고 이해할 수 있게 되었으며, 글읽기의 바탕이 되어 온 비평적·역사적·문화적 전제들에 대해 재검토하게 되었다. 지금까지 던 연구는 주로 『노래와 소네트』(*Songs and Sonnets*)와 『거룩한 소네트』(*Holy Sonnets*)에 집중되고 있는 반면, 초기 대표작인 『엘레지』(*Elegies*)나 『풍자시』(*Satires*), 그리고 중기 산문과 후기의 종교시와 산문에 대한 본격적인 연구는 국내에서 거의 이루어지지 않았다. 이에 본 저서는 존 던의 초기 작품부터 후기 작품에 이르기까지, 던의 시와 산문을 아우르는 국내 최초의 본격적인 연구서가 될 것이다.

존 던의 초기시에 속하는『엘레지』는 당시의 페트라르카적 전통을 전복시키면서 남녀 간의 새로운 성역할을 묘사하고 있다. 또한 이들 시편에는 신대륙을 탐험하고 끝없이 영토를 확장하며 정복하려는 17세기 초 영국 팽창주의의 시작을 알리는 특징들이 등장한다. 이러한 발견과 정복의 이미지를 통해, 끊임없이 그 의미를 모색하고 있는 던의 사랑의 시편에 자주 등장하는 욕망의 세계는 어떤 성격의 것인지, 그리고 르네상스기 영국에서 여성이 작가나 주체 혹은 개체로서 어떻게 재현되고 있는지를 던의『엘레지』시편들을 중심으로 읽게 될 것이다.『풍자시』에서는 젊은 날에 시인이 겪은 돈과 권력, 성과 같은 유혹에 대한 심각한 고민과 함께 유혹에 쉽게 넘어가는 세태에 대한 신랄한 비판과 풍자, 참된 진리와 종교에 대한 던의 고민과 모색을 조명한다. 이러한 연구를 통하여 1590년대 당시 던이 엘리자베스 여왕 시대 궁정 이데올로기의 핵심이었던 궁정식 사랑의 전통을 거부하고, 이를 노래하는 소네트 양식 대신 남성 화자의 힘과 지배를 강조하고 여성혐오적 경향이 두드러진 풍자시와 엘레지를 씀으로써 궁정식 사랑의 전통을 전복시킨 행위는 다분히 정치적 함의를 지니고 있음을 규명한다.

던은 세인트 폴 성당의 사제가 되기 전, 그의 생애의 중기에 해당하는 시기에 흥미로운 산문 세 편을 연속으로 집필한다. 앤 모어(Anne More)와 비밀리에 결혼하여 감옥에 갇혔다가 이듬해 풀려난 후 던은 궁핍하고 어려운 삶을 이어 갔다. 그가 1608년 중병에 걸렸을 즈음에 쓴『자살론』(*Biathanatos*)은 영어로 된 최초의 자살 옹호론으로 평가받고 있다. 이어서 던은 가톨릭 신자도 국교에 충성을 서약해야 한다는『가짜 순교자』(*Pseudo-Martyr*, 1610)와,『이그나티우스의 비밀회의』(*Ignatius His Conclave*, 1611) 등을 연이어 발표한다. 1605년에 화약 음모 사건(Gunpowder Plot)을 겪은 제임스 1세는 모든 영국 백성들에게 통치자인 왕에게 복종을 맹세하도록 요구하였다. 『가짜 순교자』는 바로 이 '충성 맹약'(Oath of Allegiance)에 대한 왕의 입장을 옹호하는 던이 출판한 최초의 책이다. 이듬해에 발표한 『이그나티우스의 비밀회의』는 『가짜 순교자』의 결론과 같은 내용의 작품으로, 예수회 창시자인 이그나티우스 로욜라(Ignatius Loyola)와 예수회원들에 대한 통렬한 풍자를 담고 있다. 던의 중기에 발표된 이들 산문은 종교와 정치, 교회와 국가, 영혼과 육체, 죽음과 종교적 관용 등에 대한 작가의 생각을 잘 드러내 준다. 이들 중기 산문은 던의 시와 산문을 이해하는 데 중요한 실마리를 제공한다. 그럼에도 불구하고 국내에서 연구가 거의 이루어지지 않고 있는 이들 작품에 대해 본 연구는 그동안의 비평적 성과를 소개하면서 이를 바탕으로 새로운 분석을 시도하고 있다.

아울러 던의 대표작인 『노래와 소네트』와 『거룩한 소네트』를 비롯한 종교시를 오늘날의 정신분석비평과 마르크시즘비평, 페미니즘비평 등 다양한 비평적 시각에서 재조명하는 작업을 수행하였다. 한편, 던은 주로 시인으로 기억되고 있지만 실제로 그가 남긴 작품은 시보다 산문이 더 많으며 생전에 그가 설교자와 종교적 산문 작가로 더 유명했다는 사실을 고려할 때 그의 산문에 대한 본격적인 연구가 절실히 요구된다. 던의 대표적 산문인 『위급한 때의 기도문』(*Devotions upon Emergent Occasions*)과 왕을 비롯한 여러 회중들 앞에서 행한 설교문은 그의 연애시만큼이나 독특하면서도 뛰어난 작품세계를 보여 준다. 특히 "누구를 위하여 종은 울리나"라는 유명한 구절이 나오는 17번 명상을 포함해 23편의 명상을 담고 있는 『위급한 때의 기도문』과 왕 앞에서 행해진 마지막 설교인 「죽음의 결투」("Death's Duel")를 비롯한 설교문에는 그의 시에서 찾아볼 수 있는 문체와 사상이 흐르고 있다. 본 저서는 던의 초기 세속시에서부터 후기 종교시에 이르기까지 다양한 시세계를 분석하고, 동시에 그의 설교와 기도문 등 종교적 산문을 오늘날의 비평적 성과를 바탕으로 새롭게 조명하였다.

존 던은 17세기 영국을 대표하는 형이상학파 시인이면서 영문학사상 가장 현대적인 작가로 평가되고 있다. 그러나 우리나라에는 아직 존 던의 시와 산문을 아우르는 본격적인 연구서가 없다. 지금까지 던에 대한 연구 논문이나 저서는 『노래와 소네트』에 대한 시 해설집과 단편적인 논문이 주종을 이루고 있다. 최근에 와서야 초기시인 『엘레지』에 대한 번역서와 종교시에 대한 번역서, 그리고 죽음의 문턱에서 종교적인 명상을 담고 있는 『위급한 때의 기도문』에 대한 번역서가 출간된 실정이다. 본 저서는 먼저 『노래와 소네트』와 『거룩한 소네트』에 집중되고 있는 존 던 연구의 범위를 확장하여, 그의 풍자시와 엘레지 시편, 종교시들뿐만 아니라 『위급한 때의 기도문』과 설교문 등 산문까지 아우르는 던의 모든 작품세계에 대해 총체적인 연구를 수행한 최초의 본격적인 존 던 연구서라는 데서 그 학술적 가치를 찾을 수 있을 것이다. 던의 대표적인 시와 산문을 신역사주의와 정신분석비평, 마르크시즘비평, 페미니즘비평 등 최근의 다양한 비평적 방법론으로 다시 읽기를 시도함으로써 존 던 연구에 폭과 깊이를 더하면서 17세기 영문학 연구에 크게 기여하는 학문적 성과를 거둘 것으로 기대된다.

본 연구는 2000년 미국 오레곤 주립대학에서 교환교수로 연구할 즈음부터 관심을 기울여 온 던에 대한 15년간의 연구의 집대성이라고 할 수 있다. 이 책이 나오기까지는 세미나와 스터디에 참여하여 작품과 비평문을 진지하게 읽고 발표하고 토론해 준 대학원생들의 노력이 도움이 되었다. 특히 지난 여름방학 동안 정성을 다하여 원고를 읽고 교정과 색인 작업을 해 준 이정영 박사와 박사과정의 유지현, 이지원, 석사과정의 김미혜, 정선화, 김민정, 이성태, 이지연, 이근정, 이윤정, 이들 모두에게 이 자리를 빌려 고마움을 표한다. 아울러 마음껏 연구하고 집필할 수 있도록 도와주고 격려해 주는 아내는 필자에게 늘 큰 힘이 된다.

2013년 가을

복현 연구실에서

최재헌

목차

1

존 던의 생애와 작품

1 존 던(John Donne)은 1572년 런던의 가톨릭 집안에서 태어났다. 그의 아버지는 철물회사의 부유한 관리인으로, 어떻게든지 정부의 간섭을 감쪽같이 피하는 영향력 있는 가톨릭 신자 중의 한 사람이었으나 던이 네 살 때 사망했다. 그의 어머니는 시인이자 극작가인 존 헤이우드(John Heywood)의 막내딸이었고 『유토피아』(*Utopia*)의 작가이자 순교자인 토마스 모어 경(Sir Thomas More)의 조카딸이었다. 두 삼촌은 예수회 신부였다. 그는 옥스퍼드와 케임브리지 대학에서 공부하고 링컨 법학원도 다녔으나 영국 국교에 충성을 서약하지 않아서 학위는 받지 못했다. 1590년대의 어느 때쯤 조용히 가톨릭을 버린 후에도 그는 영국 국교도가 될 마음이 내키지 않았다. 던은 초기시 몇 편이 증명해 주듯이 잠시 종교적 회의에 빠진 듯 잠정적으로 가톨릭 신앙을 포기하고 자유사상을 누리는 자세를 취했다. 그는 장사 수완도 없었다. 비록 아버지로부터 유산을 물려받았지만 그것은 자립을 할 수 있을 만큼 충분한 돈이 못 되었다. 던이 기지와 매력, 학식, 용맹, 그리고 무엇보다도 용모에 의지하여 출세의 길을 택한 연유가 여기에 있었다. 또한 이 무렵부터 던이 오늘날까지 명성을 얻고 있는 『노래와 소네트』(*Songs and Sonnets*)를 쓰기 시작했을 것으로 추측된다. 얼마만큼은 순전히 지적 호기심 때문에 그는 신학, 의학, 법률, 그리고 고전문학에 관한 책을 엄청나게 읽었다. 그리고 자신의 학식과 기지를 과시하기 위하여 글을 썼다. 1593년 그의 동생 헨리(Henry)가 가톨릭 신부

를 은닉시켜 주었다 해서 뉴게이트 감옥에 투옥되었고 곧 병들어 옥사하는 비극이 생겼다. 종교적 갈등이 곧 정치적 논쟁이었던 시대에 던은 구교도와 신교도의 잔인하고 무모한 희생을 지켜봐야 했다. 『노래와 소네트』에 나타난 배반과 부정의 주제는 사랑에 대한 던의 사적인 생각이라기보다는 시대적이고 종교적인 변화와 함께 생각하고 의문을 품고 변화하는 인간을 표현한 것으로 보아야 할 것이다.

그는 대륙을 여행하였는데 특히 스페인을 여행했던 것으로 보인다. 법학원에 들어가 정계나 법조계에서 입신할 뜻을 굳힌 그는 롤리(Raleigh)와 에섹스(Essex)를 따라서 1596년 스페인 보물함대를 추적하는 카디즈 원정(Cadiz Expedition)과 이듬해 아조레스 원정(Azores Expedition)에 나섰다. 이때의 경험은 던의 초기시 「폭풍」("The Storm")과 「정적」("The Calme")에 반영되어 있다. 그는 궁정에 들어갈 기회를 포착하였고, 고귀한 궁정의 귀부인들에게 알랑거렸다. 대체로 그는 등용될 희망에 부풀어 있는 재기발랄한 젊은이의 생활을 영위하였다. 원정에 동참했던 동료 토마스 에거튼 2세(Thomas Egerton Jr.)는 후에 최고 관직에 있던 그의 부친인—당시 국새 상서이고 황실 출납장관(Keeper of the Great Seal and Lord High Chanceller)이었던—에거튼 경에게 던을 소개하였다.

1598년 던이 국새 상서인 토마스 에거튼 경(Sir Thomas Egerton)의 개인비서로 임명되었을 때 출세를 위한 그의 전도는 유망한 듯 보였다. 그는 엘리자베스 여왕의 마지막 의회에 참석했고 궁정의 사교계에 진출하였다. 그러나 1601년 그는 에거튼 경 부인의 조카딸인 17세의 앤 모어(Anne More)와 비밀리에 결혼을 하는 바람에 자신의 세속적인 희망을 꺾어 버렸다. 이때 앤은 17세, 던은 29세였다. 비록 결혼생활은 행복하였지만, 던이 저지른 경솔한 행위는 결코 용서되지 않았다. 이들의 결혼은 신부의 아버지인 조지 모어 경(Sir George More)의 승낙 없이 한 것이어서 관습법과 교회법 모두를 어긴 셈이 되었고, 결국 던은 1602년까지 감옥에 갇혀 있었다. 면직은 곧 그들에게 재정의 몰락을 의미했으므로 던은 그의 아내에게 쓴 편지에서 "존 던과 앤 던이 망했구나"(John Done, Anne Donne, undone)라고 탄식했다. 그는 젊은 시절 에거튼 경의 비서가 되었을 당시에는 공직 생활에 대한 야망을 품었을 것이나, 17세의 어린 소녀와 사랑의 도주를 감행함으로써 대망을 접어야 했을 것이다. 더구나 결혼 후 거의 매해 불어나는 아이들은 던에게는 경제적 어려움을, 부인 앤에게는 건강을 유지하는 데 부담을 주었다. 또한 질병과 사산으로 자식들을 잃어버리는 슬픔을 겪어야 했다. 이 무렵에 던은 스페인 문학을 비롯한 각국의 문학사상에 흥미를 느껴 풍자시와 서정시를 썼고, 가톨릭 신앙에 대해서는 회의적이었다. 조지 모어 경이 그를 투옥시키고 직위를 해제시킴으로써 다음 10여 년간 시인은 늘어나는 식구들을 먹여 살리기 위해 쉴 새 없이 임시 일자리라도 얻어 보려고 안간힘을 쓰지 않을 수가 없었다. 35세가 되었을 때의 던은 이미 더 이상 1590년대의 그 재기발랄한 젊은 멋쟁이가 아니었다.

출옥 후 궁핍하고 괴로운 생활이 15년간이나 계속되었고, 1608년 중병에 걸렸을 때에는 끊임없이 자살을 생각하며 『자살론』(*Biathanatos*)을 쓸 정도였다. 던은 시골에서 부인과 친척들과 함께 살면서 궁색한 생활을 하는 가운데 후원자를 찾았다. 조지 허버트(George Herbert)의 어머니인 맥덜린 허버트(Magdalen Herbert)와 우정을 쌓고, 루시 베드포드(Lucy Bedford) 백작 부인의 후원을 받은 것이 이 무렵이었다. 이 당시 가톨릭 신자도 국교에 충성을 서약해야 한다는 『가짜 순교자』(*Pseudo-Martyr*), 「신성에 관한 수상록」("Essays in Divinity")」 등을 썼으며, 옥스퍼드 대학에서 명예학위(MA)를 받았다.

이때 그는 가톨릭으로부터 영국 국교로 개종하게 된다. 1607년 던이 비록 영국 국교회의 성직을 단호하게 거부한 바 있지만 제임스 왕은 그가 언젠가는 훌륭한 국교회의 설교자가 될 것이라고 확신하고 있었다. 왕이 성직자 외의 어떠한 지위에도 던을 등용 내지 고용해서는 안 된다고 선언한 연유가 여기에 있었다. 불우한 가운데서도 1609년에는 뛰어난 종교시 『거룩한 소네트』(*Holy Sonnets*)를 썼고, 이어서 「세계의 해부」(“An Anatomy of the World”)와 그 속편 「영혼의 걸음」(“Of the Progress of the Soul”)으로 이루어진 『기일』(*The Anniversaries*)을 썼다. 이 작품은 자신의 든든한 후원자인 로버트 드루리 경(Sir Robert Drury)을 위하여, 그가 살아서 한 번도 본 적이 없는 드루리의 외동딸 엘리자베스(Elizabeth)의 죽음을 애도하는 비가이다. 『첫 번째 기일』(*Anatomy of the World: The First Anniversary*)은 1611년에 출판되었는데, 이것이 최초로 출판된 던의 시였다. 던은 가족과 함께 런던의 드루리가(街)에 있는 후견인의 집에서 살 수 있었고, 1611년 드루리와 동행하여 대륙여행도 하게 되었다.

가톨릭 가정에서 태어났고 왕권이 종교를 지배하는 것에 항거하다가 순교한 토마스 모어 경의 자손이기도 했던 던이 종교를 바꾸는 것은 신념을 배반하는 고통이었을 것이다. 당시에는 구교도들이 박해를 받던 시절이었고 관직에 오르기는 더더욱 어려웠다. 『거룩한 소네트』는 이러한 던의 종교적 갈등을 잘 반영한다. 그의 마음속 깊숙이 자리하고 있는 죄의식이 구체적으로 무엇인지 나타내 주지는 않는다. 『거룩한 소네트』는 근본적으로 던의 젊은 날의 『노래와 소네트』에서처럼 자신과의 끈질긴 ‘논쟁’이다. 그러나 던의 종교시에서 ‘논쟁’의 결말은 ‘구원의 요청’이다. 던은 다시 관직에 오르기를 희망했으나 이 바람은 이루어지지 않았다. 대륙여행을 다녀온 그는 국왕의 조언을 받아들여 망설임을 극복하고 1615년에 성공회 신부로 임명됨으로써 성직에 발을 들여놓았다. 그동안 제임스 왕의 사제였던 토마스 모튼(Thomas Morton)과 일하면서 국교 기피자들을 개종하도록 종용하는 가운데, 1615년 성공회 신부로 임명되었던 것이다. 그는 당연한 순서에 따라서 링컨 법학원의 신학강사에 임명되었다. 17세기에는 설교가 궁정의 사교계에서, 그리고 변호사들의 집합소인 네 법학원에서 정신적인 신앙심의 한 형식, 즉 지적인 활동도 되었고 연예행사도 되었다. 던의 형이상학적 스타일, 두드러진 박식, 그리고 극적인 기지는 당장에 그를 위대한 설교자로 부각시켰다. 그의 설교는 약 160편이 남아 있다.

던은 1617년 부인 앤이 열두 번째 아기를 사산하면서 33세로 요절하는 인생 최대의 슬픔을 겪게 된다. 부인을 여의고 일곱 명의 살아남은 아이들과 생활하면서 1621년 세인트 폴 성당의 수석사제가 되어 죽을 때까지 그 직에 있었다. 그곳에서 구시가의 변호사, 궁정인, 도매상과 소매상들이 모인 많은 회중에게 설교를 하였다. 게다가 그의 개인적인 기도집이 1624년에 출판이 되었고, 사망하기 몇 년 전까지는 계속해서 종교시를 썼다. 후기에는 대부분의 종교시(Divine Poems and Holy Sonnets)와 유명한 『위급한 때의 기도문』(*Devotions upon Emergent Occasions*, 1623)을 남겼다. 기도문에는 "어느 누구도 완전한 섬이 아니다"(No man is an island entire of itself)나 "누구를 위해 종을 울리는지 알아보려고 하지 마라"(Ask not for whom the bell tolls)와 같은 잘 알려진 구절들이 있다. 오랫동안 병상에 있었던 던은 1631년 그의 유명한 「죽음의 결투」("Death's Duel")를 설교하고 얼마 안 되어 세상을 떠났다. 이 마지막 설교는 죽음에 대한 생각에 사로잡혀서 죽기 몇 주일 전, 이른 바 자신의 장례식을 염두에 두고 한 설교라고 할 수 있다. 그것은 수의를 입고서 자신의 마지막 초상을 위해 포즈를 취하고 있는 사람에게나 어울릴, 사멸에 대한 무시무시한 개인적인 명상이다.

2 던의 시는 그의 선배들 및 대부분의 동시대인들이 쓰던 시와는 선명한 단절을 이루고 있다. 대다수 엘리자베스 시대의 시는 그 특징이 장식적이고 화려하며, 이미지는 아름답게 치장되고 운율은 감미롭다. 이미지와 이미지가 서로 조화를 이루고 시행은 거의 예상이 가능할 만큼 정확히 물결치면서 다음 시행으로 넘어간다. 반면에 던의 시에는 거의가 극적인 대조와 긴장, 혹은 지적인 난해성 등의 요소를 담고 있는 농축된 이미

지를 특징으로 하는 기상(conceit)이 자주 구사되며, 대부분의 전통적인 수식은 완전히 사라져 버린다. 예를 들면 그의 연애시에서는 결코 피 흘리는 심장, 장미 같은 뺨, 버찌 같은 입술, 진주 같은 이, 혹은 사랑의 화살을 쏘는 큐피드 같은 표현을 만나 보지 못한다. 「고별사: 눈물에 대하여」("A Valediction: of Weeping")에서 흐르고 있는 눈물은 불행한 연인들이 흘리는 소금기 있는 액체와는 다르고 훨씬 더 복잡하다. 그것은 영이고, 무이고, 애인 없는 세상의 공허함의 상징이다. 그렇지 않으면 그것은 갑자기 그녀의 모습을 비추는 지구가 되고 세계가 되어 만물을 다 실어 담기도 한다. 기상을 구사하는 시인은 자신의 재간만 과시하는 것이 아니라 철학자만큼 깊이 세계의 본질을 꿰뚫어 보기도 한다. 특히 던의 기상은 개인적인 것에서 우주적인 것으로, 그리고 다시 우주적인 것에서 개인적인 것으로 끊임없는 궤도를 그리면서 계속 비약한다.

던의 리듬은 구어체이고 가지각색이다. 그는 아이디어만을 비비 꼬고 뒤트는 것이 아니라 운율의 패턴과 문법 그 자체까지도 그렇게 하기를 좋아한다. 르네상스의 작가들이 "거칠고" "괴팍한" 장르로서 이해하고 있던 풍자시에서는 그의 이러한 왜곡이 흔히 표현 그 자체의 흐름까지 완전히 막아 버릴 우려가 있다. 그러나 주제가 세속적인 것이거나 종교적인 것이거나 간에 서정시에서는 만가나 소네트에서와 마찬가지로 시의 운율이 어김없이 복잡하면서도 기억할 만한 멜로디를 창조하다. 던은 현대 시인 T. S. 엘리엇과 마찬가지로 은화처럼 맑게 마음속을 울려 주는 구절들을 지워 버리는 데 남다른 재능을 가지고 있었다. 그들은 밀턴의 품위 있고 무게 있는 시풍에서도, 엘리자베스 조의 감미로운 아름다움에서도 벗어나 있는 구어체 스타일의 양대 시인이다.

던과 그의 추종자들은 문학사에서 형이상학파 시인들(metaphysical poets)이라고 알려져 있다. 엄밀히 말해서 이것은 잘못 붙인 이름이다. 던을 모방했던 시인들이 어떤 조직된 그룹을 형성하고 있었던 것도 아니고,

또 설사 그런 것이 있었다고 하더라도 스스로를 '형이상학파' 시인들이라고 불렀을 리가 만무하기 때문이다. 그 용어는 드라이든과 존슨 박사에 의해서 만들어진 것이었다. 그러나 던의 시 스타일의 영향은 시적인 취향이 특히 1660년 이전에 형성되었던 사람들에 의해서 광범위하게 느껴졌다. 조지 허버트, 리처드 크래쇼, 헨리 보온, 앤드루 마블, 에이브러햄 카울리 등은 단지 던의 영향을 찾아볼 수 있는 시인들 중 가장 유명한 시인들이었다. 그러나 1660년 문학적인 취향의 대변화가 일어나자 던과 기발한 스타일은 유행에서 사라지게 되었다. 18세기와 19세기 동안에는 그와 그의 추종자들의 작품이 거의 읽혀지지 않았으며, 하물며 그 진가가 파묻혀 있었음은 말할 것도 없다. 마침내 19세기 말과 20세기 초에 세 권의 새로운 던의 시집이 나왔는데, 그중에서 1921년에 발간된 그리어슨의 편집본이 재빨리 표준본으로 인정을 받았다. 몇 번이고 멋대로 고쳐진 텍스트를 정비하고 정화함으로써 그리어슨은 현대독자들이 던의 시에 보다 가까워지는데 지대한 공헌을 하였다. 즉시 그것은 현대의 시작에 영향을 미치기 시작하였다. 왜냐하면 당시의 현대 시인들은 19세기 말기의 낭만주의가 보여주었던 낡아 빠진 수사로부터 그들을 구해 줄 억센 스타일을 몹시도 갈망하고 있었기 때문이다.

던의 현대적 명성을 확립시켜 준 시들 중 불과 한두 편만이 그의 생전에 출판되었고, 대부분의 시들은 필사본의 형태로 궁정과 문단에 널리 회람되고 있었다. 사태가 이처럼 어중간하게 된 데에는 실제적인 이유가 있었다. 즉, 많은 시들이 진지하고 독실한 성직자로서의 던의 명성에 오점을 찍었을 그런 것들이었기 때문이다. 그리고 또 그 시들이 어렵고 인유적이기 때문에 겨우 몇 사람만이 읽고 싶어 했을 뿐이기도 하였다. 이처럼 던은 수서본 시집들을 접해 볼 수 있는 비교적 한정된 집단의 바깥에서는 주로 설교자로서, 그리고 종교적인 작가로서 알려져 있었다. 그러나 이러한 방면의 재능에서도 그는 굉장히 생산적이고 영향력 있는 사람이었다.

2

『엘레지』

존 던의 『엘레지』(*Elegies*)에 담겨 있는 20편의 시는 오늘날의 애가나 비가의 성격을 크게 지니고 있지 않은 연애시들이다. 그리스와 로마 문학에서 '엘레지'란 용어는 6보격 행과 5보격 행이 번갈아 오는 소위 '엘레지 율격'(elegiac meter)으로 쓰인 시 모두를 지칭하였고, 이러한 시 형식을 빌려 표현된 변화와 상실, 특히 사랑에 대한 불평 등과 같은 주제를 의미하는 데 사용되었다. 르네상스기 유럽과 영국에서 '엘레지'라는 용어는 던의 엘레지처럼 사랑의 시편을 지칭하기도 하는 등 다양한 용례로 사용되다가, 17세기에 들어서 오늘날과 같이 특정인의 죽음을 격식을 차려 다소 길게 노래하는 애가에 한정해서 사용하게 되었다(Abrams 72). 16세기 말에서 17세기 초에 걸쳐 창작된 던의 엘레지 시편들은 그중 많은 시가 사랑의 무상함과 상실을 강조하고 있다는 점에서 앞서 이야기한 엘레지적인 요소를 지니고 있기는 하지만, 그래도 연애시로 보는 것이 타당할 것이다.

던의 엘레지에 대한 연구는 80년대 들어서 마로티(Arthur Marotti)의 연구로 새로운 전기를 맞는다. 그의 새로운 접근 이후로 파핏(George Parfitt)과 피쉬(Stanley Fish), 영(R. V. Young), 패터슨(Annabel Patterson), 귀보리(Achsah Guibbory) 등에 의해 획기적이고 다양한 연구들이 이어지게 된다. 이들의 연구는 엘레지에 등장하는 여성을 기존의 성애적 시각에서만 바라보지 않는다. 이들은 오늘날의 현대비평을 바탕으로 한 다양한 관점에서 사랑의 정치학이나 던의 여성 혐오적 경향, 그리고 남성과 여성 간의 권력 관계 등 야망과 정치와 권력에 초점을 맞추어 조명하고 있다. 페미니스트 학자들과 영국 르네상스 시대를 연구하는 역사학자들은 여성들이 독립의식을 가지고 양성의 역할에 대해 큰 관심을 가지게 된 여러 요인이 발생한 시기를 1540년에서 1640년 사이로 보고 있다(Benet 19-20). 즉 시장경제가 팽창함에 따라 목장일과 옷을 만드는 데 많은 여성들이 직접적으로 가담하게 되었으며, 그 결과 가정 밖에서 여성의 생산성이 증대된 것을 예로 들 수 있다. 거기다가 결혼을 동반자 관계로 여기고 가정에서의 여성의 도덕적 책임을 강조한 청교도적 이상도 큰 영향을 미쳤을 것이다. 또한 16세기 후반은 엘리자베스 여왕이 통치하던 시기라는 사실과 함께, 도시화가 진전되면서 여성이 비교적 자유를 누리게 된 것도 여성의 사회적 지위와 의식에 큰 변화를 초래한 요인으로 짐작할 수 있다.

최근의 존 던 연구는 사랑의 시와 후원제 사이에, 그리고 사랑의 디스코스와 야심찬 남성들이 엘리자베스 여왕의 조정에서 출세를 모색하는 것 사이에 중요한 연관이 있음을 보여 주는 등 던의 사랑의 시편에 나타난 정치적 환경과 차원들을 분석하고 있다. 또한 『노래와 소네트』(*Songs and Sonnets*)나 『엘레지』가 집필된 시기가 엘리자베스 여왕이 통치하던 시기라는 사실에 주목하면서 강한 가부장적·위계적 문화가 지배하던 사회에서 여성의 통치에 복종하는 데 대한 긴장이 시에 반영되어 있다는 사실을 지적하기도 한다. 즉 많은 시가 사랑에 있어서 여성의 우위를 공격하거나 거부하고 있으며 남성의 지배를 회복하려고 시도하고 있다는 것이다. 따라서 이들은 외견상으로는 사랑을 노래하면서 동시에 암암리에 정치적인 성격을 띠고 있는 것으로 해석된다(Guibbory 1999, 25-44; Marotti 44-45).

던이 페미니스트 비평가들의 주목을 새롭게 끌고 있다는 사실은 놀랄 만한 일이 아니다. 가부장적 가치에 기초한 문학의 정전을 깨뜨려 보려는 이들 비평가들에게 『노래와 소네트』에 실린 사랑의 시들은 던이 앤 모어(Anne More)와의 비밀결혼으로 인해 그 당시 받았던 평판과 함께 상당한 유인으로 작용하기 때문이다. 이들 페미니스트 비평가들은 던이 한 남성으로서 글을 쓰고 있으며, 이전의 비평가들이 그의 시에 나타난 성 차별적 시각들을 발견하고 분석하는 데 실패하였음을 지적한다. 아울러 때때로 그가 만들어 내는 부도덕한 시 속에 미화된 남성성을 찬양하며, 그의 몇몇 작품 속에 나타나는 더 실제적이고 매혹적인 주제인 숭고한 문제들은 도외시하였다고 비판하고 있다. 이들은 또한 여성 혐오적 경향을 보여 주는 던의 시들은 여성을 비인간화하여 어떤 인격도 지니지 않은 살덩어리이며, 이들의 감정은 전혀 고려의 대상이 되지 않는다고 주장한다. 데이비스(Stevie Davies)는 이러한 예를 남성들의 방탕한 행위와 성애적 장면이 적나라하게 묘사되고 있는 『엘레지』에서 찾고 있다(30-35). 이들은 기존의 체제와 사회에 저항하는 『엘레지』의 시들이 위트와 충격적인 전략을 사용하면서 남성적 시각에서 여성 혐오적이고 호색적인 경향을 적나라하게 드러내고 있다고 보는 것이다.

던의 연애시에서는 여성들이 흔히 부정하고 변덕이 심한 존재로 그려져 있다. 특히 그의 『엘레지』는 여성을 남성이 근접할 수 없는 순결하고 이상적인 대상이 아니라 천하고 부정하고 때로는 매우 혐오스럽기까지 한 존재로 묘사하고 있다. 이러한 경향은 여성의 몸을 순결하고 고상하고 완전한 것으로 이상화하고 있는 전통적인 페트라르카풍의 연애시와 궁정식 사랑시의 전통과는 거리가 멀다. 던은 여성을 불쾌한 존재로 그림으로써 이들이 더 이상 숭배하거나 존중할 대상이 아니며, 나아가 이제까지 이상화되어 온 여성의 이미지는 깨뜨려져야 하는 것임을 보여 준다. 던의 엘레지에서 여성의 부정함과 변덕(inconstancy)은 이러한 던의 혁명적인 글쓰기를 구성하는 핵심 요소이며, 이 변덕으로 인해 던의 시에 등장하는 자아는 끊임없이 전치(displacement)되는 경향을 보인다.

기존의 사회가 갖고 있는 제도와 관습에 대한 던의 저항과 도전은 그의 풍자시와 함께 『엘레지』에서 쉽게 찾아볼 수 있다. 이 『엘레지』에 실린 시들은 부정하거나 사회적으로 용인되지 않는 관계를 통해 부모나 아버지, 남편으로 대표되는 전통적인 권위에 맞서는 내용을 담고 있다. 예를 들어 「엘레지 4: 향수」("Elegy 4: The Perfume")는 어린 소녀와의 관계를, 「엘레지 1: 질투」("Elegy 1: Jealousy")와 「엘레지 7: 자연의 풋내기 바보」("Elegy 7: Nature's Lay Idiot")는 유부녀와의 관계를, 그리고 「사포가 필레니스에게」("Sappho to Philaenis")는 레즈비언의 사랑을 다루고 있다. 또한 이들 관계는 종종 위험한 공적인 세계로부터 감추어진 은밀하고 사적인 것으로 그려지고 있음을 볼 수 있다(Guibbory 1993, 132).

영국 르네상스 시대의 연애시는 로마 시인 오비디우스(Ovid)와 이탈리아 시인 페트라르카(Petrarch)의 전통을 이어받고 있다. 페트라르카는 중세 시대의 기사도 전통에서 궁정의 기사가 귀부인에게 바치는 헌신과 흠모를 주제로 한 소네트를 발전시켰는데, 오비디우스의 『사랑의 기술』(*The Art of Love*)을 모델로 하여 이상화된 여성에 대한 남성들의 일방적이고도 맹목적인 사랑을 다루고 있다. 여성의 이상화된 아름다움과 냉혹함으로 인해 사랑에 빠진 남성이 잠 못 이루고 몸부림치는 상황을 다루는 소네트를 중심으로 한 연애시는 특히 영국에서 선풍을 일으키는데, 이는 아마도 엘리자베스 여왕에 대한 국민들의 왜곡된 갈망이 가장 큰 원인으로 생각된다. 페트라르카식 사랑법은 엘리자베스 여왕이 죽고 17세기 사실주의 문학의 선구자격인 존 던에 의해 철저히 부정될 때까지 이어진다(최재헌, 『영국시의 이해』 1-2).

여성을 욕망의 대상이 아니라 미학적인 아름다움과 종교적인 덕목과 순결함을 지닌 이상적인 존재로 그리고 있는 페트라르카의 전통과 달리, 오비디우스의 연애시는 여성을 성적인 욕망의 대상으로 보고 이 욕망을 충족시키는 것에서 사랑의 보답을 찾고 있다. 따라서 오비디우스는 여성의 도덕성이나 정절을 이야기하기보다는 감각을 자극시키거나 성애에 대한 사실적인 묘사로, 상스럽기까지 한 사랑을 그려 낸다. 던은 이러한 문학적 전통 속에서 자기 시의 모델을 페트라르카의 시에서보다는 오비디우스의 시에서 찾고 있다. 던은『엘레지』와『노래와 소네트』에 실린 초기시에서 오비디우스의『아모레스』(*Amores*)에서 볼 수 있는 관능적이며 감각적 사랑에서 벌어지는 극적 요소들을 모방한다. 사랑에 대한 지나친 이상화를 거부하고 사실적인 분석을 행한 오비디우스처럼, 던은 인간이 동물과 공통된 본성과 육체를 지니고 있다는 생각에서 사랑을 거의 육체적인 것으로 다루고 있다. 이들 시에서 남성 화자는 남녀 관계에서 돈과 성행위에 대한 자신들의 관심을 솔직히 인정하면서, 이상이 아니라 실제적인 것에 따라 행동한다. 오비디우스가 사랑의 노예가 된 연인을 노래한 라틴 엘레지의 전통을 깎아내리고 수정을 가하고 있듯이, 던 역시 페트라르카의 전통을 전복시키고 있는 것이다. 오비디우스는 사랑을 사랑하는 여인과 그녀에 대한 감정에 지배되는 것이 아니라 연인 스스로가 조절하면서 행하는 일종의 기교로 보았다. 따라서 그의 시에 등장하는 연인은 세련된 위트와 자의식을 지닌 합리적이고 자기 통제력을 지닌 인물로 묘사되고 있다. 던의 엘레지가 이 오비디우스의 엘레지와 다른 점은, 귀보리가 지적한 바와 같이, 던의 경우 남성화자의 우월성이 강조되면서 여성 혐오적 경향이 짙게 드러나는 등 젠더가 특별한 중요성을 띠고 있다는 사실을 들 수 있을 것이다(Guibbory, *Elegies* 819-20). 또한 오비디우스가 성적 쾌락을 비교적 분명한 어조로 다루고 있는 반면, 던은 복잡한 수사적 기교를 구사하며 이 욕망의 문제를 직접적으로보다는 비유적으로 다루고 있는 점에서 뚜렷한 차이를 보이고 있다(Belsey 66-70).

던의『엘레지』는 남녀 간의 성적인 문제를 다루고 있지만 일반적인 의미의 연애시라고는 할 수 없다. 왜냐하면 이들 시가 어떤 특정한 관계나 연애 감정에 초점을 맞추고 있지 않기 때문이다. 대부분의 엘레지는 베넷(Diana Benet 19)이 말한 바와 같이 남성과 여성의 본성과 역할에 관한 시이면서, 양성 간의 가족관계나 사회적 관계를 다루고 있다고 하겠다(19).

이들 가운데, 특히 추하게 생긴 여성에 대해 과장된 묘사를 하고 있는 「엘레지 2: 철자 바꾸기」("Elegy 2: The Anagram")와 「엘레지 8: 비교」("Elegy 8: The Comparison")는 여성의 아름다움에 대한 정의와 가치를 주로 다루고 있다. 즉 전자는 아름다움과 추함의 요소들은 동일한 것이며, 추함이 보다 바람직하다는 사실을 보여 주고 있으며, 후자는 여성의 매력과 혐오스러움은 이들을 바라보는 남성의 시각에 전적으로 달려 있다고 주장하고 있다. 「엘레지 2」는 당시 유행하던 오비디우스풍의 호색문학뿐만 아니라 페트라르카의 궁정문학의 전통에 의해 신비화되던 에로티시즘에 대해 점점 노골적으로 거부하는 방향으로 나아가면서 조직적으로 기존의 전통을 전복시키고 있다. 마로티의 주장처럼 이 시는 단순히 반(反)여성주의만을 보여 주는 것이 아니라 성애를 둘러싼 관습과 의식 전반에 대해 의문을 제기하고 있다. 또한 냉소적이면서도 재치 넘치는 어조로 궁정 연애의 정중한 전통을 공격함과 동시에, 던과 그의 친구들이 탐닉하던 성적 모험에 대해서도 공격하고 있다(Marotti 48-50).

남녀 간의 관계를 다루는 많은 『엘레지』 시편들은 두드러지게 여성 혐오적인 시각을 드러내고 있다. 지금까지 많은 비평가들이 던의 호혜적인 사랑의 시들은 시인의 진정한 감정을 담고 있다고 보는 반면, 여성 혐오적이고 냉소적인 시들은 청년 시절에 친구들끼리 돌려 읽기 위해 재치와 수사력을 마음껏 과시하여 재미 삼아 쓴 것이기에 시인의 실제 생각을 담고 있다고 보지 않는 경향이 있었다. 그러나 귀보리는 이러한 비평적 태도가 일관성이 없고 편향적이라고 비판하고, 던의 『엘레지』를 비롯한 많은 시에서 여성 혐오적인 시각은 부인할 수 없을 정도로 지배적으로 드러나 있다고 주장한다(Guibbory, *Elegies* 812). 그녀는 『노래와 소네트』에 실린 다수의 시에서는 『엘레지』와 전혀 다른 시인의 태도도 물론 발견할 수 있지만, 그렇다고 해서 『엘레지』에 노골적으로 드러나 있는 여성 혐오적 경향을 인정하기를 거부하고 억압하는 것은 시인과 그의 시에 대한 올바른 태도가 아니라는 설득력 있는 주장을 펴고 있다. 엘리자베스 여왕이 다스리던 시대에 남녀 간의 연애 관계에서 여성의 지배를 공격하는 것은 바로 공적인 세계에서 여성의 통치를 간접적으로 공격하는 것으로 볼 수도 있다. 남녀 간의 사랑을 다룬 던의 엘레지들은 정치적인 색채가 농후한 언어로 쓰여 있다. 많은 시들이 겉으로는 연애시의 모습을 하고 있으나 은연중에는 정치적인 성격도 지니고 있는 것이다. 따라서 이들 엘레지는 사랑하는 사람들 사이의 관계의 역학을 탐구하면서 동시에 정치적으로 체제 전복적인 잠재성도 갖고 있다는 해석이 가능하다.

던은 『엘레지』를 포함한 자신의 시가 생전에 출판되는 것을 원하지 않았을 뿐만 아니라, 만년에는 이들 시를 쓴 것조차 후회했다고 전해진다. 1633년에 시집이 처음 출간되었을 때 5편의 엘레지를 포함해서 많은 시들이 출판 허가를 받지 못했다. 그 이유는 단순히 이들 시가 지닌 지나치게 성애적인 경향 때문만은 아닐 것이다. 던의 엘레지는 엘리자베스 여왕이 통치하던 시기뿐만 아니라 그가 마침내 교회에서 높은 성직에 오른 제임스 1세와 찰스 1세가 다스리던 시기에조차도 상당히 위험한 작품으로 간주되었던 것 같다.

던은 엘리자베스 시대에 유행한 기사도적인 사랑시를 쓰지 않고 항상 자신만의 독특하고 거친 목소리를 지니고 있었다. 그의 많은 연애시들이 유혹과 성에 관한 것이지만 의외로 관능적인 이미지나 육체에 대한 묘사는 찾아보기 힘들다. 이는 그의 시들이 단순히 유혹을 다루고 있는 것이 아니라 이를 넘어선 더 큰 다른 목적, 즉 독자들의 생각을 재검토하도록 요구하는 대담하고 독창적인 수준으로 시인 자신의 생각을 발전시킬 목적으로 씌어졌음을 의미하는 것이기도 하다(최재헌, 「여성의 목소리」 308). 그러나 1590년대 당시 던이 엘리자베스 여왕 시대에 궁정 이데올로기의 핵심적인 부분이었던 궁정식 사랑의 전통을 거부하고, 이를 노래하는 소네트 양식 대신 남성 화자의 힘과 지배를 강조하고 여성 혐오적 경향이 두

드러진 풍자시와 엘레지를 통해 궁정식 사랑의 전통을 전복시킨 행위는 다분히 정치적 함의를 지닌 것으로 생각될 여지가 있었다. 즉 페트라르카적 전통을 반대하고 여성을 비하하면서 여성에 의한 지배를 전복시키고 남성의 주권을 회복하려는 욕망을 드러내는 이들 시는 여성군주에 의해 지배되는 정치구조에 대한 불편한 심기가 반영된 것으로 볼 수 있으며, 나아가 이러한 상황을 전복시켜 남성의 우월성과 지배를 주장하려는 반동적인 성향을 지니고 있다고 할 수 있다.

정숙하고 도달하기 힘든 높은 신분의 여성을 흠모하면서 복종하고 충성을 다하는 남성 구혼자의 상황을 다루고 있는 궁정식 사랑시의 전통은 엘리자베스 여왕과 그의 총애와 환심을 사려고 했던 야심찬 궁정인들 사이의 복잡한 관계에 그대로 맞아떨어진다. 이러한 맥락에서 우리는 던이 자신의 시에서 이들 전통을 배격하고 조롱한 숨은 의도를 간과하지 않아야 한다. 나아가 던이 풍자시와 엘레지라는 장르를 선택한 이면에 깔려 있는 반체제적인 성향은 1590년대에 던이 에섹스(Essex)를 따라 1596년과 1597년 두 차례에 걸쳐 스페인 정복에 나선 에섹스 서클과 관련지어 볼 수 있을 것이다. 에섹스는 바로 1590년대 내내 여성 군주를 섬기기 싫어하여 여왕과 권력 투쟁을 벌이다가 결국 1601년에 반역죄로 처형당한 인물이다. 당시 사적으로 돌려 읽히던 던의 『엘레지』에는 바로 이와 관련한 정서가 암암리에 흐르고 있음에 주목할 필요가 있다. 즉 이들 시에는 에섹스와 그의 일파들이 표명하였던 여성의 통치와 지배에 대한 태도가 담겨 있는 것이다. 반(反)페트라르카주의와 젠더 관계에 대한 재고라는 던 시 전체의 틀은 여성 군주가 지배하는 정치적 구조에 대한 불편한 감정과 이를 거부하고자 하는 의지를 반영하고 있다. 이렇게 해서 남녀 사이의 은밀하고 사적인 관계와 정치 체제의 권력 구조는 서로를 반영하면서 강화해 준다. 만일 사적인 세계와 공적인 세계가 이처럼 밀접하게 관련을 맺고 있다면, 사적인 영역에서 일어나는 관계의 변화는 아마도 정치의 세계에서도 상응하는 변화를 일으킬 것으로 추정할 수 있다.

페트라르카의 전통을 패러디하고, 여성을 비하하고, 여성의 통치와 지배를 전복시키고, 거듭해서 남성의 주권을 강조하는 던의 시적 경향은 여성이 통치하던 당시 영국의 역사적 상황의 산물 내지는 그에 대한 반동의 결과라고 할 수 있을 것이다. 나아가 시인은 이러한 긴장을 통해 남성의 우월성과 지배권을 강하게 주장하면서, 상대적으로 여성의 제멋대로 구는 성향과 남성의 지배에서 벗어나고자 하는 속성 등을 부각시키고 있다. 이처럼 던의 많은 시들은 사랑에 있어서 여성의 우위를 공격하거나 거부하고 있으며 남성의 지배를 회복하려는 시도를 보이고 있다. 이들은 외견상으로는 사랑을 노래하면서 동시에 암암리에 정치적인 성격을 띠고 있는 것으로 해석할 수 있다. 던은 안정되고 영원한 위계질서라고 여겨졌던 가부장제가 위협을 받는 당시의 정치적 상황에서 젠더와 성의 구별이 무너져 내리는 것 같은 당혹감을 느낀 것으로 보인다. 이는 그가 호색적이고 반역적이며 공격적인 여성뿐만 아니라 유약하고 여성적인 남성도 공격한 것을 보면 알 수 있다. 던의 엘레지는 사적인 인간관계와 정치적인 인간관계 사이의 밀접한 연관성을 제시하면서 전통적인 성 역할과 질서가 흔들리고 전도되는 상황 속에서 시인이 느낀 갈등과 위기의식을 탁월하게 형상화해 내고 있는 것이다.

던의 엘레지는 동시대의 서정시와 비교해 볼 때, 석(Richard Sugg)이 말한 것처럼 성적인 모험과 당시의 시대적 배경을 정확하고도 극적인 사실성으로 그려 내고 있다는 점에서 예술성을 높이 평가할 수 있을 것이다(41). 던의 『엘레지』는 그의 『노래와 소네트』에 비해 당시의 사회상을 보다 많이 보여 주고 있다. 이와 관련하여 리드(David Reid)는 『노래와 소네트』에서 사랑은 외부세계를 사라지게 하지만, 『엘레지』에서는 사회적 유대가 우리로 하여금 사랑을 외부의 시각으로 바라볼 수 있게 해 준다는 점을 지적한다(53). 이들 엘레지의 화자는 극적 독백으로 자신의 불만을 이야기하는 경우가 많아서 『노래와 소네트』나 다른 시들에서보다 극적인 상황에 대한 풍부한 정보를 우리에게 제공한다. 그리고 『엘레지』에 등장하는 인물들은 앞서 다룬 엘레지의 화자들처럼 대개 매력적인 인물이 아니라 비열하기까지 하며, 이들이 처한 상황도 부도덕하고 추하며 수치스러운 경우가 많다. 이와 관련하여 마로티는 던의 엘레지에 그려진 매너와 소재가 그의 『풍자시』와 마찬가지로 그 시대의 특수한 사회문학적(sociaolitarary) 환경에 적합한 태도와 상황에 기초하고 있기 때문이라고 밝히고 있다. 그에 따르면 던은 엘레지에서 당시의 궁정을 중심으로 한 사회적·문학적 양식에 도전하여 정중한 찬사를 솔직하고 직접적인 말로, 이상적인 성애를 성적 사실주의로, 감상적인 신비화를 비판적인 논쟁으로, 자신을 내세우지 않고 공손하게 굽신거리던 태도를 공격적이고 남성적인 자기주장으로 대체하고 있다는 것이다(Marotti 45). 정치적 관점에서 접근하는 마로티의 연구와 시각을 같이하는 귀보리도 『엘레지』에 그려진 사랑이 남녀 간의 권력 관계를 다루고 있으며, 성애에 대한 묘사가 여성의 몸과 성관계와 성차(sexual difference)를 재현하는 것으로 보고 있다(Guibbory, *Elegies* 811).

물론 던의 엘레지에서 엿볼 수 있는 성 역할의 전도와 남성 지배적 사회 구조 및 위계가 붕괴되는 조짐을 오늘날과 지나치게 동일선상에 놓고 보는 것은 르네상스 시대 사회 구조가 지닌 힘과 견고성과 지속성을 극단적으로 과소평가하는 우를 범하는 것일 수 있다. 이 시대는 아직 집안에서 정한 대로 나이 많은 부자에게 시집가지 않으려고 고집부리는 귀족 가문의 딸조차도 매를 때리거나 굶기고 방안에 가두는 일이 흔하게 일어나던 때이기 때문이다. 실제로 던 자신의 딸 콘스탄스(Constance)도 20살의 나이에 58세의 나이 든 배우 겸 감독인 에드워드 앨린(Edward Alleyn)에게 시집을 갔다. 엄격한 가부장적 질서와 법이 지배하던 영국의 르네상스 가정에서 프로테스탄티즘은 가장에게 가족들에 대하여 사제와 같은 종교적 권위를 부여함으로써 16세기 초에 이미 절대적이라 할 만했던 아버지의 권위를 한층 강화시키는 역할을 하였다. 이러한 상황을 고려할 때, 엘레지 시편에서 접하게 되는 남성보다 더 적극적이고 힘 있고 수완 있는 여성들과 이들에 대한 여성 폄하적인 표현들은 여성의 사회적·경제적·문화적 지위와 신분이 향상되는 가운데, 남성들이 여성에 대한 전통적 지배권을 잃게 되지 않을까 하는, 그리고 전도된 성역할이 가족과 사회의 기초를 깨뜨리지나 않을까 하는 두려움과 사회적 위기감이 드러난 것으로 보는 것이 타당할 것이다.

던의 엘레지를 포함한 사랑의 시편에는 신대륙을 탐험하고 끝없이 영토를 확장하며 정복하려는 17세기 초 영국 팽창주의의 시작을 알리는 특징들이 자주 등장한다. "젠더와 식민주의"에서는 이러한 시 가운데 특히 「엘레지 18」과 「엘레지 19」를 젠더와 식민주의라는 관점에서 분석한다. 이러한 발견과 정복의 이미지를 통해 끊임없이 그 의미를 모색하고 있는 던의 사랑의 시편에 자주 등장하는 욕망의 세계는 어떤 성격의 것인지, 그리고 르네상스기 영국에서 여성이 작가나 주체 혹은 개체로서 어떻게 재현되고 있는지를 던의 『엘레지』 시편들을 중심으로 읽어 보려는 것이다. 던의 많은 작품 가운데서뿐만 아니라 르네상스 시대 문학 전체에서도 매우 특이한 자리를 차지하고 있는 열정적인 레즈비언의 사랑을 다룬 엘레지 「사포가 필레니스에게」는 그동안 비평가들에게서 무시를 당해 왔다. 그러다가 이 시에 대한 본격적인 연구가 최근 20년을 전후하여 활발히 이루어지고 있는데, 이는 젠더에 대한 높아진 비평적 관심과 무관하지 않은 것으로 보인다. "영국 르네상스 텍스트의 여성의 목소리"에서는 남성시인 던이 여성을 대변하면서 동시에 여성으로서 말하는 「사포가 필레니스에게」에서 여성의 목소리와 성을 어떻게 재현하고 이용하고 있는가 하는 문제를 집중적으로 조명하고 있다. 이렇게 하여 영국의 르네상스 문학에 등장하는 욕망의 세계와 성의 정치학을 규명하고, 나아가 그동안 침묵당하고 금기시되었던 레즈비언의 욕망이라는 주제를 젠더 문제와 함께 다루고자 한다.

젠더와 식민주의: 「엘레지 18」과 「엘레지 19」

1 던의 사랑의 시편들에는 신대륙을 탐험하고 끝없이 영토를 확장하며 정복하려는 17세기 초 영국 팽창주의의 시작을 알리는 특징들이 등장한다. 던의 많은 엘레지 시편들의 목적은 「엘레지 19: 잠자리에 드는 연인에게」(“Elegy 19: To His Mistress Going to Bed”)처럼, 마치 탐험가가 신세계를 발견하듯이 지상의 “낙원”(l. 21)과 “온갖 기쁨”(l. 35)을 제공하는 관능적인 지형인 여인의 몸을 탐험하는 것이다. 이 장에서는 이러한 발견과 정복의 이미지를 통해 끊임없이 그 의미를 모색하고 있는 던의 사랑의 시편에 자주 등장하는 욕망의 세계는 어떤 성격의 것인지, 그리고 르네상스기 영국에서 여성이 작가나 주체 혹은 개체로서 어떻게 재현되고 있는지를 던의 『엘레지』 시편들을 중심으로 읽어 보고자 한다. 페미니스트 비평가들은 던이 한 남성으로서 글을 쓰고 있으며, 이전의 비평가들이 그의 시에 나타난 성차별적 시각들을 발견하고 분석하는 데 실패하였음을 지적한다. 아울러 때때로 그가 만들어 내는 부도덕한 시 속에 미화된 남성성을 찬양하며, 그의 몇몇 작품 속에 나타나는 더 실제적이고 매혹적인 주제인 숭고한 문제들은 도외시하였다고 비판하고 있다.

이처럼 신역사주의적이고 페미니즘적인 접근뿐만 아니라 최근에는 정신분석학적, 후기 구조주의적 비평에 기초한 다양한 관점에서 던에 대한 연구가 본격화되고 있다. 이 장에서는 이들 연구성과를 바탕으로 하여, 던의 놀랍도록 지적인 재치와 활력을 보여 주는 청년기의 작품으로서 이후 걸작들의 초석으로 평가되고 있는 『엘레지』 가운데서 대표적인 작품인 「엘레지 19」와 「엘레지 18: 사랑의 진행」(“Elegy 18: Love's Progress”)을 중심으로 던 다시 읽기를 시도함으로써, 식민주의적이고 여성 혐오적인 디스코스를 통해 드러나는 젠더와 식민주의에 관한 전복적이고 정치적인 시의 성격을 규명하고자 한다.

2 「엘레지 19」는 다른 몇 편의 시들과 함께, 상상 속에서 노골적으로 추구하는 성적 경험을 다루고 있는 시다. 이 시는 던의 사후에 편찬된 첫 시집 출간에서 제외될 정도로 상스러운 것으로 간주되었다. 「엘레지 19」에서 여인은 8가지 매우 고무적인 이유를 들으며 옷을 벗도록 부추김을 당하고 있다. 가장 극적인 순간에 이 여인은 아담과 이브가 타락하기 이전의 에덴과 같은, 즉 새로 발견된 땅 아메리카가 된다. 이렇게 볼 때 이 시는 성적인 자유와 발견을 찬양하는 노래라고 할 수 있을 것이다. 또한 시의 화자는 이질적인 여성의 몸이라는 공간을 "오 나의 아메리카, 새로 발견한 나의 땅이여"(27)라며 식민지화되기를 기다리는 지리적인 영역으로 분명하게 언급하고 있는데, 이는 이 시가 두드러지게 식민주의자의 관점에서 쓰였다는 사실을 보여 주고 있다.

시의 시작 부분은 의사영웅시처럼 애인의 침대에서 여인을 처음 대하는 장면을 서사적 전투와 같이 묘사하고 있다. 그것도 "적은 때때로 적을 시야 속에 보며, 싸우지 않아도 서 있는 것으로 지치오"라며 성적인 펀(pun)으로 그려 내고 있다.

> 오라, 여인이여, 오라, 모든 휴식에 내 힘은 도전하니,
> 내가 애쓸 때까지, 나는 진통하며 누워 있네.
> 적은 때때로 적을 시야 속에 보며,
> 싸우지 않아도 서 있는 것으로 지치오.

> Come, Madam, come, all rest my powers defy,
> Until I labour, I in labour lie.
> The foe oft-times having the foe in sight,
> Is tired with standing though they never fight. (1-4)

독자는 대상이 옷 벗는 여인이고, 화자의 기분은 욕망으로 가득 차 있는 상태임을 분명히 알 수 있다. 이는 "애씀"(labour)이나 "일어섬"(standing)과 같이 작품 전체에 걸쳐 사용되는 몇 가지 펀을 통해 제시되고 있다. "애씀"에 대한 펀에서 화자는 여인과 잠자리에서 애를 쓰게 될 때까지 고통 속에 기다리는 것과 같은 다른 종류의 노고를 견뎌 내야 한다고 말하고 있다. 두 번째 "일어섬"에 관한 펀에서 연인이 옷을 벗는 것을 관찰하기 위해 "서 있는" 화자는 시작될 전투를 기다리며 "서 있는" 병사와 비교될 수 있을 것이다. 그러나 여기서 "일어섬"의 부가적인 의미는 바로 화자의 발기된 성기와 연관된다. 이어지는 비유는 종교적인데, 침대는 성전이고, 여인은 그 성전에 마호메트의 낙원 같은 천국을 가져오며, 그녀는 천사처럼 흰옷을 입고 있다. 텍스트 전체를 통해 반전과 일어섬(발기)이 반복되어 나타나고 있는데, 이는 악한 천사들도 흰옷을 입고 있지만 "그들은 우리 머리칼을, 이들은 우리 몸을 곧추세운다"(Those set our hairs, but these our flesh upright; 24)고 하는 구절에서도 다시 나타난다.

「엘레지 19」에서는 여성의 몸에 대해 그렇게 많은 주의를 기울이고 있지 않다. 화자의 찬양하는 시선은 그녀가 벗는 옷에 머물고 있지만 그가 여성을 바라보고 있는 것 같지 않으며, 우리 독자들 역시 이 여성을 보고 있지 않다. 따라서 이 여성의 존재론적 위치는 미심쩍다고 할 수 있을 것이다. 캐리(John Carey)가 말한 것처럼 엘레지의 주제나 이 시의 상황, 혹은 일반적인 욕망의 속성에 비추어 볼 때 머리카락 이외에는 여성의 몸이 언급되지 않는다는 사실은 놀랄 만하다(92-93). 먼저 그녀는 그녀의 몸이 세계를 기하학적으로 감싸고 있는 것처럼 전 우주라는 비현실적인 측면에서 인식되고 있다.

그 허리띠를 푸시오. 하늘의 띠처럼 반짝이지만
훨씬 아름다운 세계를 둘러싸고 있는.

Off with that girdle, like heaven's zone glistering,
But a far fairer world encompassing. (5-6)

허리띠를 푸는 것은 여성의 몸으로 묘사되어 있는 원이나 세계의 완전함 또는 순수함을 손상시키는 것이다. 허리띠는 여성을 두르고 있으며 이 허리띠에 대한 손상은 여성의 몸 자체에 대한 손상과 마찬가지가 되고, 이는 또한 그녀의 "컴퍼스"(compass)인 다리를 벌리는 것과 같다. 이 순수하고 벌거벗은 상태의 '아가씨'(girl)는 "허리띠"(girdle)를 풀어헤치는 순간 드러난다(Docherty 78-79).

이처럼 시의 화자는 여성의 다양한 옷의 목록을 제시하며 여인에게 벗어 버릴 것을 요구하는데, 그중에서도 단단하게 조인 "코르셋"(busk)은 여인의 몸에 밀착되어 있다는 것과 빳빳하게 서 있는 독특한 모양새로 인해 화자의 부러움을 사고 있다(Nutt 10).

그 행복한 코르셋을 벗으시오, 내가 부러워하는,
아주 가까이 항상 있을 수 있고, 항상 설 수 있는 코르셋을.

Off with that happy busk, which I envy,
That still can be, and still can stand so nigh. (11-12)

여기서 반복적으로 사용되고 있는 "항상"(still)은 시의 이중적인 의미를 찾아내는 데 도움이 된다. 만일 이 아름다운 여인의 코르셋을 벗겨 그녀와 육체적 관계를 가지려면 그는 가만히 있을 수 없으며, 그녀와 관계를 가질 경우 그는 계속 서 있을 수 없게 된다는 성적 함의가 담겨 있는 것이다. 그러나 그녀가 옷을 벗으면 벗을수록 역설적이게도 그녀 자신은 옷 무더기 뒤로 사라지기 시작한다. 거들 밑에 있던 여성은 사라지고 옷이나 몸에 대한 은유적이고 완곡한 표현이 그 자리를 대신 차지하게 된다.

> 그대의 가운이 벗겨지면서 몹시 아름다운 자태가 드러나오,
> 산 그림자가 꽃핀 초원으로부터 살며시 사라질 때처럼.

> Your gown going off, such beauteous state reveals,
> As when from flowery meads th' hill's shadow steals. (13-14)

여기서 여성과 그녀의 몸은 일종의 여성적 풍경으로 대치되어, 아메리카 대륙, 더 정확하게 말해서 처녀의 땅(virgin land)이라 할 수 있는 버지니아가 된다. 신세계에 대한 탐험은 버지니아와 처녀와 여성에 대한 탐험을 연상시키며, 이는 거들이 풀어지는 순간 여성에 대한 겁탈을 의미하고 있다고 하겠다(Docherty 79).

여성은 천사의 모습으로 변형되었다가 드디어 남성 화자가 성공적으로 식민지화하여 지배하고 취하는 낯선 땅인 여성의 공간이 되고 있다. 이 시에서 던은 침실과 왕이나 군주의 정치적 영역 사이를 쉽게 오가면서 유혹을 지배의 개념으로 다루고 있다. 화자는 애인에게 옷을 벗으라고 유혹하면서 그녀를 과장된 칭찬으로 이상화하고 있다. 그러나 이러한 칭찬과 존경과 찬사의 이면에는 식민화된 여성을 소유하고 지배하려는 욕망이 존재하고 있음을 귀보리는 날카롭게 분석하고 있다(Guibbory 32-33). 여성의 몸을 식민지와 같은 땅에 비유한 다음 구절에서 우리는 여성을 지배하려는 남성의 욕망과 권력을 분명하게 엿볼 수 있다.

> 더듬는 내 손을 허락하여 들어가게 하오
> 앞뒤로, 사이로, 위아래로.
> 오 나의 아메리카, 새로 발견한 나의 땅이여,

한 남자만 살 때 가장 안전한 나의 왕국,
보석들이 묻힌 나의 광산, 나의 영토여,
당신을 발견하다니 얼마나 축복받았는지!

Licence my roving hands, and let them go
Before, behind, between, above, below.
O my America, my new found land,
My kingdom, safeliest when with one man manned,
My mine of precious stones, my empery,
How blessed am I in this discovering thee! (25-30)

'아메리카' 혹은 '버지니아'라고 불리는 여성은 이제 남성적인 영국이나 시인 자신에게 운명이 좌우되는 상태에 놓이게 된다. 이어지는 시행은 군주 개인에게 바치는 찬가이면서 동시에 남성의 힘과 우월성에 대한 찬양이기도 하다. 텍스트 속에서 남성화자와 여성 사이의 교류나 의사소통은 전혀 보이지 않는다. 여성은 말이나 반응이 전혀 없을 뿐만 아니라 곧 시에서 사라져 버리고 시의 화자만이 남아서 자신에게 말하고 있을 따름이다. 시의 시작부분에서 여성은 특권을 부여하는 군주의 위치에 있다가 특권을 부여하는 순간 자신의 주권을 잃어버린다. 처음에 잠재되어 있던 의미가 이제 분명하게 드러나면서 남성은 탐험가이자 정복자가 되고 여성은 그가 소유하고 지배하는 땅과 왕국이 되는 것이다. 반복적으로 사용된 소유격은 남성이 지배한다는 사실을 강하게 부각시키고 있다.

이어서 던이 자신의 이미지로 여성에게 도장을 찍거나 새기려고 할 때, 화자는 자신이 여인과 관계를 가지는 것을 마치 왕이 자신의 모습을 주화 같은 것에 박아 넣은 것과 같이 이야기하고 있다. 주화가 거기에 찍힌 왕의 모습으로 인해 가치를 지니듯이 여인의 가치는 자신을 소유한 남성에 의해 결정된다. 여인은 자신을 차지한 남성의 이미지이거나 재현인 것이다.

> 이 속박에 들어가는 것은 자유로워지는 것이라오.
> 내 손이 닿는 곳에 내 도장 찍히게 되리.
>
> To enter in these bonds, is to be free;
> Then where my hand is set, my seal shall be. (31-32)

이 "도장"을 찍는다는 구절에서 화자는 군주로서의 입지를 굳히고 있다(Guibbory 33). 던이 사용한 이러한 이미지와 은유들은 여성을 군주의 자리에서 끌어내리고 남성에게 주권을 회복시키는 정치적인 성격을 강하게 띠고 있다고 하겠다.

여성의 옷은 그녀의 성적인 신비를 숨기고 있는데, 시의 결말에서도 이 비밀은 여전히 드러나지 않으면서 화자는 계속 애원하고 가르치고 어르면서 조르고 있다. 정치적으로 전복적인 입장을 잠시 취하던 화자는 또다시 여성의 "완전한 나체"(Full nakedness; 33)를 찬양하면서 여성을 특별히 선택된 소수에게만 자신의 신비를 계시하며 보여 주는 "신비로운 책"(mystic books)이나 "은총"(grace)을 베풀 신으로 떠받들고 있다.

> 그렇게 차린 모든 여성들은 속인들을 위하여 만들어진
> 그림이나 화려한 책의 표지와 같소.
> 여자들 자신들이 신비로운 책.
> 여자들이 소유한 은총이 우리를 고귀하게 할 우리만이 그것을
> 드러난 대로 보아야 하오. 그러면 내가 알 수 있도록.
> 산파에게 보여주듯 그렇게 아낌없이 보여주시오
> 그대 자신을.

Like pictures, or like books' gay coverings made
For laymen, are all women thus arrayed.
Themselves are mystic books, which only we
Whom their imputed grace will dignify
Must see revealed. Then since I may know,
As liberally, as to a midwife, show
Thyself. (39-45)

시의 후반부로 갈수록 여인을 꾀는 정도는 더욱 대담해지며 여인 자신의 아름다움과 그 여인의 소유물을 구분하지 못하는 바보들을 비난하는데, 이들은 "신비로운 책"을 읽을 수 없는 "속인들"이기도 하다. 이 여인은 종교적 대상으로 간주되는 너무나 성스러운 존재로서 오직 높은 성직자만이 다가갈 수 있으며, 따라서 "신비로운 책"을 읽을 수 있는 완전한 믿음과 권위를 지닌 자신은 당연히 성직자가 되는 것이다(Nutt 12).

시는 "그대를 가르치려고 내가 먼저 벌거벗었소. 그러니 / 그대를 덮을 다른 무슨 옷이 필요하겠소, 한 남자 외에"라는 성행위를 묘사하는 듯한 결말에서 남성을 여성의 위에 두어 남성의 지배권을 확인하는 데서 마지막 반전이 일어나고 있다.

그렇소, 던져버리시오 전부를, 이 흰 리넨 옷도.
여기엔 참회도 없고, 흰 복장은 더욱 필요 없소.
그대를 가르치려고 내가 먼저 벌거벗었소. 그러니
그대를 덮을 다른 무슨 옷이 필요하겠소, 한 남자 외에.

cast all, yea, this white linen hence,
Here is no penance, much less innocence.

To teach thee, I am naked first, why then
What needst thou have more covering than a man. (45-48)

화자가 "여기엔 참회도 없고, 흰 복장은 더욱 필요 없소"라며 추상적인 관념과 물리적 의복을 동시에 언급함으로써 시는 이중적인 초점을 유지하고 있다. "그대를 덮을 다른 무슨 옷이 필요하겠소, 한 남자 외에"라는 마지막 구절에서 우리는 시 전체를 통하여 제시되는 자신감과 힘이 스며 나오는 익살스러운 이미지를 보게 된다. 여기서 남성은 안정된 준거로 여겨지며, 여성의 몸이라는 공간인 큰 타자의 가치와 경계를 결정하고 탐험하고 이용하는 존재가 된다. 여성으로서의 존재는 시에서 아무 가치도 없으며, 사실 그녀는 모습을 드러내지조차 않는다. 그녀는 단지 남성에게 소유될 때만 가치를 지니게 되는 것이다.

3 비록 20세기에 들어서 존 던에 대한 연구가 다시 부활하게 되었지만 「엘레지 18: 사랑의 진행」은 그동안 비평가들의 외면을 받다가 최근 이 작품에 대한 다양한 접근이 이루어지고 있다. 마로티(Authur Marotti)는 던을 '동인 시인'(coterie poet)의 일원으로 보고 그의 작품을 해석하려는 경향이 있으며, 패터슨(Annabel Patterson)은 이 작품을 '자기검열'(self-censorship)의 관점에서 논의하고 있고, 영(R. V. Young)은 억제되지 않은 성적 욕망을 다룬 냉소적인 시 이면에 깔린 식민주의적 디스코스에 담긴 이중적인 의미를 읽어내고 있다. 영이 말한 바와 같이 던은 새로 발견한 땅을 여성의 신체에 비유할 뿐 아니라, 거칠고 냉소적인 풍자를 통해 근대 초기 식민지 개척시대의 위선적이고 자기만족적인 식민주의를 패러디하고 있다(Young 37). 시에서 식민주의는 성적인 위트에 틀을 제공하고, 성적 지배라는 개념은 식민주의를 비판하는 데 전략적으로 사용되고 있다고 하겠다.

「엘레지 18」은 식민주의를 전면에 내세우면서 성과 젠더의 문제를 다루고 있는데, 식민지 영토를 여성의 몸과 동일시하며 여성을 땅과 자연, 수동성과 연결시키는 틀을 채택하고 있다. 이에 대해 벨지(Catherine Belsey)는 던의 시가 사적인 사랑의 영역과 경제, 정치, 역사 등의 공적인 영역을 구별하기 시작한 16세기 말, 17세기 초의 영국의 시대적 상황을 반영하고 있는 것으로 해석하고 있다. 예를 들어 던의 엘레지 시편들은 여성의 몸 그 자체보다는 르네상스 시대의 탐험가들과 지도 제작자들이 눈뜨기 시작한 근대 초기 영국 사회에 팽배해 있던 욕망을 그리고 있다고 보는 것이다(Belsey 147-48). 이들의 눈에 비친 새로운 세계는 여성과 마찬가지로 무한하고 유혹적이며 아름다웠을 것이며, 한편으로는 이들 미개척지가 위험하기도 하였을 것으로 쉽게 추측할 수 있다. 그렇다면 성(sexuality)이라는 개인적인 영역과 식민지 개척의 모험이라는 공적인 세계를 구별하고 은유적으로 결합시키는 것을 가능하게 하는 조건은 무엇일까? 다시 말해서 던의 엘레지에서 미지의 땅에 대한 지리상의 발견이 욕망의 대상이 될 수 있는 근거인 젠더와 식민주의가 만나는 공통의 영역은 무엇인가라는 질문을 던지면서 「엘레지 18」을 읽어 보자.

「엘레지 18」은 앞의 「엘레지 19」와 마찬가지로 주 관심사를 성적인 사랑에 두고 성행위 자체를 사랑의 진정한 목표로 삼고 있지만, 목표 그 자체보다는 거기에 도달하기까지의 여정에 더 관심을 두고 있다. 던의 성적 상상은 엘리자베스 시대 전원적이고 이상화된 사랑의 시에 익숙한 독자들에게는 상상을 초월할 정도로 노골적이며 사실적인데, 시인은 페트라르카식 전통에 반기를 들고 혁명적인 시를 시도하고 있는 것이다. 「엘레지 18」은 "미덕"(virtue; 21)이나 "고결함"(ingenuity; 13)과 같은 여성의 다른 가치와 자질을 거부하면서, 여성의 본질은 남자들이 사랑하는 "중심부"(centric part; 36)인 여성의 성기라고 단정한다. 남성들이 여성의 얼굴이나 육체의 윗부분에 관심을 가져서 안 되는 이유는 사랑의 항구로 항해하는 과정에서 그것들 때문에 항로를 이탈하거나 배가 난파될 위험에 처하기 때문이라는 것이다.

던은 사랑을 항해에 비유하면서, "사랑하는 이는 누구든 진정한 사랑의 목적을 / 제시하지 못한다면 사랑이라는 바다로 가서 / 멀미만을 겪을 뿐이다"(Whoever loves, if he do not propose / The right true end of love, he's one that goes / To sea for nothing but to make him sick; 1-3)라며 사랑의 목표를 잘못 설정할 경우 멀미하러 항해를 떠나는 것처럼 어리석다고 말한다. 이는 마치 곰이 갓 태어난 새끼의 양수를 너무 핥을 때 그 새끼의 모양이 변하듯 우리의 사랑도 기형의 괴물로 변할 수 있다는 것이다. 여기서 던은 페트라르카식 소네트에서 전통적으로 이루어져 온 여성에 대한 이상화가 자연을 괴물처럼 왜곡한 것과 같음을 암시하고 있다(Guibbory 30). 그는 잘못된 사랑은 괴물의 살덩이처럼 완벽하지 못하여 인간의 머리를 가지고 태어난 송아지가 본모습으로 태어난 송아지보다 인간에 더 가깝지만, 어디까지나 그것은 괴물이라고 말한다. 이러한 자연의 변종을 언급하는 이유는 사랑을 할 때 완벽함을 추구하라는 말을 하기 위해서다.

> 완벽함은 완전한 통일성 속에서 이뤄진다.
> 먼저 여인을, 그리고 그녀가 가지고 있는 한 가지를 선택하라.
>
> Perfection is in unity: prefer
> One woman first, and then one thing in her. (9-10)

나중에 알게 되듯이 이 "한 가지"란 바로 여성의 성기를 지칭하고 있다. 이어서 던은 금의 이미지를 도입하여, 금의 가치가 여러 가지에 있지만 진정한 가치는 "교역의 중심"(the soul of trade; 16)이라는 사실에 있다고 말한다. 여기서 "soul"이라는 단어가 불러일으키는 연상은 화자가 소중히 여기는 것이 여성의 영혼일지도 모른다는 암시이다. 여성이 많은 자질들을 가지고 있지만 우리는 그중 하나만을 사랑해야 하며, 별로 중요하지 않은 자질 때문에 한 여성을 사랑한다면 그것보다 더 그녀에게 상처를 주는 것이 없다고 주장한다. 마로티가 "이 시에서 사랑의 목표 가운데 하나는 경제적인 것이다. 처음부터 성적인 것은 상업적인 실체들과 관련하여 정의되고 있다"(Marotti 50)고 주장한 바와 같이, 시의 도입부에서 여성의 육체와 새로 발견된 땅 사이의 유추는 아직 이루어지지 않고 여성을 교역의 중심인 금에 비유하고 있다.

던은 금 자체가 지니고 있는 가치보다 그것이 지니는 교역의 수단으로서의 가치가 더 크다는 사실을 들어, 본래의 가치보다 명목상의 가치를 우위에 두고 있다. 이러한 가치 전도는 금과 마찬가지로 여성에게서도 이루어지며, 이를 바탕으로 금과 여성 사이의 유추와, 나아가 여성의 몸이라는 식민지를 탐험하는 항해에 대한 묘사가 이루어지고 있는 것이다. 금과 달리 여성은 미덕이나 지혜, 아름다움과 같은 자질을 소유할 수도 그렇지 않을 수도 있다. 그러나 비록 여성이 그러한 미덕을 가졌더라도, 그러한 것은 부차적인 속성에 불과하다. 돈이나 금의 가치가 "교역의 중심"이라는 사실에 있다면, 여성의 진정한 가치는 성적인 용도에 의해 결정된다는 것이다. 이 여성의 성적인 유용성과 가치는 그녀의 "중심부"로 구체적으로 표현되고 있다. "여성을 여성으로 만드는 것은 미덕뿐인가? / 나는 고결함과 자제력을 가지고 / 현명하고 착한 여인을 찾을 때까지 참아야 하나?"(Make virtue woman? must I cool my blood / Till I both be, and find one, wise and good?; 21-22)라는 구절에서 동사 "be"와 "find"는 매우 밀접한 관계에 있다. 이 두 동사는 앞의 두 자질인 "virtue"와 "cool", 뒤의 두 자질인 "wise"와 "good"을 연결하는 중심축의 역할을 한다. 던이 이처럼 불가능한 듯한 문법을 취한 것처럼 이러한 자질들을 가진 남녀를 발견한다는 것은 거의 불가능하며, 이런 이유로 그는 완벽한 영혼, 즉 위에서 나열한 자질을 가진 사람이 나타날 때까지 더 이상 자제하며 기다리지 않겠다는 의도를 명백하게 드러내고 있는 것이다(Nutt 16-17).

던은 우리가 여인을 사랑하는 것은 그녀의 마음속에 내재한 선과 아름다움, 심지어는 부유함이나 앞서 암시했던 영혼 때문이 아니라고 한다. 단지 그녀가 소유한 이러한 자질들 중 하나만을 이유로 그 여인을 사랑하는 것은 그녀의 또 다른 소유물인 하녀를 유혹하는 것만큼이나 불경스럽다는 것이다. 천국을 뒤져도 사랑의 진정한 목적인 큐피드를 찾을 수 없는데, 이는 그가 지하세계에 거주하고 있기 때문이다. 큐피드가 천국에 없는 것은 그의 이름이 붙은 행성이나 별자리가 없기 때문이다. 플루토는 그리스 신화에 나오는 부의 신으로 지하세계를 칭하는 일반적인 개념으로 사용되고 있다. 불과 금은 물질과 파괴적인 열정이 사랑의 조건임을 의미하며 이것은 지하세계에 가득 차 있는 것이다.

금과 여성의 몸 사이의 관계를 확장시키고 있는 다음 부분은 충격적이고 대담한 상상의 비약을 보여 주며, 사무엘 존슨(Samuel Johnson)과 같은 비평가들을 당혹스럽게 했던 구절이다.

> 남성들은 제단 위의 신이 아니라
> 우묵한 곳과 구멍에 제물을 바친다.
> 비록 지구 위를 떠도는 천체를 보지만,
> 우리가 갈고 사랑해야 하는 것은 대지이다.
> 그리하여 우리는 그녀의 태도와 말씨, 마음과 미덕을 생각하지만,
> 진정 사랑해야 할 곳은 그녀의 중심부인 것이다.
> 사랑에 있어서, 그것이 영혼보다 더욱 가치 있고 적절하며
> 영혼만큼이나 무한한 것이다.

> Men to such gods, their sacrificing coals

Did not in altars lay, but pits and holes.
Although we see celestial bodies move
Above the earth, the earth we till and love:
So we her airs contemplate, words and heart,
And virtues; but we love the centric part.
Nor is the soul more worthy, or more fit
For love than this, as infinite as it. (31-38)

던은 남성들은 신에게 제물을 바칠 때 제단 위가 아니라 대지에 바쳐야 한다는 생각에서부터 지하세계에 있는 큐피드의 개념에서 "우묵한 곳과 구멍"이 암시하는 자궁(vagina)의 이미지를 비약적으로 끌어낸다. 화자는 비록 천국을 존중하지만 우리가 사랑하고 갈아야 할 곳은 대지라고 주장한다. 그는 다산과 생식을 강조함으로써 여성의 "중심부"를 생명을 잉태하는 자궁의 의미로 사용하고 있으며, 이는 영혼만큼이나 무한한 자질을 지니고 있음을 말하고 있다. "우묵한 곳과 구멍"과 동일시되고 있는 여성의 몸은 텅 비어 있고 숨겨진 공간으로서, 던은 성적인 차원을 지형학적인 차원으로 그려 내고 있는 것이다. 유럽의 탐험가들이 식민지로 만들려고 하는 땅과 여성의 몸은 이처럼 시에서 유사하게 다뤄지고 있다.

여기서부터 던은 앞에서 미루었던 본격적인 사랑에 대한 항해를 시작한다. 그는 우선 사랑을 여성의 얼굴로부터 시작하려는 사람들을 비난한다. 그들은 사랑의 항해를 떠나는 배에 승선하여 여성의 머리카락과 이마를 지나 코, 태양과 같은 눈, 그리고 뺨에 이르기까지 아래로 향하는 여정 후에, 마침내 입술에 정박하여 사랑의 안식을 찾는다. 던은 이 사랑의 여행을 고전을 인유하고 이국적 정서를 동원하여 묘사한다. 계속해서 여성의 예측할 수 없는 속성과, 기쁨과 슬픔을 주는 능력에 대한 암시가 이어진다. 그녀의 머리칼은 "마법의 샘과 덫과 족쇄들이 매설된 매복의 숲"(41-

42)이며, 입술은 “사이렌의 노래”(55)를 부르고 “아폴로 신전의 신탁”(56)을 말하며, 갈라진 혀는 “빨판상어의 혀”(58)와 같아서 배에 달라붙어 항해를 방해한다. 화자가 갈망하는 ‘그곳’으로 가는 상상의 항해에서 시인이 정박하는 곳은 실제로 그들 나름대로 그만한 이유를 지니고 있다. 그녀의 “도톰한 입술은 약한 카나리술이 아니라 자극적인 암브로시알”이며, 턱은 “빛나는 갑(岬)”이고, 부드러운 이마는 “천국”이다. 이들 몸의 각 부분은 진정한 사랑의 목표인 “중심부”를 대체하는 역할을 하기도 하지만 그곳으로 가는 여정에서 위험한 요인으로도 작용한다. 천국과 같던 부드러운 이마가 주름지면 항해자의 “무덤”이 되기도 한다. 입은 진주 같은 이를 가지고 있지만 또한 “빨판상어”의 혀와 같은 흡착력을 지니고 있어 지나가는 배들을 난파시킬 수도 있는 것이다.

바다를 항해하면서 배(stomach)를 지나 “인도”(India; 65)로 향할 때, 항해자는 “배꼽”(66)을 항구로 오인할 수 있으며, 또한 음모(pubic hair)조차도 적을 유인하기 위한 “또 다른 숲”(69)으로 설정되어 있어서 정신 차리지 않으면 파선할지 모른다. 그 속에서 많은 배들이 난파당하고 불운한 뱃사람들이 익사를 하였기 때문이다. 인도는 그녀의 성기(vagina)를 의미하는데, 시인은 여기서 다시 한 번 모험에 찬 영웅적인 항해의 성격을 강조하기 위해 이국적인 정서를 사용하고 있다. 우리는 제임스 1세 당시 인도로의 여행이 얼마나 험하고 마법과 같은 것이었을지를 생각해 볼 필요가 있는데, 여러 단계를 거쳐 여성의 중앙부, 즉 성기로 향하는 길이 마치 인도로의 항해처럼 모험에 차고 마법과도 같은 것임을 강조하고 있는 것이다. 여성을 유혹하는 과정은 탐색과 발견의 여정이지만 조심성이 없는 남성에게는 함정이 될 수도 있다. 왜냐하면 그가 지나가게 될 여성의 육체가 그를 좌절시키기 위해 온갖 시도를 다하기 때문이다(Guibbory 30).

이처럼 던은 얼굴과 같이 알려지고 볼 수 있는 것에서 시작하여 미지의 볼 수 없는 것으로 나아가는 사랑의 여정을 당시의 항해술을 끌어들여 묘사하고 있다. 「사랑의 진행」의 식민지 지도 제작자가 여성의 몸을 지도로 그린다는 것은 지배와 소유의 과정을 의미한다. 시의 제목인 "진행"(progress)은 엘리자베스 여왕 시대에 착취행위를 진행이나 전진이라는 고상한 개념으로 대체하여 정책에 정당성을 부여한 중요한 이데올로기였다. 지형과 방위를 신중히 고려하며 지도를 제작하여 항해에 나섰을 당시 항해자들처럼, 사랑의 항해를 여인의 얼굴로부터 시작해서 "그녀의 인도"로 항해하려는 사람은 항해 도중에 만나는 여러 가지 해부학적 장애물에 가로막히게 될 것이다. 항해자가 목적지인 인도에 도착하기 위해서는 여성의 몸의 저항을 피할 수 있는 훌륭한 지도의 도움이 결정적으로 필요하다. 근대 초기에 이 지도 제작에 결정적으로 중요한 역할을 한 것이 바로 발이라고 할 수 있을 것이다. 항해자가 자신이 지나온 곳을 루트로 표시하는 것은 지도 위의 텅 빈 공간에 자신의 족적을 채우는 것이며, 이것을 성적인 비유로 표현하면 그녀의 인도가 가지고 있는 텅 빈 공간에 자신의 흔적을 채우는 것으로 생각할 수 있을 것이다.

화자는 여기서 다시 한 번 사랑의 여정을 얼굴에서 시작한 것이 잘못되었다는 사실에 대해 생각해 보라고 한다. 그러면서 그는 발이 신체 가운데 침대로 가는 첫 부분임을 강조하면서, 사랑의 행위를 얼굴에서 시작하는 것보다는 발로부터 시작하라며 더 나은 사랑의 루트를 제시하고 있다.

> 풍요로운 자연은 여성에게 현명하게 두 개의 지갑을 만들어
> 그들의 주둥이는 반대방향으로 놓여져 있다.
> 그들은 그렇다면 더 아래쪽에 찬사를 보내야 할 의무가 있다,
> 그 길로, 보물이 나오는 출구로, 우리는 가야 한다.
> 그렇게 하지 않는 이는 관장을 하여 뱃속에 음식을 채워 넣으려는 것만큼
> 큰 실수를 범하는 것이기 때문이다.

Rich Nature hath in women wisely made
Two purses, and their mouths aversely laid;
They then, which to the lower tribute owe,
That way which that exchequer looks, must go.
He which doth not, his error is as great,
As who by clyster gave the stomach meat. (91-96)

던은 "purses"라는 단어를 동사적 의미와 명사적 의미 모두를 연상시키는 재치 있는 펀으로 사용하고 있다. 자연은 여성에게 두 입, 즉 "purses"를 부여했고 이들은 각각 엇갈린 방향으로 향하듯이 놓여 있다. 여기서 "aversely"라는 부사는 마치 여성의 입과 성기가 신체의 반대방향에 위치해 있듯이 '서로 다른 방향으로'라는 의미를 가진다. 던의 시대에 지갑은 주로 가죽으로 만든, 끈으로 조였다 풀었다 하는 느슨한 가방이었다. 여기서 "purses"는 여성의 입과 성기라는 명사적 의미와 'purse' 자체가 가지고 있는 다른 의미, 즉 '오무리다'라는 동사적 의미를 연상시켜 지갑을 조였다 풀었다 하는 행위가 성행위 자체를 암시하는 것으로도 생각해 볼 수 있다(Nutt 21). 시의 화자가 내리는 결론은 사랑을 하고 사랑의 진정한 목적을 아는 자는 누구든지 사랑에 적합한 그곳, 즉 성기에 찬사를 바치라는 것이다. 즉 성적인 결합이 진정한 사랑의 목적이며, 이와 같은 사실을 부정하는 이는 배설이 아닌 관장을 하고 음식을 먹는 이와 같다고 말한다. 이처럼 「엘레지 18」은 사랑의 목표를 이상화하기를 거부하면서 성행위를 여성의 "아래쪽" "지갑"에 "찬사(혹은 공물)"를 바치는 것으로 묘사하며, 이 목적을 달성하기 위해 잘못된 방법을 사용하는 사람을 관장을 함으로써 위를 채우려고 하는 어리석은 자에 비유하고 있는 것이다.

던은 멀리서 여성을 숭배하고 그녀의 미덕과 아름다움을 찬양하는 것은 이 사랑을 괴물과 같이 만드는 것이라며, 자연스럽고 제대로 된 사랑의 관계를 제시하고 있다. 즉 연인이 어느 특정인의 아름다움을 보고 이상적이고 초월적인 미에 대한 비전으로 나아가게 되는 플라톤적인 사랑의 단계를 우스꽝스럽게 흉내 내어, 아래쪽 발에서부터 시작하여 위로 올라가는 색다른 사랑의 전형을 제시하고 있는 것이다. 이처럼 페트라르카식 전통을 전복시키고 있는 던의 엘레지 시편에서는 남성 화자의 우월성이 강조되며 여성 혐오적 경향이 짙게 드러나는 등 젠더가 특별한 중요성을 띠고 있다(Guibbory 30-31). 여성의 몸을 장난감처럼 자세하게 해부하는 이러한 자극적인 성의 여행에서 던은 예상과는 달리 특이하게도 우리의 감각에 호소하는 데는 관심이 없다. 이는 『엘레지』 시편들이 단순히 친구를 즐겁게 하기 위해 쓰여졌으며, 또한 그의 성적 욕망을 자극하기보다는 지적인 욕망을 자극하는 문학적인 게임과 다르지 않음을 짐작하게 하는 부분이다.

라만(Shankar Raman)은 이 「사랑의 진행」과 베드포드 백작부인(the Countess of Bedford)에게 보낸 시로 쓴 편지 사이에 존재하는 흥미로운 어조의 차이에 주목하고 있다. 즉 시의 대상과 목적이 다르기 때문에 시의 내용이나 어조에 상당한 차이를 보인다는 것이다. 대학 친구들 사이에 돌려 읽던 엘레지와 자신의 후원자인 공작부인에게 보낸 보다 사적인 시 사이에 나타나는 이러한 어조의 차이는 여성의 육체를 성적으로 지배한다는 허구로부터 여성 후원자에게 의존해야만 하는 불편한 상태로의 변화를 보여 준다고 하겠다(Raman 161).

이처럼 「엘레지 18」은 돈(gold)과 여성(centric part)과 식민지(India)가 지니는 자질과 가치를 다양한 비유의 틀을 통해 제시하면서, 젠더와 식민지 발견이라는 문제를 다루고 있다. 여성의 몸과 식민지를 개척하기 위한 항해가 가치의 문제를 재조정하는 장(場)이 되고 있다는 사실은 근대 초기 영국 사회가 안고 있는 가치관의 위기를 반영하고 있다고 보아야 할 것이다. 즉 돈의 가치에 대한 문제가 제공하는 유추를 넘어, 「엘레지 18」은 여성과 식민지 개발을 서로 관련된 것으로 보면서 가치와 권위의 불확실성을 다루고 있는 것이다. 만약 "그녀의 인도로 향하는 항해"가 유럽의 강대국들이 개척해 놓은 무역로를 따라가는 것이라면 이는 욕망하는 목표물이 교환성과 활용가치가 있기 때문일 것이다. 그렇다면 식민지를 개척하기 위한 항해는 돈의 속성을 변모시키고 있으며, 가치의 속성도 재정의하고 있는 것이다. 화자는 마치 무역을 완벽하게 구현하고 있는 상업화된 몸을 항해하고 있다고 하겠다.

4 던은 엘리자베스 시대에 유행한 기사도적인 사랑시를 쓰지 않고 항상 자신만의 독특한 거친 목소리를 인식하고 있었다. 그의 많은 사랑시들이 유혹과 성에 관한 것이지만 의외로 관능적인 이미지나 육체에 대한 묘사는 거의 찾아볼 수가 없다. 이는 그의 시들이 단순히 유혹을 다루고 있는 것이 아니라 이를 넘어선 더 큰 다른 목적, 즉 독자들의 생각을 재검토하도록 요구하는 대담하고 독창적인 영역으로까지 자신의 생각을 발전시키고 추구할 목적으로 창작되었음을 이해해야 할 것이다. 그러나 1590년대 당시 던이 엘리자베스 여왕 시대에 궁정 이데올로기의 핵심적인 부분이었던 궁정식 사랑의 전통을 거부하고, 이를 노래하는 소네트 양식 대신 남성 화자의 힘과 지배를 강조하고 여성 혐오적 경향이 두드러진 풍자시와 엘레지를 통해 궁정식 사랑의 전통을 전복시킨 행위는 다분히 정치적 함의를 지닌 것으로 생각될 여지가 있었음을 귀보리는 지적하고 있다 (Guibbory 31-32). 즉 페트라르카적 전통을 반대하고 여성을 비하하면서 여성에 의한 지배를 전복시키고 남성의 주권을 회복하려는 이들 시는 여성 군주에 의해 지배되는 정치구조에 대한 불편한 심기가 반영된 것으로 볼 수 있으며, 나아가 이러한 상황을 전복시켜 남성의 우월성과 지배를 주장하려는 반동적인 성향을 지니고 있다는 것이다. 엘레지에서 남녀의 관계는 종종 위험한 공적인 세계로부터 감추어진, 은밀하고 사적인 것으로

그려지고 있다. 성적인 사랑의 중요성을 강조하는「잠자리에 드는 연인에게」나, 궁정식 연애의 전통을 거부하고 사랑의 목표를 성행위에, 그에 도달하는 방법을 가장 저항을 적게 받는 길로 규정하는「사랑의 진행」은 페트라르카적인 사랑을 반대할 뿐 아니라 르네상스기의 신플라톤적인 사랑관에 도전하고 있는 것이다.

영국 르네상스 텍스트의 여성의 목소리:『사포가 필레니스에게』

1 던의 시 가운데는 특이하게 레즈비언의 사랑을 노래하고 있는「사포가 필레니스에게」("Sappho to Philaenis")라는 시가 있다. 던의 많은 작품 가운데서뿐만 아니라 르네상스 시대 문학 전체에서도 매우 특이한 자리를 차지하고 있는 이 시는 그동안 비평가들에게 무시를 당해 왔다. 그러다가 최근 10여 년을 전후하여 이 시에 대한 본격적인 연구가 활발히 이루어지고 있는데, 이는 젠더에 대한 비평적 관심이 높아진 것과 무관하지 않아 보인다.

남성 시인이 여성을 대변하면서 동시에 여성으로서 말하는 이 시에서 던이 여성의 목소리와 성을 어떻게 재현하고 이용하고 있는가 하는 문제에 대해서는 상당한 논란이 계속되고 있다. 지금까지의 연구들은 주로 던의 시와 사포의 현존하는 시를 비교하거나, 던이 사포를 오비디우스식으로 모방하거나 복화술(ventriloquism)을 쓰듯이 사포를 사용하고 있는 점을 설명하는 등 상호텍스트성의 관점에서 행해져 왔다. 그러나 여기에서는「사포가 필레니스에게」를 통해 남성 시인 던이 여성을 대변하면서 동시에 여성으로서 말하는 시에서 여성의 목소리와 성을 어떻게 재현하고 이용하고 있는가 하는 문제를 중심으로 살펴보기로 하자.

그리어슨(Herbert Grierson)은 자신이 편집한 존 던 시집에서「사포가 필레니스에게」를 '영웅체적 서간'(Heroical Epistle)이라고 부르며 『엘레지』 시편 바로 뒤에 두었고, 스미스(Smith) 역시 이 시를 「엘레지 20: 사랑의 전쟁」("Elegy 20: Love's War") 다음에 두어 마치 엘레지 21번처럼 취급하고 있다. 그러나 헬렌 가드너(Helen Gardner)를 비롯한 많은 비평가와 편집자들은 이 시가 다른 몇 편의 시와 함께 과연 던의 시인가 하는 데 대해 의문을 제기하기도 한다. 이들은 그 근거로서 문체가 단조롭고 주제가 상이하다는 등 텍스트상의 증거를 내세우지만, 사실은 이 시가 다루고 있는 레즈비언 사랑이라는 주제에 대한 도덕적인 거부감이 보다 크게 작용한 것으로 보인다.

작품의 진위조차 의심받으며 소홀히 다루어지던 이 시가 다양한 관점에서 주목받고 연구되기 시작한 것은 최근의 일이다. 캐리가 "여성 동성애를 다룬, 영어로 쓰인 최초의 시"(Carey 270-71)라고 일컬은 「사포가 필레니스에게」는 그리스 레스보스(Lesbos) 출신의 저명한 여류시인 사포(Sappho, B.C. 612년경 출생)가 그녀의 레즈비언 연인에게 보내는 편지 형식의 시다. 이 편지는 여성들 사이의 성적인 결합과, 남성들을 배제한 그들 간의 사랑으로 창조되는 이상적인 세계를 묘사하고 있다. 사포가 다른 여성들에 대해 쓴 시들 때문에 '레즈비언'(lesbian)이라는 단어가 '사피즘'(Sapphism)과 함께 여성의 동성애를 일컫게 되었다(Smith 452). 레즈비언 연인에 대한 이 편지는 유명한 연인들이 주고받은 편지로서, 성애를 다룬 재치 있는 시들인 오비디우스의 영웅적인 서간 『헤로이즈』(*Heroides*)를 모델로 하고 있다. '용감한 여인들'이라는 뜻을 지닌 이 책은 서사시의 영웅들을 사랑했으나 버림받은 여성들이 쓴 다소 성애적인 사랑을 내용으로 하는 편지모음집으로서, 편지를 쓴 가상의 주인공들은 사포를 제외하고는 모두 신화상의 여성들이다. 이들 여성 가운데서 사포는 플라톤(Plato)이 10번째 뮤즈라고 일컬을 정도로 뛰어난 시인으로, 롱기누스(Longinus)는 문체의 숭고함을 찬양했으며 호라티우스(Horace) 역시 그녀의 시를 높이 평가했다. 오늘날에도 에이미 로웰(Amy Lowell)과 H. D. 같은 많은 시인들이 사포가 자신들의 시에 큰 영향을 미쳤음을 이야기하고 있다.

이 오비디우스의 서간집은 이후 사포의 이미지에 결정적인 역할을 하게 된다. 솔직하고 열정이 넘치는 사포의 시는 중세와 르네상스 시대에 이르기까지 많은 극작가들의 조롱의 대상이 되었으며, 부도덕하고 음탕한 사랑을 풍자하는 데 이용되곤 하였다. 오비디우스의 『헤로이즈』 15번째 편지에 따르면 사포는 아름다운 소년 파온(Phaon)을 사랑하였으나 그 사랑이 받아들여지지 않자 절망하여 절벽에서 자신의 몸을 던져 바다에 빠져 죽은 것으로 되어 있다. 이 이야기는 여러 시인들에 의해 다루어졌으나 자서전적인 서사의 목소리로 비교적 상세하게 들려주는 오비디우스가 쓴 사포의 이야기만이 현재 남아 있다. 오비디우스의 사포 편은 파온이 자신을 무시하는 상황에서 열정적이고도 굴욕적으로 보이기까지 하는 사랑의 갈망을 표현하고 있다.

그러면 여기서 사포가 어떤 인물이었는지에 대해 잠시 살펴보기로 하자. 사포는 명문 귀족 출신으로 부유한 상인과 결혼하여 클레이스(Cleis)라는 딸 등을 두었다는 것 이외에는 그녀의 생애에 대해서 별로 알려진 것이 없다. 유복했던 그녀는 문학과 예술을 공부하며 지낼 수 있었는데, 그녀가 태어나고 자란 에게해 동부 소아시아 연안의 큰 섬 레스보스는 기원전 7세기 당시 문화의 중심지였다. 사포는 그리스의 여러 지역을 여행하였으며 정치적 분쟁을 피하여 한때 시칠리아에서 살기도 했으나 생애의 대부분을 이 레스보스에서 지냈다고 한다. 그녀의 작품 가운데 현존하는 것은 단편 몇 개밖에 없다. 사포는 길고 짧은 각종 아이올리스풍 시형을 사용하여 사랑의 여신 아프로디테와 결혼의 여신 헤라 등 여러 신에 대한 제사와 기도의 시를 남겼다. 그리고 사포 자신의 사랑과 이별을 포함한 사랑에 빠진 영혼의 아픔과 하소연 등 개인적인 정서를 노래한 시나, 신랑과 신부를 칭송하는 결혼 축하의 노래 등 주로 젊은 여성의 체험에서 나온 시를 썼다.

간결하고 세련된 어휘와 레스보스의 독특한 방언으로 쓴 이들 시 가운데 다수는 놀랄 만큼 대담한 동성 사이의 사랑과 욕망을 표현하고 있다.

그 시대의 관습에 따라 여류시인인 사포는 수금(lyre)이라는 현악기 반주에 맞춰 자신의 시를 노래했기 때문에 서정시인(lyrist)으로 불렸다. 사포는 당대에 유행하던 서정시의 기법과 문체에 혁신을 가하여 보다 세련된 '사포 시체'(sapphic)를 창조했는데, 신과 뮤즈의 관점에서 쓰이던 시를 시인 개인의 시각에서 노래함으로써 그리스 서정시에 새로운 물결을 일으켰다고 한다. 사포는 말하자면 사랑과 상실의 아픔을 일인칭으로 개인적인 관점에서 노래한 최초의 시인이었다고 할 수 있다. 사포의 문체는 선율이 아름답고 육감적이었으며 사랑이나 동경과 회상 같은 내용을 담고 있는데, 그녀가 사랑한 대상은 주로 자신에게 예술을 배우러 왔던 여성들이었다는 점이 특이하다. 그러나 동성애를 노래한 그녀의 시가 그 당대에는 별로 비난을 받지 않았다는 사실로 미루어 볼 때, 여성들 사이의 사랑을 욕하거나 박해하기 시작한 것은 훨씬 후대의 일이었음을 짐작할 수 있다.

사포의 시는 기원전 2세기 무렵 알렉산드리아의 학자들에 의해 내용과는 상관없이 시형별로 9권의 시집으로 편집되었다. 이후 그녀의 시는 로마 시인 카툴루스와 호라티우스 등에 의해 번역되기도 하고 시형이 라틴시에 도입되는 등 로마시풍에 큰 영향을 끼쳤으나, 이들 중 완전한 형태로 남아 있는 원작은 한 편밖에 없고 그 외는 모두 단편 형태로만 존재한다. 그 원인은 그동안 원고가 소홀히 취급되었거나 자연 재해 때문이기도 하겠지만, 편협한 학자들에 의한 검열이 큰 역할을 했을 것으로 추정할 수 있다. 그러나 19세기 말부터 나일 계곡에서 발굴된 유적과 이집트의 파피루스 문서에서 사포의 단편이 많이 발견되어 그녀의 언어와 시작법 등에 관한 특징들이 밝혀지게 되었다. 소실된 부분에 대한 추측이 다양하고 번역자의 시각에 따라 원고 내용이 여러 가지로 번역되기는 하지만 오늘날에는 사포의 단편에 대한 번역들을 접할 수 있게 되었다.

사포는 자신의 여러 시에서 소녀들에 대한 열렬한 사랑의 감정을 밝히고 있으나, 오비디우스는 사포가 자신을 무시하고 경멸하는 남성 파온을 사랑하는 것으로 그림으로써 사랑의 대상을 동성에서 이성으로 돌려놓고 있다는 사실이 흥미롭다. 즉 사포가 자신의 사랑을 받아 주지 않는 파온을 위해 이전의 매혹적인 레즈비언 소녀들을 경멸하도록 하며, 이성에 대한 사랑을 더 좋아하여 이전의 동성애를 억제하도록 하고 있는 것이다. 이렇게 해서 사포의 노래는 오비디우스가 창조한 파온의 이야기를 통해 침묵당함으로써 사포는 성적으로 그리고 시적으로 남성에게 종속당한다고 할 수 있다. 다시 말해서 사포는 파온의 성적 매력 앞에 굴복당하고 오비디우스의 시적 권위에도 정복되는 것이다. 이 오비디우스의 이야기에서 우리는 사포라는 여성의 목소리를 사용하여 연애시인으로서 자신의 입지를 굳히려는 오비디우스의 욕망과, 이 내러티브 속에 실재 사포의 목소리에 반하는 오비디우스가 꾸며 낸 목소리가 존재한다는 사실에 유의할 필요가 있다.

오비디우스는 파온에게 무시당하고 버림받은 사포의 슬픔을 표현하기 위해 원래 '사포 시체'라고 불리는 서정시의 양식으로 되어 있던 사포의 시를 엘레지 형식으로 바꾸었다. 그는 사포의 입을 통해 이야기하면서 엘레지 형식의 2행 연구(couplet)를 선호하여 원래 시의 사포풍의 운율과 시체를 바꾸고, 그리스어를 라틴어로 번역하고, 여성 시인에서 남성 시인으로 젠더에 변화를 주고 있는 것이다. 이러한 과정을 겪었기 때문에 시에서 말하고 있는 화자는 과연 누구인가 하는 것이 문제가 될 수밖에 없다. 엄밀하게 이야기할 때 시의 화자는 사포도 오비디우스도 아니고, 사포와 오비디우스의 목소리가 양피지(palimpsest) 위에 겹쳐서 씌인 것과 같다고 할 수 있을 것이다. 오비디우스는 여성 인물을 통해 침묵하는 여성의 위치에서 이야기하지만, 여성의 욕망이 뒤틀리고 희화화되어 표현되면서 그 목소리는 진정한 여성의 목소리라고 하기보다는 양성일체(hermaphrodite)의 성격을 띠고 있다. 그는 사포의 목소리를 자신의 목소리에 종속시키면서 그녀를 자신의 시적 목적을 위해 이용하는 것이다.

2 던의 『엘레지』 시편들의 저작 연대는 대략 1590년대 중엽에서 말로 보이는데, 이 16세기 말에는 던의 「사포가 필레니스에게」처럼 남성 작가들이 여성들의 사랑의 하소연이나 불평을 쓴 예가 많다. 이 경우 매개로 사용된 여성 인물 속에 남성 작가 자신의 목소리와 그 시대의 남성 중심적 전통이 스며들기 마련이며, 여성 인물은 침묵하는 대상으로 전락하고 단지 남성 작가의 시학과 이데올로기를 대변하는 역할만을 수행할 가능성이 크다. 인펜티(Cecilia Infante)는 「사포가 필레니스에게」에서 사포라는 인물이 마치 작가가 이전에 씌어 있던 글자를 지우고 그 위에 자신의 목소리를 새로 적는 양피지 기능을 하고 있음을 밝히고 있다. 그리고 이러한 방식을 통해 던이 그 시대에 여성 작가들이 일반적으로 당하던 무시와 사포 같은 레즈비언에게 가해질 검열의 위험을 무릅쓰고 여성의 목소리를 선택하여 이야기하고 있음을 추적하고 있다(Infante 93-94).

이 시의 형식과 사포의 목소리는 던이 창조한 것이라기보다는 오비디우스의 『헤로이즈』 15번째 편지인 「사포가 파온에게」에서 빌려 온 것이다. 오비디우스는 사포가 편지를 쓰는 형식을 빌려서 자신의 입은 움직이지 않고 마치 다른 꼭두각시가 말하는 것처럼 하는 복화술을 쓰듯이 그녀의 목소리를 이용하고 있다. 이렇게 오비디우스가 그려내는 사포의 편지는 어느 것이 진짜 사포의 글이며 어느 것이 꾸며 낸 디스코스인지 경계를 흐리게 하면서 사포 자신의 말에 대한 진실성과 권위를 약화시키고 있다. 앞서 언급한 바와 같이 오비디우스의 『헤로이즈』에서 사포는 미소년 파온(던의 시에서는 파오[Phao])의 사랑을 얻지 못하자 자살하지만, 던은 이 이야기를 그대로 따르지 않고 있다. 즉 던은 사포가 파온을 사랑하는 것으로 만들어 놓은 오비디우스의 이야기에서 레즈비언으로서의 사포의 정체성을 회복시키면서 동시에 자신의 목소리를 그 속에 담고 있는 것이다.

남성 작가가 여성의 목소리를 통해 말한다는 사실은 젠더 문제와 밀접하게 관련되어 있으며, 여성이 글을 쓰고 말하는 데 대한 시대적 인식이나 분위기와도 관계가 있다. 더욱이 텍스트가 사포와 연관이 있다는 사실 때문에 이 문제는 한층 복잡하고 깊어진다. 왜냐하면 서구 문학에서 여성의 동성애를 다룬다는 것은 바로 검열의 대상이 됨을 의미하기 때문이다. 근대 초기 영국의 문학작품에 나타나는 레즈비어니즘에 관한 연구에서 홀스턴(James Holstun)은 문학작품에뿐만 아니라 법정의 기록이나 철학 책자에조차 여성 동성애에 관한 자료가 거의 존재하지 않는다는 사실에 주목하면서, 그 예외적인 작품 가운데 하나로 레즈비언의 사랑을 다룬 엘레지인 던의 「사포가 필레니스에게」를 들고 있다. 그는 남성 동성애에 관해서는 많은 자료가 있음에도 불구하고 여성 동성애에 대한 언급은 찾아보기 힘든 현상의 이면에는 그 당시 사회에서 이들 레즈비언들이 함께 모일 자유가 주어지지 않았다는 사실과 함께, 여성의 목소리를 없애고 여성 동성애에 관한 담론 자체를 억누르고 의도적으로 침묵시키려는 전략이 존재하는 것으로 파악하고 있다(Holstun 835-36). 더욱이 던이 살았던 근대 초기 영국에서는 '레즈비언'이라는 단어 자체가 아직 통용되지 않았다는 사실은 시사하는 바가 크다.

던은 자신의 시에 제목을 붙인 경우가 극히 적으며, 「사포가 필레니스에게」라는 제목도 던이 아니라 필사자가 붙였을 가능성이 높은 것으로 연구가들은 보고 있다. 이 시에서는 시의 화자가 사포임을 언급하는 부분이 없으며, 그가 여성임을 밝힌 구절도 찾아볼 수 없다. 다만 화자가 동성의 연인과 사랑에 빠졌다는 사실은 분명하게 말하고 있다. 그럼에도 불구하고 만약 시로 쓴 편지글인 「사포가 필레니스에게」의 화자가 사포라고 인정한다면 오비디우스가 말하는 전설에 조정을 가하는 것이 불가피해진다. 즉 던의 시의 화자는 파오와 헤어진 것을 다행으로 여기는데, 지금 현재 같은 여성인 필레니스에게서 영원한 사랑을 발견한 기쁨에 잠겨 있기 때문이다.

그렇다면 던은 왜 이 시를 가상적인 사랑의 편지 형식으로 썼을까? 더 나아가 왜 이 시가 던의 다른 시들과 문체가 상이하며, 남성으로서의 시인 자신의 목소리를 드러내지 않은 채 레즈비언이었던 그리스 여성 시인의 목소리로 말하고 있을까? 왜 던은 일반적으로 여성 작가들이 무시당하던 시대에, 그것도 레즈비언이기 때문에 검열에 걸릴 위험이 높은 사포라는 여성의 목소리로 말하기를 선택해야 했을까 하는 의문을 던져 볼 수 있을 것이다. 이에 대해 많은 비평가들은 사포가 파온을 사랑하는 것으로 만들어 놓은 오비디우스의 이야기에서 던이 레즈비언으로서의 사포의 정체성을 회복시키면서 동시에 자신의 목소리를 그 속에 담으려고 한 것으로 분석하고 있다. 즉 던이 오비디우스의 시를 모방하면서 사포를 재발견함으로써 르네상스 시대의 진부한 사랑시의 전통을 새롭게 하고 성애 문학의 서정적 목소리를 회복하려고 시도했다고 보는 것이다(Infante 94-95; Harvey 118-19; Mueller 113).

던도 오비디우스와 마찬가지로 사포의 목소리를 빌려서 엘레지라는 장르를 통해 이야기하고 있으나, 이러한 공통점 이면에는 간과할 수 없는 큰 차이가 존재함을 알 수 있다. 즉 사포가 파온을 사랑하는 것으로 되어 있던 오비디우스의 이야기를 원래 사포의 시에서 그려진 대로 레즈비언의 사랑 이야기로 다시 바꿈으로써, 던은 사포라는 여성이 남성에게 성적으로 종속되는 관계를 해체시킴과 동시에 연애시라는 분야에서 오비디우스의 시적 권위에 도전하고 있다고 볼 수 있다. 던이 말하는 사포의 편지는 그리스의 섬 류카스(Leucas) 출신의 무명작가인 필레니스에게 쓴 것인데, 이 연인이 오비디우스의 경우와 다르게 남성이 아닌 여성으로 되어 있다. 따라서 던은 오비디우스의 시에 수정을 가해 여성이 여성에게 말하게 함으로써 시에서 여성의 목소리를 회복시키고 있다. 그러나 정작 사포나 오비디우스 그 누구도 필레니스에 대해 언급한 부분이 없으며 이에 대한 자료도 거의 존재하지 않는다. 다만 제한된 자료를 통해 우리가 알 수 있는 것은 필레니스와 사포 둘 다 성적인 사랑을 다룬 책을 썼다는 사실과, 이로 인해 이들이 부도덕하고 방탕한 여성으로 인식되었다는 점 정도다.

3 「사포가 필레니스에게」는 먼저 필레니스의 부재에 대한 슬픔을 토로하는 것에서 시작하여, 사포가 시적 언어로써 기억을 통해 부재를 현존으로 전환시키는 것으로 나아가고 있다. 그리고 결국은 사랑의 대상이 타자에서 자신으로 판명되면서 나르시시즘과 유아론(solipsism)을 극화하는 것으로 마무리된다. 역사적 인물 사포에 대한 던의 관심은 사포가 시인이었으며, 더욱이 그것도 시적인 위기를 경험한 인물이었다는 사실이 동기가 되었음은 의심할 여지가 없다. 그래서 던의 편지는 사랑하는 필레니스가 곁에 없음에 대한 한탄뿐만 아니라, 사포가 자신의 시적 능력이 쇠퇴된 것에 대한 한탄으로 시작하고 있다.

저 성스러운 불은 어디에 있나, 시가
  가지고 있다는? 그 매혹적인 힘은 쇠해 버렸나?
자연의 법칙에서 자연의 작품들을 끌어당기는 시는
  자연의 최상의 작품인 그대를 자연의 작품에게로 끌지 못하네.

Where is that holy fire, which verse is said
  To have? is that enchanting force decayed?
Verse, that draws Nature's works, from Nature's law,
  Thee, her best work, to her work cannot draw. (1-4)

이는 던이 사포를 레즈비언의 사랑을 갈구하는 상상의 인물로뿐만 아니라 자신의 시적인 능력의 쇠퇴를 표상하는 인물로 그리고 있다는 해석을 가능하게 하는 부분이다. 자신에게 가해진 심적 고통으로 인해 언어적 표현력과 시적 능력도 줄어들게 되었음을 한탄한 오비디우스의 사포처럼, 이 사포의 목소리는 "매혹적인 힘"이 쇠해 버리지나 않았는지 의심스러워한다. 시를 쓸 능력을 잃어버린 데 대한 한탄은 르네상스 시대 서정시에서 가장 흔하게 접하는 내용으로, 시드니(Sidney)나 스펜서(Spenser), 셰익스피어(Shakespeare) 등의 세속시나, 밀턴(Milton)과 허버트(Herbert)의 종교시 등에서 그 예를 찾아볼 수 있다. 3행의 "자연의 법칙에서 자연의 작품들을 끌어당기는 시"는 원형적인 시인이라고 할 수 있는 오르페우스(Orpheus)의 시에 대한 언급이다. 그의 시는 너무나 매혹적이어서 동물은 물론이고 나무나 바위 같은 무생물도 경의를 표하고, 음악을 듣기 위해 자연이 정해 준 법칙도 어기면서 그를 뒤따랐다고 전해진다. 그러나 시의 화자는 이러한 오르페우스의 능력을 가진 시도 "자연의 최상의 작품"인 필레니스를 시인 앞에 존재하도록 회복시킬 수 없음을 슬퍼하고 있는 것이다. 필레니스와 시적 능력이 자신에게 회복되기를 바라는 사포의 욕망은 3행과 4행에서 동어반복적으로 표현되고 있는데, 이는 시의 후반부에 등장하는 동어반복과 함께 주목할 필요가 있다.

던의 사포는 시적 영감을 발견하기 위해 몸부림치지만 단지 녹아내리는 이미지만 발견할 따름이다.

> 내 눈물이 나의 이전의 시적 열정을 잠재워 버렸나.
>   왜 눈물이 욕망의 열정도 잠재우지 못했나?
> 내 마음의 산물인 생각은 종종 그대와 함께 있으나
>   그 생각을 만들어 낸 나는 생각의 자유를 원한다.
> 내 마음속에 그대 형상만이 자리 잡고 있으나
>   그것은 밀랍이고 불길이 그를 둘러싸고 있다.
> 내 불길은 당신의 형상을 몰아내고, 그대 불길은 여기 당신의 형상을
> 끌어당겼다.

나는 영상도 마음도 감각도 다 빼앗겨 버렸네.
그대에 대한 지루한 기억이 아직 내게 머물고
간직하기도 잃어버리기도 하는 기억은 똑같이 슬퍼하네.
기억은 당신이 얼마나 아름다운지를 말해 주노라. 그대는 너무나 아름다워
내가 당신을 신에 비긴다면 신은 이로 인해 영광이 되는 것.
눈먼 사람들을 볼 수 있게 하려고,
이건 신들이 하는 일이지만, 나는 신들이 그대를 닮았다고 말하오.

Have my tears quenched my old poetic fire;
Why quenched they not as well, that of desire?
Thoughts, my mind's creatures, often are with thee,
But I, their maker, want their liberty.
Only thine image, in my heart, doth sit,
But that is wax, and fires environ it.
My fires have driven, thine have drawn it hence;
And I am robbed of picture, heart, and sense.
Dwells with me still mine irksome memory,
Which, both to keep, and lose, grieves equally.
That tells me how fair thou art: thou art so fair,
As, gods, when gods to thee I do compare,
Are graced thereby; and to make blind men see,
What things gods are, I say they are like to thee. (5-18)

시들어 버린 거룩한 시의 불길과 열정은 시인의 마음속에 자리 잡고 있는 하나의 이미지를 파괴하는 세속적인 불길이 되어 내면에서 타오르고 있다. 즉 사포의 마음속에는 시적인 불길보다 성적인 욕망이 더 뜨겁게 불

타서, 자신의 가슴속 밀랍에 찍혀 있는 것 같은 사랑하는 자의 형상이 이내 녹아 버리는 것이다. 지금 자신의 곁에 없는 필레니스 때문에 눈물을 흘리는 사포는 성적 욕망이 너무 강렬하여 그녀에 대한 기억조차 흐릿해지고 있다. 이제 녹아 버린 형상 같은 필레니스의 모습은 자신의 감각도 마음도 빼앗지 못하는 무디고 "지루한 기억"으로밖에는 남아 있지 못한다. 다만 꿈결 같은 기억 속에서 그녀는 신보다 더 아름다웠다고 찬양할 따름인데, 그는 필레니스의 아름다움이 너무나 신성해서 눈먼 사람도 볼 수 있게 할 정도라고 말하고 있다.

이어서 사포는 "만약 우리가 각 평범한 남자들을 작은 세계라고 의당 부른다면 / 그대를 어떻게 불러야 할까?"(For, if we justly call each silly man / A little world, what shall we call thee then?; 19-20)라고 물으며 여성 주체(female subject)를 부를 적절한 표현 혹은 수사법을 모색한다. 그녀는 인문주의 철학이 여성 주체에게는 부적절한 수사학인 것으로 간주하여 버리고, 그렇다면 "그대를 어떻게 불러야 할까?"라며 남성 주체의 특권인 언어체계 밖에서 여성을 표현해 보려고 시도한다. 사포는 "그대는 솜털처럼, 별처럼, 삼나무처럼, 백합처럼, / 부드럽지도, 밝지도, 바르지도, 아름답지도 않아"(Thou art not soft, and clear, and straight, and fair, / As down, as stars, cedars, and lilies are; 21-22)라며 전형적인 페트라르카식 미학의 언어도 배격하면서, "그러나 그대의 오른손과 뺨과 눈은 단지 / 그대의 다른 손과 뺨과 눈을 닮았다"(But thy right hand, and cheek, and eye, only / Are like thy other hand, and cheek, and eye; 23-24)며 여성의 몸을 해부하는 수사로 필레니스를 다시 옷 입히고 있다. 말하자면 필레니스의 몸이 그녀의 수사학이자 사포의 수사학인 셈이다. 왜냐하면 "나의 두 입술, 눈, 허벅다리는 당신 것과 달라요. / 하지만 이는 당신 것도 서로 다른 것과 마찬가지지요"(My two lips, eyes, thighs, differ from thy two, / But so, as thine from one another do; 45-46)라고 말하고 있기 때문이다. 남성 중심적인 전통으로부터 여성을 회복시켜 여성의 성애적 경험에 적절한 언어를 빚어 내려는 몸부림 속에서 던의 사포는 여성의 몸을 언어와 같은 상징체계로 보고 있는 것이다.

연인의 몸의 각 부분을 외부 세계에서 빌려 온 과장된 일련의 비교를 통하여 찬양하던 페트라르카풍의 표현은 레즈비언의 세계에서는 더 이상 충분하거나 정확한 칭찬의 양식이 되지 못한다. 사포는 필레니스가 "솜털처럼, 별처럼, 삼나무처럼, 백합처럼" "부드럽지도, 밝지도, 바르지도, 아름답지도 않"다고 한다. 필레니스가 더 이상 다른 무엇에 비길 만큼 아름답다고 말하는 것이 아니라, "그대의 오른손과 뺨과 눈은 단지 / 그대의 다른 손과 뺨과 눈을 닮았다"며 그녀가 이미 완전하고 충족된 존재라고 주장하고 있는 것이다. 사포는 외부의 어떤 것과의 비교나 유추도 거부하는, 스스로 충족되고 완전히 독립된 의미화 체계를 생성하려고 시도하고 있다. 이 체계는 소우주도 대우주도 아닌, 홀스턴이 말한 바와 같이 "자신들만의 세계"(autocosm)라고 할 수 있을 것이다. 이 세계는 위계질서가 존재하지 않는 완벽한 균형의 세계이다. 필레니스의 오른쪽 반이 사포의 왼쪽 반과 완전히 같아질 때 사포는 기표와 기의 사이의 모든 거리가 사라지고 언어가 바로 실체가 되는, 차이도 의미화도 존재하지 않는 언어 이전의 세계로 들어가는 것으로 홀스턴은 보고 있다(Holstun 840).

이처럼 사포가 사용하고 있는 언어는 대상이 이미 언급된 바 있는 2행연구적이고 상호 대칭적인 표현이다. 즉 필레니스는 별이나 꽃이 가지고 있는 속성을 소유하고 있어서 아름다운 것이 아니라, 한쪽이 다른 반쪽을 닮은 그 자체로 완벽하게 균형 잡힌 아름다움을 지닌 존재라는 것이다. 여기서 사포는 자아와 타자 사이의 신체적인 유사성으로 인해 몸의 오른쪽과 왼쪽이라는 반쪽 사이의 완벽한 균형과 대칭성을 발견하고 있다. 가드너 같은 비평가는 던이 다른 시에서는 동성애에 관해 전혀 관심을 보이지 않았으며 시에 사용된 운율도 무디고 어휘도 빈약하다는 점과 함께, 하나의 2행 연구에서 같은 단어를 두세 번 반복해서 사용함으로써 시가 단조롭다는 점을 들어 「사포가 필레니스에게」가 던의 작품이 아니거나 적어도 작품성이 떨어진다고 주장한다(Gardner xlvi). 즉 나르시스적인 동어 반복(narcissistic tautology)은 레즈비언의 사랑을 그려 낼 시인의 시적 능력이 고갈되었음을 보여 주며, 따라서 이 시는 실패작이라고 생각하는 것이다. 그러나 이와 달리 하비(Elizabeth Harvey)는 이 2행 연구와 같은 대칭성이 사포로 하여금 필레니스를 묘사할 때 새로운 언어적 표현을 가능하게 하는 것으로 본다. 이 특별한 균형과 대칭성은 레즈비언 세계가 지닌 특징 가운데 하나라고 할 수 있다는 것이다. 이러한 맥락에서 그는 「사포가 필레니스에게」는 여성들이 단순히 이성애적 관계를 모방하거나 남성의 역할을 흉내 내려고 하는 것이 아니라, 남성을 배제한 채 자신들의 새로운 이데올로기를 반영하는 새로운 언어를 만들어 내기 위하여 유토피아적인 세계 속에서 여성들 간의 성적 결합을 발전시키고 있다고 주장한다(Harvey 128-30).

이 부분에서 던은 오비디우스의 15번째 편지에 주목할 만한 수정을 가하는데, 그 가운데 하나가 바로 사포의 유명한 레즈비언 성애를 회복시킨 것이라고 할 수 있다. 던의 사포는 파온이 성장하여 남성적 특징을 보이기 시작할 무렵, 그를 버리고 같은 여성 중에서 욕망의 대상을 찾는 레즈비언 성애를 추구하고 있다.

> 내 사랑 파오가 잠시 그러했으나, 앞으로는 절대 그렇지 않아,
> 　그대가 그러했고, 그렇고, 오, 앞으로도 영원히 그럴 것처럼은.
> 여기 연인들은 서로를 숭배하며 맹세를 하네.
> 　나도 그렇게 하지만 슬픔이 내 안색을 바래게 하네.
> 그러나 슬픔이 내 아름다움을 없애 버리지 않도록,
> 　그래서 그대 사랑 받을 가치 없게 만들지 않도록 난 덜 슬퍼하노라.

그대 나긋한 소년과도 놀아 보지만, 오, 달콤하게 해 주는
  주고받는 느낌이 여전히 부족하네.
그의 뺨, 가시같이 들쑥날쑥한 수염은
  위협하며 일상의 변화를 가져오네.

Such was my Phao awhile, but shall be never,
  As thou wast, art, and, oh, mayst thou be ever.
Here lovers swear in their idolatry,
  That I am such; but grief discolours me.
And yet I grieve the less, lest grief remove
  My beauty, and make me unworthy of thy love.
Plays some soft boy with thee, oh there wants yet
  A mutual feeling which should sweeten it.
His chin, a thorny hairy unevenness
  Doth threaten, and some daily change possess. (25-34)

사포는 성적인 취향이 바뀌어서라기보다는 자기가 사랑했던 소년 파온이 청년으로 성장하면서 여성과 같은 특성을 상실했기 때문에 그를 버렸다는 사실을 알 수 있다. 사포의 희망과는 달리 파온은 영원히 변하지 않고 소년의 상태로 머물 수 없었던 것이다. "주고받는 느낌"이란 서로 간에 느끼는 공감과 성적인 사랑 둘 모두를 의미하는 것 같다. 여성이 남성의 수염이 상징하는 세계와 접한다는 것은 다른 성에 대해 눈뜨는 사춘기와, 임신과 출산이라는 엄청난 변화를 가져오는 새로운 세계와 만난다는 것을 뜻한다.

4 이제 사포는 여성들 간의 사랑을 소유하지 않고도 사랑할 수 있고 상

대를 침범하지 않고도 즐거움을 취할 수 있는 유토피아적인 결합으로 찬양한다. 그녀는 레즈비언의 성애를 인간이 타락하기 전 상태처럼 아름답게 레즈비언 목가시(lesbian pastoral)로 이야기하면서, 완전하고 변하지 않는 여성의 성애를 변덕스럽고 타락한 남성의 육욕적 사랑과 대조하고 있다.

그대의 몸은 타고난 낙원,
  그 자신 속에 가꾸지 않은 모든 쾌락이 있어서.
완벽할 필요 없어요. 그렇다면 왜 그대는
  거칠고 거센 남성의 경작을 인정해야 한단 말이죠?
남자들은 그들 뒤에 자신의 죄의 흔적을 남겨
  눈 내릴 때 강도질한 도둑들처럼 추적당하죠.
그러나 우리들의 사랑의 유희는 시내의 물고기나
  공중의 새들처럼 어떤 흔적도 남기지 않아.
우리 사이에 온갖 달콤함을 다 누릴 수 있어,
  자연이 생산하고 기교가 더할 수 있는 모든 것을.

Thy body is a natural paradise,
  In whose self, unmanured, all pleasure lies,
Nor needs perfection; why shouldst thou then
  Admit the tillage of a harsh rough man?
Men leave behind them that which their sin shows,
  And are as thieves traced, which rob when it snows.
But of our dalliance no more signs there are,
  Than fishes leave in streams, or birds in air.
And between us all sweetness may be had;
  All, all that Nature yields, or Art can add. (35-44)

사포는 필레니스의 육체가 지닌 완전함을 보존하고 시간과 인간의 파괴로부터 보호하기 위해 그녀를 낙원에 두고 있다. 사포의 반영이라고 할 수 있는 필레니스는 "가꾸지 않은" 흠 없는 처녀성의 상태로 완전하며, 죄의 흔적을 남기는 남성들과 달리 레즈비언의 사랑의 유희는 자식을 낳는 것과 같은 흔적을 남기지 않기에 그만큼 더 자유롭고 완전하다고 말한다. 던은 오비디우스가 사포에게서 빼앗았던 언어와 독립성을 그녀에게 후하게 부여하고 있는 것처럼 보이지만, 여기서도 "왜 그대는 / 거칠고 거센 남성의 경작을 인정해야 한단 말이죠?"라고 말함으로써 「엘레지 19」에서 볼 수 있었던 것과 같이 여성의 몸을 신세계와 마찬가지로 남성의 탐험과 소유를 기다리는 식민지화할 대상으로 묘사하고 있음을 알 수 있다.

사포는 남성들이 이 레즈비언의 세계에 침입해 들어오는 것을 자신의 이익을 얻기 위해 땅을 경작하는 농사와, 남의 것을 빼앗는 도둑질에 비유하고 있다. 이와 달리 레즈비언들 사이의 사랑의 유희는 "시내의 물고기나 / 공중의 새들처럼" 어떤 흔적도 남기지 않으면서 소유권도 수반하지 않는다는 이유로 칭송되고 있다. 사포는 필레니스의 몸이야말로 땅이 가꾸지 않아도 풍성한 먹을 것을 생산하고 사람들이 자신의 권리와 재산을 보호하기 위해 법을 필요로 하지 않고도 조화롭게 살았던 황금시대의 이미지를 지닌, 그 자체로 이미 완전함을 품고 있는 "타고난 낙원"이라고 주장하고 있는 것이다. 그렇다면 왜 그녀는 "거칠고 거센 남성"의 "경작"을 인정해야 하는가? 이 "경작"한다는 표현에는 인간이 자신의 욕심을 채우고 이익을 얻어 내기 위해 땅을 멋대로 이용한다는 사실과 함께, 가부장적인 세계에서 흔히 그러하듯이 여성의 몸을 성적으로 "경작"한다는 사실이 동시에 내포되어 있다. 레즈비언의 사랑과 달리 이성 간의 성적 결합에는 소유의 개념이 내포되어 있어서, "남자들은 그들 뒤에 자신의 죄의 흔적을 남겨 / 눈 내릴 때 강도질한 도둑들처럼 추적당"한다고 함으로써 지울 수 없는 흔적을 남기는 것으로 그려져 있다. 여기서 말하는 죄의 흔적은 여러 가지가 있을 수 있겠으나 성행위 때의 정액이나 임신하여 낳게 되는 아이 등을 의미하는 것으로 보인다. 이처럼 남성의 사랑은 그가 부재할 때도 자신이 뿌린 씨인 자손을 통해 흔적을 남긴다. 그러나 레즈비언의 사랑은 흔적을 남기지 않는다는 점에서는 편리할지 모르나, 아무런 의미나 흔적도 남기지 못하기에 존재할 때조차도 부재한다는 홀스턴의 주장은 상당히 흥미롭다(Holstun 842-43). 코렐(Barbara Correll)이 말한 바와 같이 던은 이 시를 통해서 아무런 차이나 상실도 생겨나지 않으며, 마치 아무 일도 일어나지 않는 것 같은 매우 역설적인 성애를 다루는, 영시 사상 전례가 없는 실험을 하고 있는 것이다(495).

사포가 거울을 바라볼 때 부재하는 연인인 필레니스가 재창조된다. 그녀는 자신의 몸을 애무하면서 자신과 필레니스가 서로 한 몸의 두 반쪽처럼 닮았다는 사실을 깨닫는다. 부재하는 필레니스가 사포의 생각 속에서 밀랍 이미지(wax image)로 재창조되면서, 이때 극단적인 유아론과 나르시시즘이 등장하고 있다. 상상 속에서 그려 보는 필레니스에 대한 사포의 시적 판타지가 아무리 생생하고 구체적이라 하더라도, 결국 거울 속에 비치는 상은 "거울 속에 비친 나를 당신이라 불러요"(55)라고 한 구절에서도 알 수 있듯이 사포 자신의 것일 뿐이다. 사포가 생각하는 필레니스는 결국 거울 속에서 바라보는 사포 자신의 상에 다름 아닌 것이다.

> 나의 두 입술, 눈, 허벅다리는 당신 것과 달라요.
>   하지만 이는 당신 것도 서로 다른 것과 마찬가지지요.
> 그리고, 오, 그 더 이상은 아니에요. 닮은 것이 이 정도인데
>   왜 이들 서로 닮은 각 부분이 접촉해서는 안 된다는 것이죠?
> 손이 낯선 손에, 입술이 입술에 어느 누구도 마다 않네.
>   그렇다면 가슴과 가슴, 허벅지와 허벅지를 맞닿은들 어떠랴?
> 닮음은 이토록 이상한 자화자찬을 낳아,

나 자신을 만지는 일이 모두 그대에게 행해진 듯하오.
나는 내 자신을 포옹하고, 내 자신의 손에 입맞춤하고,
이에 대해 내 자신에게 사랑스레 감사해요.
거울 속에 비친 나를 당신이라 불러요. 그러나 아!
내가 입 맞추려 할 때 눈물이 내 눈과 거울을 흐리게 하네요.
오 이 사랑의 광증을 고쳐 주세요, 나를 나로 회복시켜 줘요,
내 반쪽인 그대, 내 모든 것, 내 전부보다 더한 당신.

My two lips, eyes, thighs, differ from thy two,
But so, as thine from one another do;
And, oh, no more; the likeness being such,
Why should they not alike in all parts touch?
Hand to strange hand, lip to lip none denies;
Why should they breast to breast, or thighs to thighs?
Likeness begets such strange self flattery,
That touching myself, all seems done to thee.
Myself I embrace, and mine own hands I kiss,
And amorously thank myself for this.
Me, in my glass, I call thee; but alas,
When I would kiss, tears dim mine eyes, and glass.
O cure this loving madness, and restore
Me to me, thee, my half, my all, my more. (45-58)

이 사포의 욕망에서 주목할 사실은 "나를 나로 회복시켜 줘요"라고 말하는 것에서도 알 수 있듯이 동성애적(homoerotic)이라기보다는 결국 자기애적(autoerotic)이라는 것이다(Infante 98-99). "거울 속에 비친 나를 당신

이라 불러요"라는 구절은 필레니스에 대한 사포의 시적 판타지가 그녀의 상상 속에서 아무리 구체적으로 생겨난다 하더라도 결국 사포 자신의 상만 거울에 반영된다는 사실이다. 시인 사포는 거울에 비친 자신의 이미지 앞에서 성애적 상상에 빠져 매혹되고 있는 것이다. 앞서 자신의 시적 능력이 쇠퇴하였음을 슬퍼하고 그녀의 마음속에 지니고 있는 필레니스에 대한 밀랍 이미지가 깨어져 버리지 않을까 염려했던 사포는, 지금 자신이 빚어낸 필레니스의 시적 이미지에 만족하고 있는 모습을 보여 준다.

이 구절에서 몸과 거울에 비친 반영 사이의, 혹은 이미지와 그 모사 사이의 동일시는 이들 사이의 차이를 흐리게 하면서 경계를 해체시키고 있다. 손으로 잡힐 듯한 이미지로 가득한 구절은 오비디우스의 나르시스를 연상시키는데, 사포는 일반적으로 남성의 욕망으로 바라보던 관찰자의 위치를 대신하여 거울에 비친 자신의 판타지를 바라본다. 자신의 욕망의 불길이 자기 마음속에 있던 필레니스의 이미지를 녹여 버린 것처럼, 사포는 "그러나 아! / 내가 입 맞추려 할 때 눈물이 내 눈과 거울을 흐리게 하네요"라며 눈물이 자신의 형상을 흐리게 하고 자기애적 환상을 깨뜨리고 있음을 말하고 있다. 사포의 자기애는 그녀를 보다 깊은 절망으로 이끌고 있을 따름이다. 더욱이 사포의 나르시시즘도 욕망의 대상이 자기 자신이 아니라 자신을 닮은 다른 존재라는 사실을 어렴풋하게 인식하기 때문에 전통적인 의미의 나르시시즘이 아니라고 할 수 있다(Blank 363).

우리는 여기서 던의 많은 시에서 찾아볼 수 있는 것처럼, 시인이 자신과 아내인 앤 모어의 이름을 가지고 말장난을 하고 있는 것을 발견하게 된다. 사포는 필레니스와 나르시시즘적으로 하나가 되는데, "나 자신을 만지는 일이 모두 그대에게 행해진 듯하오"(That touching myself, all seems done to thee)라고 말할 때 복화술적인 목소리와 진짜 목소리 사이의 구별이 무너지고 있다. 여기서 던은 "thee"와 자신의 이름을 연상시키는 "done" 사이에 펀을 함으로써 오비디우스와 사포의 관계에 자신도 끼어드는 복잡한 구도를 창조하면서, 유혹할 때 사용하는 시인 특유의 수사적 전략을 구사하고 있다. 이는 "나를 나로 회복시켜 줘요, / 내 반쪽인 그대, 내 모든 것, 내 전부보다 더한 당신"(restore / Me to me; thee, my half, my all, my more)이라고 아내 앤 모어(Anne More)의 이름을 언급하는 데 이르러서는 사포가 던 자신으로, 필레니스가 앤 모어로 변하는 듯한 묘한 느낌을 창조한다. 그녀와 그녀가 사랑하는 자가 닮았다는 점에서 흥분을 느끼며 이 사랑이 자신을 만족시켜줄 것으로 희망하지만, 사포는 여전히 만족하지 못한 상태로 또 다른 대상을 욕망하고 있음을 볼 수 있다.

던은 사포가 그녀 자신을 바라보고 만지는 것을 지켜보면서 이처럼 목소리를 전위시킴으로써, 관음증자이면서 동시에 복화술사로서의 자신의 모습을 드러내고 있다. 관음증이나 남의 나체나 외설 사진을 보고 쾌감을 느끼는 절시증(scopophilia)과 타인의 목소리를 빌리는 복화술은 모두 자신의 모습을 드러내거나 직접 개입하지 않으면서 상대방을 조절하고 지배하는 기능을 한다. 자신의 모습은 보이지 않은 채 타인의 모습을 몰래 엿보려는 소망인 관음증이 응시를 통해 대상을 소유하고 지배하듯이, 여성의 목소리를 이용하는 복화술도 자신의 목소리를 드러내지 않은 채 자신과 다른 목소리에 검열을 가하면서 타자를 지배하게 된다. 복화술은 실제 여성 화자의 목소리를 억압하면서 허구의 다른 여성의 목소리를 구축하고, 이를 통해 보다 넓은 문화적 맥락에서 검열의 기재 역할을 수행하는 것이다. 남성 시인이 사포의 목소리를 차용할 경우 그는 그녀의 젠더의 타자성과 성적인 선호는 물론이고 사포가 지니고 있는 전설적인 명성에 직면해야 한다. 던은 사포의 원래 목소리를 침묵하게 하거나 고침으로써 자신이 그녀의 디스코스에 들어가는 전략을 사용하고 있는 것이다.

3

『풍자시』: 종교와 정치

던은 공식적으로 『풍자시』(*Satires*)라고 이름 붙인 5편의 시를 썼지만, 사실 다른 많은 시에서도 풍자를 사용하고 있다. 국교도가 아니면 출세를 할 수 없었던 시대적 상황에서 종교적인 갈등을 겪기는 했으나, 결국에는 자신이 믿던 가톨릭 신앙에 등을 돌리고 영국 국교를 받아들인 야심 찬 젊은이였다는 사실을 고려할 때 이는 놀랄 만한 일이 아니다. 풍자는 흔히 똑똑한 젊은이들이 그를 둘러싼 사회나 다른 사람들의 행동을 바라보는 자세 또는 태도라고 할 수 있기 때문이다. 풍자시인은 개인적인 감정을 다루는 서정시인과 달리 그 시대에 대해 공적이면서 비판적인 태도를 가지며, 적대적이거나 경멸적인 입장을 취한다.

당시 시적 풍자는 세인들의 관심을 자신에게로 끌기 위한 하나의 방법이었으며, 친구나 장래가 유망한 사람들 사이에 유포된 원고는 나중에 조정에 진출하기 위한 방편으로 사용되기도 했다. 던도 자신의 원고를 이러한 목적으로 사용하였으며 『풍자시』는 그의 20대 시절, 링컨 법학원에 다니면서 출세를 모색했던 대략 1593년에서 1598년에 걸쳐 창작된 것으로 추정된다. 던의 초기시는 주로 필사본의 형태로 읽혔다. 그 이유는 필사본이 주로 동인(coterie)이라고 불리는 문학을 향유하는 공동체 혹은 지인들 사이에 유통되었으므로, 궁정의 엘리트들은 자신들의 생각과 의견을 사회적 열등자들에게 유출하지 않는 방편으로 이 필사본을 사용하는 경향이 있었기 때문일 것이다. 또한 정치적으로 문제의 소지가 있거나 중상(中傷)

하는 내용의 글인 경우에도 만약 출판을 하게 되면 대중에게 노출되어 위험할 수 있으므로 필사본으로 돌려보기도 하였다. 재치 있는 장난기와 궤변, 관능적인 내용과 풍자적 신랄함을 특징으로 하는 던의 초기시는 야망을 지닌 젊은 동인들 사이에서 행해진 사회적 행위의 한 부분으로 이해할 수 있을 것이다(Perry 109).

패터슨(Annabel Patterson)은 당시 친구들 사이에 유포되었던 던의 필사본 가운데 하나에 1593년이라는 연도가 적혀 있는 등 여러 정황을 고려해 볼 때 던이 영국 최초의 본격적인 풍자시인일 가능성이 크다고 주장한다. 던은 기존의 체제와 가치를 전복하는 성격의 새로운 표현 양식에 특별한 관심을 갖고 가장 앞장서서 실험적인 글쓰기를 하였다는 것이다. 한편, 당시 사회와 궁정, 종교계, 사법계 등을 비판하고 조롱하는 내용의 풍자시를 쓴다는 것은 자신을 심각한 위험에 빠뜨릴 수 있는 행위이기도 하였다. 실제로 1599년에는 두 명의 저명한 주교가 말로(Christopher Marlowe)와 홀(Joseph Hall), 내쉬(Thomas Nashe), 미들턴(Thomas Middleton) 등이 최근 간행한 풍자시의 출판을 금하고 몇몇 책을 불태우도록 하는 법령을 발표했다(Boose 185). 던은 생전에 자신의 풍자시를 출판하지는 않았다. 그렇다 하더라도 그가 자기 친구에게 보낸 1600년에 쓴 것으로 보이는 편지에서는 필사본 형태로 친구들 사이에 돌려 보며 읽히던 자신의 풍자시가 외부에 알려질 경우 위험에 처하지나 않을까 하는 두려움을, 그리고 남녀 간의 성애를 다룬 엘레지로 인해서는 수치를 당하지 않을까 하는 염려를 강하게 드러내고 있다(Patterson 117-19). 우리는 던의 풍자시나 편지에서 한 젊은이가 엘리자베스 여왕 말기의 영국 사회와 법과 궁정에 대해 느끼는 회의와 좌절감과 함께, 그의 자유분방한 정신을 엿볼 수 있다.

1590년대는 던이 시 창작에 몰두하는 한편 신학적인 물음과 씨름했던 시기이며, 에섹스 공(Essex, Robert Devereux)의 카디즈(Cadiz) 원정과 아조레스 제도(Azores Islands) 원정에 참가하기도 하지만, 동생 헨리(Henry)

가 사제를 숨겨 준 죄로 투옥당했다가 죽는 등 집안의 어려운 일들을 겪기도 한 시기였다. 던이 가장 먼저 쓴 초기시 가운데 하나인 『풍자시』에는 시인의 좌절된 정열과 야망이 분명하게 드러나 있다. 1633년에 출판될 예정이었던 『풍자시』는 엘레지 5편과 함께 처음에는 출판 허가가 나지 않았다. 그러다가 출판 직전에 이들 풍자시에 대한 출판 금지가 해제되어 그해에 겨우 세상의 빛을 보게 되는 우여곡절을 겪었다.

풍자문학이란 무엇인가에 대해서 한마디로 대답하기는 어렵지만 에이브람즈(M. H. Abrams)는 다음과 같이 정의를 내리고 있다.

> 풍자는 어떤 대상을 우스꽝스럽게 만들고 그것에 대하여 재미있어하는 태도나, 경멸이나 조소나 분노의 태도를 불러일으킴으로써 그 대상을 깎아내리는 문학상의 기교이다. 코미디가 웃음을 자아내는 것 자체가 주목적인 데 반하여 풍자는 조롱한다는 점에서 풍자와 코믹은 다르다. 즉 풍자는 웃음을 하나의 무기로 사용한다.

> Satire can be described as the literary art of diminishing or derogating a subject by making it ridiculous and evoking toward it attitudes of amusement, contempt, scorn, or indignation. It differs from the *comic* in that comedy evokes laughter mainly as an end in itself, while satire derides; that is, it uses laughter as a weapon. (Abrams 275)

인간의 악덕과 어리석음을 교정하는 수단으로 흔히 사용되는 풍자는 한 개인을 목표로 삼기도 하지만, 어떤 인간형이나 계급, 제도나 국가, 혹은 전 인류를 목표로 하기도 한다. 이처럼 풍자가 인간의 어리석음이나 악을 조롱하면서 웃음을 무기로 사용한다는 점에서 단순히 독자나 관객을 즐겁게 하거나 웃음을 자아내는 것을 목적으로 하는 코믹이나 위트 등과는 차이가 있다. 이 가운데 특히 위트는 16세기와 17세기에 문학 창작을 하는 재능이나, 그중에서도 특히 눈부시고 놀랍고 역설적인 비유들을 발견할 수 있는 능력을 가리키는 데 사용되었다(Abrams 329-30). 짧고 교묘하고 희극적인 놀라움을 일으키도록 계획적으로 고안된 언어적 표현인 위트는 던의 시에서 발견할 수 있는 중요한 특징 가운데 하나이다. 정치적으로 신랄한 풍자와 오비디우스풍의 성애를 포르노 같은 소재와 함께 다룬 엘레지는 엘리자베스 여왕 통치 말기에 법학원에서 널리 유행하던 시 형식이었다. 16세기 말 영국 사회의 타락상을 비판하고 풍자하는 『풍자시』에 사용된 격렬한 어조는 로마의 풍자시인 유베날리스(Juvenal)의 영향을 보여주고 있으며, 세련된 방식으로 애매하고 분명하지 않게 처리된 부분은 권세 있는 자들을 비판하고 고위층에 만연한 부패상을 공격함으로써 자신이 처할 수 있는 위험한 상황에 대한 안전장치가 아니었을까 짐작된다.

일반적으로 던의 시는 그의 전기적인 사실과 연관하여 초기에는 세속시의 성격을 띠다가 후기로 가면서 종교시로 옮아가는 것으로 평가되고 있다. 그러나 우리는 그의 초기시인 『풍자시』에서도 돈과 권력, 성과 같은 보편적인 유혹에 대한 심각한 고민과 함께, 이러한 유혹에 쉽게 넘어가는 세태에 대한 신랄한 비판과 풍자를 찾아볼 수 있다. 또한 진지하게 진리를 탐구하면서 자신이 처한 신앙의 위기를 해결하기 위해 당대의 종교적 문제와 종교의 본질에 대해 치열하게 탐구하는 모습도 엿볼 수 있다. 이처럼 『풍자시』에서 시인은 영국사회에 만연한 죄악과 타락상을 비판하면서, 이스라엘의 죄와 우상숭배에 대해 질책한 성경의 예언자와 같은 태도를 취하기도 한다. 그러나 잘못된 것을 드러내고 비판하기는 하지만 이를 시정할 마땅한 방법이 없는 데서 느끼는 시인의 좌절감도 엿볼 수 있다(최재헌, 『영국시의 이해』 177-79). 던은 『풍자시』에서 당대 영국 사회의 경박하고 물질주의적인 가치관과 한 젊은 난봉꾼의 기회주의나 호색(1), 타락한 법관과 법률제도(2), 종교(3), 궁정과 궁정인들(4, 1), 그리고 엘리자베스 시대 후기 영국의 사법 체제(5) 등에 대해 자세히 살펴보고 있다. 시의 화자는 그 사회의 타락과 악에 맞서는 자질을 구현하고 있는데, 예를 들어 진지하고 학자적이거나(1), 신과 종교적 가치에 헌신적이며 참된 진리를 진지하게 탐구하고(3), 극단을 피하고 중용의 길을 택하며(2), 악과 권력을 쥔 사악한 무리들에 대해 증오로 가득한 반면(2, 5), 인류에 대한 연민에 감동하는(3, 5) 등의 모습을 띠고 있다. 그는 총체적으로 타락한 사회 속에서 이러한 사회의 악에 외롭게 대항하는 모습을 보여 주면서, 당대 사회의 악뿐만 아니라 제도와 체제상의 부패와 타락상도 아울러 공격하고 있다(Guibbory 131). 그의 초기시 가운데 『엘레지』가 주로 사랑이라는 개인적인 영역을 다루고 있는 반면, 『풍자시』는 공적이고 정치적인 면에 초점을 맞추고 있는 점이 다르다.

던의 풍자시는 루이스(C. S. Lewis)가 평한 바와 같이 로마의 풍자시에 비해 형식면에서도 거칠고, 내용적으로도 호라티우스(Horace)에게서 찾아볼 수 있는 명랑한 분위기나 유베날리스의 작품에서 가끔 느끼게 되는 장엄함을 다루고 있지 않다. 단지 경멸과 혐오감을 표현하며 단조롭게 시대의 부패상을 욕할 따름이다(Lewis 469-70). 이러한 특징은 던이 살던 시대에 풍자시가 저급하고 악한 세상에 대해 거칠고 모진 언어로 당대의 악을 공격하는 시로 인식된 사실 때문이기도 하다. 그럼에도 불구하고 그의 풍자시는 런던의 삶을 속속들이 역동적으로 옮겨 놓고 있다는 점에서 놀랍게 다가오는데, 시의 화자는 그 시대의 색깔과 사치와 불결함과 폭력과 불안정함 등을 마치 어깨에 카메라를 메고 거리에 나가 찍듯이 생생하게 전달하고 있다(Sugg 47). 물론 오늘날의 독자의 입장에서는 수많은 사건과 장면이 그 시대의 눈과 귀로 보고 들은 대로 제시되기 때문에 그 내용을 정확하게 이해하기 어려운 점이 있기는 하다. 던이 『풍자시』 시편들을 통해 성취한 업적은 비교적 짧은 시를 통해서 매우 정확하고 감각적인 내용을 상세하게 전달하고 있다는 점이다. 그는 『풍자시』를 통해 자기 시대의 부패상을 해부하면서 사회 제도와 전통에 대하여 회의적인 시각을 드러내고 있기도 하지만, 경박한 시대적 조류와 타락한 변호사와 관리, 궁정, 종교의 문제점을 진단하면서 나름대로 진리를 추구하며 모색하는 과정을 치열하게 그려 내고 있다. 그는 엘리자베스 시대의 지나치게 장식적인 복장과, 연애시들에서 볼 수 있는 과장된 표현, 그리고 궁정 주변에서 흔히 있는 아첨과 법정의 타락상을 비웃고 공격하고 있다(King 374). 또한 정욕과 거짓된 종교와, 궁정인의 허영과 부패 등으로 타락한 인간의 일반적인 죄의 양상뿐 아니라, 재판관에게 뇌물을 바치는 구체적이고 특별한 악의 모습까지 다루고 있다. 놀라운 사실은 던이 법과 정부와 종교가 안고 있는 이 문제들에 대해 풍자가로서 또렷한 의식을 지니고, 부패하고 타락한 모든 것들이 서로 연관되어 있다는 사실을 직시하고 이를 제시하는 방식이다. 던은 로마의 풍자문학의 기법과 어조를 모방함과 동시에, 그 전통에 수정을 가하여 본질적으로 완전히 새로운 풍자문학의 세계를 보여 주고 있다. 그가 르네상스 문학에서 찾아보기 힘든 구체적이고도 정확한 묘사로 풍자문학의 새로운 지경을 열었다는 점과 함께 그의 풍자시가 매우 극적이라는 사실이 제대로 평가되어야 할 것이다.

참된 종교에 대한 모색: 「풍자시 3」

1 던은 『풍자시』를 통해서 마치 로마의 풍자시인 유베날리스나 호라티우스(Horace)가 로마의 부패상을 풍자하고 비판했듯이 16세기 말 영국 사회의 타락상을 신랄하게 고발하고 있다. 그러면 먼저 런던 사회를 풍자하고 있는 「풍자시 1」(“Satire 1”)에 대해 살펴보자. 시는 서재에서 나와 거리를 함께 돌아다니자는 친구의 부름에 시의 화자가 버티고 있는 상황을 묘사하는 것으로 시작한다. 학구적인 화자는 친구를 “어리석고 변덕 심

한 어릿광대야 가라"(Away thou fondling motley humorist)고 물리치면서 자기 혼자 서재에서 책을 보게 두라고 말하고 있다. 여기서 "fondling"이나 "humorist"는 희극(comedy)과 거기 등장하는 배우를, 그리고 "변덕스러운"이라는 의미와 함께 "얼룩덜룩한"이란 뜻을 지닌 "motley"는 광대가 입는 옷을 지칭하면서 우리 인간의 조건이나 상황을 나타내고 있다. 이어서 화자는 서재를 "감옥"으로, 그리고 자신은 관 속에 갇혀 있는 것으로 묘사한다.

몇 권의 책과 함께 어울려 있도록
이 우뚝 선 나무로 된 상자 속에 나를 내버려 두게.
감옥에 날 내버려 두고, 내가 죽을 때 관 속에 있도록 해 다오.

Leave me, and in this standing wooden chest,
Consorted with these few books, let me lie
In prison, and here be coffined, when I die. (2-4)

그는 자신이 읽는 책들이 신성한 가르침에서부터 철학과 문학과 정치적인 안목에 이르기까지 위대한 지혜를 담고 있지만, 정작 현실의 유혹들을 이겨 낼 만큼 강하지는 않는 사실을 처음부터 인식하고 있다. 그는 "변치 않는 친구인 이 모두를 버리고 / 고집 세고, 거칠고 신의 없는 너를 따라가야 한단 말인가?"(Shall I leave all this constant company, / And follow headlong, wild uncertain thee?; 11-12)라고 수사적인 질문을 던지는데, 이 말 속에는 야망을 좇는 모든 인간이 느끼기 마련인 딜레마가 담겨 있다(Nutt 32). 여기서 서재에 앉아 "변치 않는 친구"인 책에 파묻혀 있는 화자 혹은 던 자신이 학구적이라고 한다면, 그의 친구는 "고집 세고, 거칠고 신의 없는" 인물로 그려지고 있다.

화자는 친구와 함께 가기를 허락하기 전에, 별 효력이 없을 것을 알면서도 먼저 그 친구가 더 매혹적인 사람들을 만나더라도 도중에 자신을 버리고 떠나지 않겠다는 다짐과 맹세를 하도록 요구한다. 그러면서 친구가 첫눈에 반해 자신을 버릴지나 않을까 우려하는 인물로 군인과 조정대신과 재판관을 들고 있다.

> 40명의 죽은 사람들의 대가로 받은 금빛 번쩍이는 꾸러미를 가진
> 장교가 네가 가는 길에 나타나더라도,
> 상쾌한 향내를 풍기는 건방진 궁정인이 너의 인사에 답례로
> 머리를 끄덕일지라도,
> 푸른 옷을 입은 열두서너 명의 길게 늘어선 많은 수행원을 거느린
> 벨벳 걸친 판사가 오더라도.

> Not though a captain do come in thy way
> Bright parcel gilt, with forty dead men's pay,
> Nor though a brisk perfumed pert courtier
> Deign with a nod, thy courtesy to answer.
> Nor come a velvet Justice with a long
> Great train of blue coats, twelve, or fourteen strong. (17-22)

신의 없는 그의 친구에게 영향을 주어 방황하게 할 군인과 궁정인, 재판관이라는 유형은 당대에 물질적·사회적 이익과 출세를 대표하는 인물들이다. 화자는 이러한 물질과 권력에 현혹되어 자신을 버리지 말라며, "좋을 때나 나쁠 때나 나와 함께해 주오, 그렇지 않다면 날 떠나라. / 나를 가졌다가 버리는 것은 간통이야"(For better or worse take me, or leave me: / To take, and leave me is adultery; 25-26)라고 말한다. 친구와 자신의 관계

를 마치 결혼한 부부 사이처럼 묘사하면서, 결혼 서약을 패러디한 구절을 통해 친구의 변절은 간통과 같다며 경고하고 있는 것이 흥미롭다. 여기서 던은 단지 친구의 이기심뿐만 아니라, 탐욕에 따라 움직이고 성공에 우쭐거리며 부화뇌동하는 윤리성의 결여를 맹렬히 비난하고 있는 것이다(Nutt 33).

계속해서 화자는 누군가를 만나면 이리저리 뜯어보고는 "그 사람이 몸에 걸친 비단과 금에 비례하여 높거나 낮게 / 모자를 들어 인사를 하는" (The silk, and gold he wears, and to that rate / So high or low, dost raise thy formal hat; 31-32) 친구의 속물적이고 물질중심적인 태도에 대해 비판한다. 그는 또한 친구가 "더럽고 풍만한 창녀나 남창"(plump muddy whore, or prostitute boy; 40)의 벌거벗은 몸을 좋아하는 "음탕하고 안달이 난 정욕"(rank itchy lust; 38)에 가득 찬 위선자임을 날카롭게 공격하고 있다. 그러나 화자는 부도덕함과 위선을 꾸짖는 말을 듣고 친구가 "회개한 참회자같이"(like a contrite penitent; 49) "이 모든 허영과 경솔함"(These vanities, and giddinesses; 51)을 뉘우치는 모습을 보이자, 결국 그의 요청대로 같이 서재 문을 닫고 "자 길을 떠나자"(come, let's go; 52)라며 번잡한 거리로 나서게 된다.

화자를 유혹해서 함께 번잡한 거리로 외출을 나선 부도덕하고 위선적이며 경박한 친구는 시의 마지막 부분에서 결국 창 너머에 있는 연인을 만나자 마침내 자신의 쾌락을 좇기 위해 "증발하는 가벼운 이슬처럼" 화자에게서 떠나 버린다.

> 마침내 창 안에 있는 그의 사랑을 보고서
> 증발하는 가벼운 이슬처럼 그는 나로부터 달아나
> 격렬히 마음껏 자신의 욕정을 채우네.

At last his love he in a window spies,
And like light dew exhaled, he flings from me
Violently ravished to his lechery. (106-8)

그러나 거기에는 "이미 많은 남자들이 있었고 그는 그녀를 마음대로 할 수 없었다"(Many were there, he could command no more; 109). 그리하여 그는 부정한 애인을 두고 결투를 벌이고 피를 흘리게 된다. 그리고는 거기서 나와 "곧장 나에게 와 고개 숙여 참회하네 / 그리고 잠시 변함없이 몸져누워 있어야 했네"(Directly came to me hanging the head, / And constantly a while must keep his bed; 111-12)라는 구절로 시가 끝남으로써, 다시 화자에게로 돌아와 수치심을 느끼며 자신의 잘못을 뉘우치는 모습을 보여 주고 있다.

이 시 전체를 통해서 화자가 신랄하게 풍자하고 있는 것은 물론 천박한 친구의 행동이다. 이는 동시에 인간이 보편적으로 가지고 있는 물질적인 탐욕과 정욕, 즉 궁정에서 출세하는 것이나 성적 만족을 취하는 것과 같은 이기적인 추구에 대한 풍자라고 볼 수 있을 것이다(Nutt 40). 던의 풍자시는 부패한 사회와 시대에 대한 분노와 함께, 어떤 면에서는 그러한 사회와 가치에 매력도 함께 느끼는 서로 상반된 충동을 생생하게 그리고 있다. 「풍자시 1」도 내성적이고 덕망 있는 학자인 화자와 야심에 차 있고 희극적으로 알랑대면서 출세를 지향하는 지조 없는 그의 친구를 통해 시인 자신의 서로 상충되고 상반된 속성을 보여 주는 듯하다(Guibbory 1993, 131). 다시 말해서 풍자의 대상이 되고 있는 천박한 친구는 화자 자신의 분열된 자아(divided personality)이거나 페르소나(persona)라고 볼 수 있으며, 나아가 겉으로 드러난 이면에 숨겨져 있는 시인 자신과 모든 인간의 본성일 수도 있을 것이다. 화자는 책을 벗 삼아 집에 머물러 있으려는 욕망과 친구를 따라 시내로 나가고 싶은 욕망 사이에서 몸부림치며 갈등하다가 결국 양심의 명령을 어기고 친구를 따라가게 된다. 이때 "하지만 내 양심을 어기고 지었던 죄를 / 어떻게 용서받을 수 있을까?"(But how shall I be pardoned my offence / That thus have sinned against my conscience?; 65-66)라며 그가 심하게 자책하는 모습을 통해서, 타락한 세상으로부터 떨어져서 머무는 것이 얼마나 어려운 일인지를 보여 주고 있다.

젊은 시절 던은 궁정의 요직을 얻기 위해 무진 애썼으며, 마침내 제임스 1세 때 성공하게 된다. 그러나 그러기까지에는 처음에는 자신의 종교 때문에, 그 이후에는 앤 모어(Anne More)와의 분별없는 비밀 결혼으로 인해 젊음의 시간을 허비하면서 몸부림치고 좌절을 맛보는 아픔을 겪어야 했다. 「풍자시 1」에는 세속적인 출세에 대한 시인 자신의 욕망과 갈등이 담겨 있으며, 특히 시에 많이 나타나는 궁정과 궁정인에 대한 비판과 풍자에는 자신의 야망이 쉽게 성취될 수 없음에 대한 불만이 드러나 있다고 할 수 있을 것이다(최재헌, 「풍자시 3」 267-68).

「풍자시 1」이 세속적인 성공과 욕망을 좇는 당대의 풍조를 비판하고 있다면, 「풍자시 4」("Satire 4")는 부패한 당시 엘리자베스 궁정과 궁정인들의 타락상을 풍자하며 공격하고 있다. 「풍자시 4」는 던이 아조레스 제도 등섬 원정에 참가했던 무렵인 1597년 3월에서 7월 사이에 창작된 것으로 추정되는데, 당시 궁정의 부패상이 한 지성인으로 하여금 환멸감을 느끼며 조국을 떠나 위험한 항해를 떠나도록 내몰았던 것으로 보인다. 이 시는 다소 명랑한 분위기가 지배적인 「풍자시 1」에 비해, 엘리자베스 궁정을 포악하고 전제적인 법률제도로 지탱되는 "연옥"(purgatory)이나 "지옥"(hell; 3)과 같이 묘사함으로써 공격의 수위를 높이고 있다. 이처럼 던은 「풍자시 1」과 「풍자시 4」를 통해서 당대의 세속적인 풍조와 엘리자베스 궁정을 중심으로 한 타락상을 풍자적으로 그려 내고 있다. 시의 화자는 그가 묘사하고 있는 거리와 궁정으로 대표되는 세상으로부터 거리를 두고 있는데, 이러한 세상은 던이 바라고 적극적으로 추구하던 장소이기는 하지만, 동시에 윤리적으로나 종교적으로 용납할 수 없는 곳이기도 하기 때문이다 (Bellette 138). 여기에 등장하는 세속적인 친구와 고결하고 윤리적인 학자인 화자는 각기 다른 두 사람으로 볼 수도 있고, 한 사람이 가지고 있는 두 가지 상충적인 면모로 이해할 수도 있을 것이다. 던은 친구를 통해 세속적인 출세와 즐거움에 대한 자신의 욕망을 드러내며, 학자적인 화자를 통해 진지하고 도덕적인 가치를 추구하고 싶어 하는 바람을 동시에 보여 주고 있는 것이다.

2 당대의 사회와 궁정에 대하여 비판하고 풍자하는 다른 풍자시와 대조적으로, 「풍자시 3」("Satire 3")은 종교에 관한 시로서, 던이 어린 시절부터 믿던 신앙에 대해 회의하고 갈등하던 시기에 대한 기록으로 읽을 수 있다. 지금까지 많은 비평가들은 역사적 던과 풍자시인으로서의 던을 동일선상에 두고, 이 시를 던이 영국 성공회로 개종할 당시의 갈등을 담은 시로 간주하고 있다. 그러나 던이 언제 정확히 개종을 결심하였으며 이 시를 언제 썼는지에 대해서는 학자들 간에 의견이 분분하고 분명하지 않기 때문에 「풍자시 3」을 이처럼 너무 던의 전기적인 사실과 연관지어 생각하는 데에는 무리가 있다고 본다. 그리고 이 시는 시인 자신의 종교적 믿음에 관해서나 제도권 교회와의 관계에 대해서도 구체적으로 이야기하지 않는다. 단지 진리가 있다는 사실과, 그 진리에 도달할 수 있다는 사실, 그 진리는 기독교 신앙에 뿌리를 두고 있다는 사실을 분명히 하고 있을 따름이다. 「풍자시 3」에 대한 최근의 연구들도 이 시가 자신의 개종과 관련하여 시인의 종교적 믿음에 대한 깊은 성찰의 결과이며, 17세기 당시의 종교적·정치적 논의에 대한 시인의 반응이라고 보고 있다. 이처럼 「풍자시 3」은 전기적인 사실이나 창작시기에 얽매이지 않고, 17세기 당시의 종교적·정치적 사상을 구성하고 있는 폭넓은 이데올로기 갈등에 대한 시인의 생각을 담고 있다는 시각에서 접근하는 것이 가장 적절할 것이다.

이 시는 공적인 사회에 대한 시인의 복잡한 감정을 드러내고 있는데, 어느 교회가 참된 교회이며 어느 길이 구원으로 이끄는가에 대한 어떤 결론을 제시하기보다는 참된 교회를 찾는 개인의 여정을 치열하게 보여 주고 있다고 하겠다. 성경에 기록된 것처럼 그리스도의 신부와 같은 참된 교회를 찾아보기 힘들다는 사실을 통해 로마 가톨릭을 믿는 집안에서 성장한 시인이 가톨릭을 박해하는 프로테스탄트 사회에서 느낀 불안과 소외감을 엿볼 수 있다.

친절한 연민이 슬픔에 잠긴 내 목을 메게 하고
대담한 조소는 내 눈꺼풀을 붓게 하는 눈물이 흐르지 못하게 하네.
나는 웃어서도, 죄에 대해 울어서도 안 되고 지혜로워야지.
이 오랜 질병을 꾸짖어 고칠 수 있을까?
우리의 연인인 훌륭한 종교는
초기 암흑시대에 있어서의 미덕과 같이
우리의 온 영혼을 다 바칠 만한 가치가 있지 않은가?

Kind pity chokes my spleen; brave scorn forbids
Those tears to issue which swell my eye-lids,
I must not laugh, nor weep sins, and be wise,
Can railing then cure these worn maladies?
Is not our mistress fair religion,
As worthy of all our souls' devotion,
As virtue was to the first blinded age? (1-7)

이상하게 시작하는 이 시의 서두에서 시인은 울 수도, 웃을 수도 없는 깊은 좌절감과 심적인 고통을 토로하고 있다. 이러한 감정은 자신과 같은 젊은이들이 섹스나 언쟁이나 모험과 같은 하찮은 일에 정력을 허비하고 있는 사실에서 느끼는 분노라고 할 수 있다(Carey 12). 죄인에게는 "친절한 연민"을 느끼지만 죄에 대해서는 "대담한 조소"로 경멸할 수밖에 없는 서로 상충하는 자신의 감정이 절묘하게 묘사되고 있는 것이다. 첫 행의 거친 음의 자음 "Kind"와 "chokes", "scorn", 그리고 "spleen" 뒤의 갑작스러운 휴지부, 이 모두는 화자의 분노를 효과적으로 표현하고 있다고 하겠다(Nutt 117). 여기에 사용된 "spleen"이라는 단어는 원래 비장을 뜻하는 의학용어지만, 울화나 울분 등의 심리적인 질병과 생리적인 현상 모두를 두루 지칭할 수 있는 말이다(Strier 287). 따라서 화자는 "오랜 질병"으로 표현된 자신을 둘러싼 세상의 해묵은 죄악으로 인해 정신적으로나 육체적으로 심한 고통과 슬픔을 느끼고 있음을 알 수 있다.

이어서 그는 "이 오랜 질병을 꾸짖어 고칠 수 있을까"라며 당대의 사회악에 대해 단지 욕하고 비난함으로써 문제를 해결할 수 있다는 데 대해 의문을 제기하고 있다. 만약 단순히 비판함으로써 사회의 죄악과 문제를 고칠 수 있다고 믿는다면, 던의 시가 이처럼 복잡하고 애매한 양상을 띠지 않을 것이기 때문이다. 풍자시인으로서 잘못된 것을 지적하지 않을 수 없지만, 이를 고칠 가능성이 없다는 사실에서 느끼는 깊은 좌절감이 표현되고 있다(Guibbory 1993, 131). 시의 화자는 또한 "우리의 연인인 훌륭한 종교는 (…) 우리의 온 영혼을 다 바칠 만한 가치가 있지 않은가"라고 물음으로써, 세상이 세속적인 것을 따라가느라 진리를 추구하는 일에는 게으르며 그것을 등한시하고 있음을 비판하고 있다.

던은 자신이 신봉하는 종교적 믿음이나 이데올로기를 독자들에게 제시하고 있지는 않다. 다음 시행이 보여 주듯이 고대 철학자들이 자신들의 신념이 믿음으로 인정받아 천국에서 자신의 아버지를 만나게 되고, 정작 자신의 영혼은 아버지의 자상한 가르침에도 불구하고 저주받아 지옥에 떨어질 수도 있다는 생각은 화자를 매우 당혹스럽게 하고 있다.

또한 그대 부친의 영혼이 천국에서
엄격한 삶을 살았기에 신앙으로 인정될지도 모르는
눈먼 철학자들을 만나, 그대가 지옥에 빠졌다는 소식
들을 것인가, 따르기 쉽고도 가까운 방식들을 그대에게
가르쳐 주었음에도? 만일 그대가 두려워한다면, 이것을 두려워하라.
이 두려움은 위대한 용기이고, 용맹이니까.

and shall thy father's spirit
Meet blind philosophers in heaven, whose merit
Of strict life may be imputed faith, and hear
Thee, whom he taught so easy ways and near
To follow, damned? O if thou dar'st, fear this;
This fear great courage, and high valour is. (11-16)

이는 화자가 선친의 종교를 무시하고 다른 종교를 선택하는 데 따르는 도덕적·신앙적 갈등이나 고뇌와 함께, 그럴 경우 혹시 그리스도가 세상에 오기 전에 착하게 살았던 이교도보다 못 한 신세가 될 수 있을지도 모른다는 우려와 불안감을 드러내 보이고 있다. 던은 자기 아버지와 가족이 대대로 이어오고 있는 믿음과 유산을 배반하고 있을 뿐만 아니라, 이러한 배신이 진리를 추구하는 데 꼭 필요한 자질임을 강조하는 시를 여러 편 남기고 있다(Docherty 125-26). 15행의 휴지부와 이어지는 "fear this; / This fear"라는 반복된 구절은 참된 종교를 찾기 위해 필요한 진정한 용기를 갖도록 도전하는 영적인 부름을 강한 어조로 재치 있게 표현하고 있다고 하겠다. 이 극적인 갈등의 순간에 용기를 강조하고 있는 것은 각 개인이 자신의 이성적 판단에 기초하여 나름대로의 진리를 추구하는 것이 얼마나 중요한지를 역설하는 것으로 해석된다. 아울러 진정으로 용기 있는 자는 끔찍스러운 파멸이나 저주에 대한 두려움을 감수하고(15-16), 뒤에 열거하고 있는 악마와 세상과 육체와 같은 신의 "적들"(foes)에 맞서서 싸울 수도 있어야 한다는 사실(33-42)을 말하고 있는 것이다.

자신의 욕망에 의해서만 움직이는 던 시대의 모험가들은 세속적인 이익을 얻기 위해 스페인 정복자들에 맞서서 "불온한 네덜란드인을 돕기"(aid mutinous Dutch; 17) 위해 원정을 가는 것도 마다하지 않았다. 이들은 또한 "나무로 만든 묘소"(wooden sepulchres; 18)" 같은 배를 타거나 "바다와 땅의 지하 감옥에 뛰어들고"(dive seas, and dungeons of the earth; 20), "얼어붙은 북쪽 땅"(frozen north; 22)까지도 서슴없이 탐험하며 추위나 극심한 신체적 고난도 감수했다고 말한다. 뿐만 아니라 그들은 금으로 만든 우상에게 절하지 않는다고 느부갓네살(Nebuchadnezzar)왕에 의해 타는 풀무불 속으로 던져진 "경건한 신의 자녀들"(divine / Children; 23-24)인 다니엘서의 사드락과 메삭과 아벳느고(Daniel 3. 11-30)나, "적도"(the line; 24)로 탐험하는 자들이 겪은 열기까지도 견딘다고 한다. 황금으로 만든 우상을 섬기기를 거부하다가 불 속에 던져진 이들과 황금을 숭배하며 이를 얻기 위해 적도의 불길로 뛰어드는 탐험가들이 묘한 대조를 이루고 있음을 볼 수 있다(Hester 43). 시의 화자는 이 모든 세속적인 모험에 필요한 용기보다 진리를 추구하다가 저주받을 두려움을 감내하는 것이 훨씬 더 큰 용기임을 말하고 있는 것이다.

화자는 이러한 무모한 용기를 진정한 용기와 대조되는 "보잘것없는 용기"(courage of straw; 28)라고 말하면서, 단지 금전적인 "이익을 위해 고난을 견딜 수 있겠는가?"(Canst thou for gain bear; 26)라고 묻고 있다. 세속적인 것을 좇아 참된 종교와 진리를 모색하는 일을 소홀히 하는 자를 "무모한 겁쟁이"(desperate coward; 29)라고 꾸짖으며, 성급한 태도로 덤벼드는 것이나 비겁하게 몸을 사리는 태도를 모두 경계하고 있다. 이들은 세속적인 이익을 얻기 위한 "금지된 전쟁"(forbidden wars; 32)에서는 저돌적으로 덤벼들기 때문에 용감한 것처럼 보이지만, 기독교인들이 그리스도의 군사로서 도덕적·신앙적 싸움을 행해야 할 "정해진 전쟁터"(th'appointed field; 32)에서의 영적인 전투는 두려워하여 피해 버리는 자들이다. 이는 "신의 세상 수비대에서 보초를 선 병사"(stand / Sentinel in his [God's] world's garrison; 30-31)로 묘사되는 진정으로 용기 있는 자와 대조를 이루고 있다(Scodel 2002, 24-25).

3 지금까지는 종교적인 헌신을 전통적인 기독교의 적들과 맞서 싸우는 용기와 동일시했다면, 43행부터는 이를 서로 자신의 교리가 옳다고 싸우는 세상의 수많은 종파 속에서 진정한 기독교 신앙을 모색하는 용기와 동일시하고 있다(Scodel 1993, 486). "참된 종교를 찾아라"(Seek true religion; 43)라며 약 30행에 걸쳐 화자는 로마 가톨릭과 제네바의 신교, 영국 국교 등 인간이 선택할 수 있는 다양한 기독교를 각각 다른 종류의 여성에 비유하면서, 그릇된 이유로 특정 종교(아내)를 선택하는 자들을 비판함과 동시에, 이들 모두에 대해 회의적인 태도를 보이고 있다. 화자가 그 가운데 어떤 교회도 흔쾌히 받아들이지 않는다는 사실은 이 세상에서는 그에게 맞는 장소나 교회가 없다는 점을 시사한다. 참된 종교나 진리를 찾고 추구하라는 말은 당연하고 훌륭한 권고로 보이지만, 16세기 말 유럽이라는 상황에서 이는 이상한 말이라고 스트라이어(Richard Strier)는 주장한다. 왜냐하면 이 시기 대부분의 유럽인들에게는 종교가 찾고 모색할 대상이 아니라, 태어날 때부터 이미 정해져서 무조건 믿고 따라야 할 대상이었기 때문이다(Strier 292).

엘리자베스 여왕 당시 로마는 가톨릭의, 제네바는 신교, 특히 칼뱅의 장로교의 본산지였다. 진리를 추구하는 가상의 구도자들로 열거되고 있는 영국인 미레우스(Mirreus)와, 독일이나 네덜란드를 연상시키는 이름 크란츠(Crants), 그리스인 그라이우스(Graius), 프리지아인 프리기우스

(Phrygius), 그리고 로마의 정치가였던 그라쿠스(Gracchus)는 모두 역사적인 인물로서 다양한 형태의 종교 양태를 나타내기 위해 던이 사용한 일종의 인유이다. 먼저 참된 종교가 영국에는 없다며 로마에서 찾으려고 하는 미레우스는 로마 가톨릭(Roman Catholicism)을, 그리고 제네바에 참된 종교가 있다고 생각하는 크란츠는 칼뱅주의(Cavlinism)를 상징한다. 이들은 각각 지나치게 의식적인(ceremonial) 면을 중시하거나 배격하는 입장을 취하고 있다. 한편 그라이우스는 어떤 변화도 바라지 않고 안주하려는 유형의 인간으로서, 영국 국교회주의(Anglicanism)를 대표한다. 그러면 이들 가운데 프리기우스와 그라쿠스에 관한 구절을 읽어 보자.

자유로운 프리기우스는 모두가 다 좋을 수는 없다며
이 모두를 혐오한다. 마치 어떤 여인들이 창녀임을 아는 자가
아무와도 결혼하지 않으려는 것처럼.
그라쿠스는 모든 것이 하나같이 좋다며 그렇게 생각한다.
마치 여인들이 여러 나라에서
다양한 의상을 입지만 여전히 여인이듯,
종교도 역시 그러하다고. 너무 많은 빛이
눈을 멀게 한다. 그러나 그대는 동요하지 말고
온 힘을 다해 하나의 종교만,
강요당하는 일이 있더라도 오직 하나의 종교만을 허용해야 한다.
더욱이 올바른 종교를.

Careless Phrygius doth abhor
All, because all cannot be good, as one
Knowing some women whores, dares marry none.
Gracchus loves all as one, and thinks that so

As women do in divers countries go
In divers habits, yet are still one kind,
So doth, so is religion; and this blind-
ness too much light breeds; but unmoved thou
Of force must one, and forced but one allow;
And the right; (62-71)

모든 선택의 가능성을 배제하지 않고 자유주의를 신봉하는 프리지아인인 프리기우스는 다양한 신들을 인정하지만, 신·구교 모두 창녀처럼 부정하고 불완전하다는 것을 알기에 어느 쪽도 믿을 수 없다는 자들을 가리킨다. 프리기우스에 대해 이야기하는 이 구절에서 "모두"(all)라는 말이 특별히 강조되고 있음을 알 수 있다. 여기서 "Careless"는 자유롭다는 뜻 이외에 조심성 없거나 무모하다는 의미도 물론 함께 지니고 있다. 선택의 폭이 너무 넓어서 차라리 참된 종교/배우자를 선택하지 않기로 성급하게 결정을 내리는 그는 앞서의 "무모한 겁쟁이"에 다름 아니다. 한편 그라쿠스는 진보적 자유주의로 유명한 로마 가문 출신의 개혁운동가로서, 어느 종교도 다 좋다는 입장을 대변한다. 마치 여러 나라의 여인들이 각국의 다양한 의상을 입지만 똑같은 여성들이듯, 종교도 나라마다 다양한 모습을 띠고 있지만 본질적으로는 하나이며 동일하다는 것이다. 그러나 모든 종교가 진리의 빛을 가지고 있다고 생각하는 자는 거짓으로부터 진리를 구별해 내지 못하며 참된 진리에 대해서는 눈이 멀게 된다는 사실을 강조하고 있다.

이처럼 시의 화자는 무분별하게 옛 것이나 새 것을 좋아하거나, 신앙의 선조나 대부들이 말해 주는 것을 그대로 받아들이거나, 어느 쪽도 선택하기를 포기하고 무관심하게 되는 당시의 세태를 풍자하고 있다(Carey 12). 우리는 여기서 던이 「풍자시 3」에서 지나침과 부족함 사이의 중도(the mean, the middle way)라는 윤리적 미덕에 대한 그 시대의 생각과는 다른 새로운 시각을 밝히고 있다는 스코들(Joshua Scodel)의 주장에 주목할 필요가 있다. 그에 따르면 던 시대의 많은 성직자와 정치가들은 영국 교회가 가톨릭과 급진적인 프로테스탄트 사이의 중도적 입장에 서야 마땅하다는 입장을 취했다고 한다. 그러나 겉으로 보기에는 바람직하고 균형 잡힌 듯한 이러한 태도가 사실은 당대의 종교적·사회정치적 구도를 정당화하기 위한 방편이었음을 그는 지적하면서, 던이 「풍자시 3」에서 중도라는 개념을 각 개인이 진리를 모색하고 지켜 나가기 위해 이들이 행사해야 할 독립과 자유를 장려하는 데 사용하고 있음을 밝히고 있다(Scodel 2002, 21-47).

다음 부분은 던이 시를 쓰던 당시 자신의 야망과 물려받은 신앙 사이에서 생기는 갈등을 해결하기 위해 필사적으로 몸부림치는 신앙의 위기를 겪고 있었음을 보여 주면서, "현명하게 의심"하며 "잠자거나 그릇된 길로 달려가"지 않고 치열하게 참된 종교를 모색하는 구도자의 자세가 필요하다는 점을 강조한다. 그러나 참된 종교를 모색하는 자의 상황이 매우 회의적이라는 느낌이 「풍자시 3」 전반에 깔려 있음이 이 구절에서 분명하게 드러나 있다. 화자는 모든 종파와 교파가 갖고 있는 독단주의와 잔인함, 광신적인 믿음, 비겁함과 맹목성 등에 대해 깊은 불신감을 토로하고 있는 것이다(Carey 222; Gross 39).

> 우상을 숭배하거나 경멸하고 항의하는 것,
> 이 모두가 나쁠 수 있다. 현명하게 의심하라, 낯선 길에선
> 바른 방향을 물으며 서있는 것이 길을 잃지 않는 방법,
> 잠자거나 그릇된 길로 달려가는 것은 길을 잃는 것.

> To adore, or scorn an image, or protest,
> May all be bad; doubt wisely, in strange way

To stand inquiring right, is not to stray;
To sleep, or run wrong is. (76-79)

"우상을 숭배"한다는 것은 성모와 천사와 성인들을 섬기는 로마 가톨릭 신자가 되는 것을 말하며, 우상을 "경멸"한다는 것은 성상을 세우고 받드는 것을 우상숭배로 간주하여 가톨릭을 반대하는 입장에 서는 것을, 그리고 "항의하는 것"은 프로테스탄트가 되라는 것을 의미한다. 이는 성상에 대한 주요 교회들의 견해, 즉 가톨릭의 숭배와, 칼뱅주의자와 급진적인 스위스 개혁주의자들의 성상파괴주의(iconoclasm), 그리고 루터파와 엘리자베스 시대 영국 교회가 취한 중도적 입장 모두가 잘못된 것일 수 있음을 말하고 있는 것이다. 던의 시와 생애는 17세기 초 영국과 유럽의 종교적인 상황에 대해 많은 것을 알려 줌과 동시에, 이들 사이에서 균형을 잡는 일이 얼마나 어려운지를 이야기하고 있다(Parfitt 51). 화자는 진리는 단순하지도 않고 손쉽게 얻어지는 것도 아니기 때문에 어느 하나의 입장만이 옳다고 쉽게 단정을 내리는 것 자체가 위험하고 나쁠 수 있다는 점을 지적한다. 이것저것 따지거나 현명하게 의심해 보지 않고 "잠자거나 그릇된 길로 달려가는 것"은, 무관심하거나 무비판적으로 별 생각 없이 그릇된 길을 택하는 것이기에 이를 헤매고 방황하는 것이라고 말하고 있는 것이다. 그러기에 화자는 지금까지 믿어 온 그릇된 확신에 의문을 제기하고, 기성 교회의 억압적인 신앙에 대한 요구나 도덕률 등에 맞설 것을 요구하고 있는 것으로 보인다(Gross 397-98). 어쩌면 그는 혼란스럽고 타락한 세상에서 유일하게 도달할 수 있는 목표는 탐색의 목적이나 결과라기보다는 치열하게 탐구하는 행위 그 자체라는 사실에 대한 인식을 제시하고 있는지도 모른다.

화자는 확실한 진리를 발견하는 것이 절박한 반면, 그만큼 힘들기도 하다는 데서 회의를 느끼면서도, 단순히 절망감에 사로잡히는 자세에 대해서는 통렬히 풍자하며 경계하고 있다. 그가 권하고 있는 바 모든 독단적인 주장에 대해 적극적으로 의심을 품는 태도와 프리기우스의 회의적인 자세 사이에는 큰 차이가 있음에 주목해야 한다(Scodel 1993, 495). 화자는 참된 종교를 모색하는 구도자의 길이 얼마나 어려운지를 노동하듯이 힘든 리듬을 사용한 다음 구절로 여실히 말하고 있다.

울퉁불퉁하고 깎아지른
거대한 바위산 위에 진리는 서 있으니, 그녀에게
다가가려는 자는 돌아서, 또 돌아서 가야 한다.
그래서 산이 갑자기 나타나 오르는 것을 막더라도 극복해야 한다.
그러나 더욱 노력하라, 그대 영혼이 쉬게 될 죽음의 황혼,
노년이 오기 전에, 그 밤에는 누구도 일할 수 없으니.

On a huge hill,
Cragged, and steep, Truth stands, and he that will
Reach her, about must, and about must go;
And what the hill's suddenness resists, win so;
Yet strive so, that before age, death's twilight,
Thy soul rest, for none can work in that night, (79-84)

강세가 연달아 오는 "Truth stands"라는 구절 앞뒤로 짧은 구절을 번갈아 배치함으로써 진리가 있는 높은 산에 오르는 길이 숨 가쁘게 힘들고 꼬불꼬불하다는 사실을 암시하고 있다. 이러한 느낌은 "Reach her"와 "about must", 그리고 "and about must go"와 같이 고르지 않고 힘들게 읽히는 구절이 반복적으로 이어지면서 한층 강화된다. 돌고 돌아서 끝없이 이어지는 진리에 이르는 길을 가다가 갑자기 수직으로 깎아지른 듯한 산에 마주

치게 됨을 묘사하는 "And what the hill's suddenness resists, win so"라는 구절은 앞의 나선형의 움직임과 함께 조금씩 수직으로 오르는 구도자의 움직임을 절묘하게 형상화하고 있다(Hester 48).

시의 화자는 거대하고 힘든 산과 같은 진리는 결단력 있고 용기 있는 자들만이 접근할 수 있다고 하면서, "그러므로 지금 하라"(therefore now do; 85)라고 촉구한다. 이처럼 던의 시에서는 사랑과 죽음과 시에 대한 개인적인 경험의 탐구가 주된 관심사로 다뤄지는데, 여기에 위트와 논리, 애매한 표현 등이 모두 이바지하고 있다. 시의 화자는 참된 종교를 찾아가는, 힘들지만 꼭 필요한 과정을 강조하고 있다. 아마 인간은 평생 산 정상에 있는 진리에 도달하지 못하고 돌고 돌다가 중턱에 머물고 말지도 모른다는 회의론적 시각이 시에 지배적으로 깔려 있다. 그럼에도 불구하고 그는 "육체의 수고로 힘든 업적을 이루듯이 정신의 노력으로 / 어려운 지식도 얻게 된다"(Hard deeds, the body's pains; hard knowledge too / The mind's endeavours reach; 86-87)며, 부단히 애쓰며 앞으로 나아가야 한다는 사실을 강조하고 있다. 비록 던은 종교와 종교적 진리에 대해 말하고 있지만, 발견과 과정과 경험의 중요성은 그의 시 전반에 흐르고 있는 관심사다. 그가 자기 시대의 부패상을 해부하든지, 다양하고 복잡한 사랑을 탐구하든지, 죄와 은총과 구원에 대해 명상하든지 간에, 던은 자신의 경험에서 생겨나고 그 경험에 알맞은 진리를 추구하고 있다고 하겠다. 물론 그의 시에는 사회 제도와 전통에 대한 회의적인 시각이 드러나 있지만, 개인은 자기 혼자 힘으로 진리를 추구해야 한다는 확신과 함께, 이를 추구하는 행위 자체와 과정을 강조하고 있음을 보여 주고 있는 것이다(Guibbory 1993, 128-29).

4 "그대가 찾은 진리를 지키라"(Keep the truth which thou hast found; 89)며 시작되는 시의 결말 부분은 이상하게도 종교에서 정치로 초점이 옮

아가고 있다. 그러나 던이 살던 시기에는 종교와 정치가 밀접하게 연결되어 있었다는 사실을 고려할 때, 시인이 종교적 믿음을 영적인 것으로만이 아니라 사회적·정치적·경제적인 요인들과 불가피하게 서로 얽혀 있는 것으로 파악했다고 볼 수 있을 것이다. 시의 정치적 화자는 계속해서 진리를 추구하고자 하는 욕망을 견지하고 있으나 이를 인간과 왕과 권력 그 자체와 대치되는 것으로 설정해 놓고 있다. 그는 진리를 고수할 것을 촉구하면서 하나님은 왕들이 마음대로 사람을 죽일 수 있는 특권을 부여하지 않을 것이며, 왕은 운명의 역할을 수행하는 것이 아니라 단지 신의 명령을 차질 없이 수행하는 도구인 "교수형 집행자"(hangman; 92)에 불과함을 역설하고 있다. 이는 진리를 추구하는 고결한 사람이 직면하는 딜레마에 대한 인식을 표현하고 있다. 즉, 지상의 권력이 신의 법이 아닌 "인간의 법"(man's laws; 94)으로 진리를 추구하는 자를 재판하지만, 이 세속적인 권력에 순응하는 것은 영적인 죽음을 수반한다는 사실이다.

계속해서 시의 화자는 스페인의 필립(Philip) 2세와, 교황무오설을 주장하며 세상의 권력자들에 대한 권력을 확고히 한 교황 그레고리(Gregory) 7세나 그레고리 14세, 영국 국교회의 창시자 헨리(Henry) 8세, 그리고 종교개혁가 마르틴 루터(Martin Luther) 등 세속적인 권력이나 교회의 권위를 대표하는 왕과 교황과 개신교와 가톨릭의 종교개혁가들을 열거한다. 그러면서 이들 모두가 신의 눈에는 단지 "마지막 날"(the last day; 95)에 심판을 받아야 하는 인간에 불과하다는 사실을 강조하고 있다(95-99). 그는 신교와 구교 사이의 갈등을 언급하면서 어느 한쪽이 옳다는 사실을 말하기보다는, 신앙의 갈등을 반영하며 이들 둘 모두를 거부하고 있는 것이다. 그러면서 외부 권력과 권위의 영향을 배제한 채 참된 진리와 종교를 찾기 위해서는 각 개인의 책임과 자율이 얼마나 중요한지를 강조하고 있다. 시인은 개인의 양심과 국가의 법 사이의 갈등을 극화하면서, 개인의 양심에 미치는 국가의 종교의 영향에 문제를 제기하고 있다고 하겠다(Wiggins 41).

이러한 맥락에서 프로테스탄트와 가톨릭, 그리고 세속적인 권력과 종교적인 권력을 포함하여 모든 종류의 권력을 비판하고 있는 「풍자시 3」은 스트라이어의 주장처럼 16세기 유럽에서 가장 급진적인 사상을 구체적으로 표현하고 있는지도 모른다(Strier 283-321).

그러면 인간이 택할 수 있는 최상의 길은 무엇일까? 이에 대해 시는 권력이라는 강물의 상류에 살면서 하나님을 믿는 것이라고 결론짓는다. 이를 통해 우리는 체제에 속하여 안정된 지위를 누리는 한편, 외롭게 참된 종교적 진리를 추구하기를 원한 시인의 분열되고 복합적인 욕망을 읽을 수 있다. 던은 "권력"과 "한계"에 관해 언급하면서 다음과 같이 자연스럽게 강의 이미지를 도입하고 있다.

그대는 권력의 한계를 알고 정당하게 권력에 복종하겠지.
권력은 일단 한계를 넘으면 그 속성과 이름이 바뀐다. 그러니
권력에 비굴하게 구는 것은 우상숭배이다.
권력은 강물과 같은 것. 거친 강물의 조용한 상류에 사는
축복받은 꽃들은 번창하고 잘 자란다.
그러나 그 근원을 떠나 폭군과 같은
사나운 강물에 자신을 맡기면, 아, 물방앗간과 바위와 숲을 지나
떠내려가다가 마침내 거의
소진되어 바다에서 사라져 버린다.
신이 맡긴 것보다, 신이 위임한 권력이 아닌 인간의 부당한 권력을
더 선택한 영혼들은 그렇게 멸망한다.

That thou mayest rightly obey power, her bounds know;
Those past, her nature, and name is changed; to be
Then humble to her is idolatry.

As streams are, power is; those blessed flowers that dwell
At the rough stream's calm head, thrive and prove well,
But having left their roots, and themselves given
to the stream's tyrannous rage, alas are driven
Through mills, and rocks, and woods, and at last, almost
Consumed in going, in the sea are lost:
So perish souls, which more choose men's unjust
Power from God claimed, than God himself to trust. (100-10)

용기가 정도를 지나치면 무모함이 되듯이, 복종이 지나쳐서 비굴하게 행동하면 이는 "우상숭배"라는 죄에 빠지는 것임을 경고하고 있다. 이러한 맥락에서 권력도 도를 넘어 지나치게 되면 그 속성과 이름이 바뀌어 폭군과 같이 된다는 사실을 지적한다. 이 행들은 시인의 초점이 "연인인 훌륭한 종교"(mistress fair religion; 5)에서 정치와 통상의 문제로 옮겨 감을 보여주고 있다. 즉 시의 마지막 부분은 종교적인 권력뿐만 아니라 정치적·경제적 권력의 파괴적인 잠재력까지도 경고하고 있는 것이다(Herek 193).

여기서 강물은 군주의 권력을 의미하는 것이 분명하다. 모든 개인은 자연히 권력을 향하여 나아가게 되어 있지만, 이 권력은 폭군과 같고 불가항력적이며 잔인하고 가혹한 속성을 지니고 있음을 이들 시행은 암시하고 있다. "폭군과 같은 / 사나운 강물에 자신을 맡기면"이란 구절은 신앙을 저버리고 세속적인 권력에 복종하는 것을 말한다. 인간은 권력에 대한 이기적인 욕망으로 인해 뿌리째 뽑혀 버리고 자신이 마땅히 지켜야 할 자리를 떠나 버린다는 것이다. "일단 한계를 넘으면"(Those past) 권력은 인간을 건잡을 수 없는 파멸로 몰고 갈 수 있다. 그러므로 지상 권력의 궁극적인 근원이 신이라는 사실을 알고 "거친 강물의 조용한 상류에 사는 축복받은 꽃들은 번창하고 잘 자란다"고 시인은 표현하고 있다. 신에게만 복종하는 자들이 "축복"받고 "번창"하고 "잘 자란다"고 말함으로써 시인은 이것이 인간이 선택할 최선의 길임을 암시하고 있다.

시의 화자는 이런 지상 권력의 대표로 앞서 교황과 국왕, 종교개혁가 등을 열거하였지만, 그에게 있어서 참된 종교와 진리를 찾아 나서는 데 직접적으로 가장 장애가 되고 두려운 권력자는 누구였을까? 여기서 우리는 앞에 구체적으로 거론한 권력자는 모두 남성들이지만, "권력"(Power)을 의인화하여 지칭한 대명사는 모두 여성(her)이라는 사실에 주목할 필요가 있다. 이에 대해서 슬로안(Thomas Sloan)은 "한계"를 넘어 "폭군과 같은 사나운 강물"이 되어 "부당한 권력"을 휘두를 수 있는 권력자는 바로 엘리자베스 여왕을 의미하는 것이라고 주장한다(24-25). 이 풍자시가 정확하게 언제 씌어졌는지는 알 수 없지만, 물과 같은 속성을 지닌 여성 인물로 그려진 군주의 권력에 대한 불안과 걱정이 표현되고 있는 것으로 미루어, 대체로 엘리자베스 여왕이 통치하던 시기의 것으로 분류하고 있다. 귀보리(Achsah Guibbory) 역시 시의 화자가 자신을 "축복받은 꽃들"과 동일시하고 부정한 군주를 사나운 강물이라고 표현하면서, 마지막 복잡한 시행들을 통해 군주의 권력에 대한 두려움과 함께 그에 대한 저항감을 구체적으로 드러내고 있는 것으로 해석하고 있다(Guibbory 1999, 36). 화자는 지상의 통치자들에 대한 우상숭배와 같은 복종을 거부하고 모든 권력의 근원인 신을 상징하는 조용한 상류에 삶으로써 궁극적인 안전을 찾게 되기를 바라고 있는 것이다.

던은 이 시에서 탐욕과 이기적인 욕망을 풍자하고 있다. 앞서 등장한 종교를 맹목적으로 추구하는 미레우스와 크란츠, 그라이우스, 프리기우스, 그리고 그라쿠스는 모두 구원을 얻기 위한 열망에서가 아니라 이기적인 동기에서 종교를 찾는 자들을 예시하고 있다. 그러나 자기중심적이고 이기적인 동기는 종교의 영역에만 국한된 것이 아니다. 탐욕은 권력과 연관된 악이며, 이 권력은 마치 진리의 산에 있는 빙하가 녹아 내려 강을 이뤄

흐르는 물과 같은 모양을 하고 있다고 말한다. 헤렉(Bryan Herek)은 이 강이 당시 유럽의 심장부를 통과하는 수로와 강들을 지칭한 것으로 보고 있다. 또한 이 강물이 "물방앗간과 바위와 숲을 지나" 흐른다고 특별히 "물방앗간"을 언급한 것은 런던의 경제적 성장과 함께, 경제 성장의 기회가 종종 타락과 부패의 기회로 변모된 사실을 염두에 둔 것이라는 흥미로우면서 나름대로 설득력 있는 주장을 펴고 있다(Herek 194). 이처럼 「풍자시 3」에서 던은 철학자에서 모험가, 그리고 산으로부터 강에 이르기까지 주제와 관련된 아이러니한 인유뿐만 아니라 시어의 선택에 있어서도 다의적이고 애매한 표현을 사용하여 시에 유동성을 부여하고 있다. 이는 독자들을 혼란스럽게 하기 위한 것이라기보다는 시가 말하고자 하는 바를 독자들이 보다 깊이 탐구하도록 하기 위한 것으로 보인다. 즉 던은 독자들이 풍자시의 언어를 이해하기 위해 애쓰게 함으로써 진정한 종교를 찾는 데도 그만큼 노력하기를 희망하고 있는 것이다.

4

던의 중기 산문

던은 주로 시인으로 기억되고 있지만 실제로 그가 남긴 작품은 시보다 산문이 더 많은 부분을 차지한다. 던의 현대적 명성을 확립시켜 준 시들 가운데 불과 한두 편만이 그의 생전에 출판되었고, 대부분의 시들은 필사본의 형태로 궁정과 문단에 널리 돌려 읽히고 있었다. 그의 시가 생전에 출판되지 않은 이유 중에는 많은 시들이 경건한 성직자로서의 던의 명성에 오점이 될 가능성이 있었기 때문이라는 점도 들 수 있을 것이다. 이처럼 던은 필사본 시집들을 접해 볼 수 있는 비교적 한정된 집단 밖에서는 주로 설교가로서, 그리고 종교적인 작가로서 알려져 있었다. 작가로서의 던의 경력은 그가 영국 국교회의 성직을 맡기 전 겪은 몇 년간의 세월에 의해 둘로 나눠진다.

1598년 던이 국새 상서이자 황실 출납장관인 토마스 에거튼 경(Sir Thomas Egerton)의 개인비서로 임명되었을 때 출세를 위한 그의 전도는 유망한 듯 보였다. 그는 엘리자베스 여왕의 마지막 의회에 참석했고 궁정의 사교계에 진출하였다. 그러나 1601년 그는 에거튼 경 부인의 조카딸인 17세의 앤 모어(Anne More)와 비밀리에 결혼을 하는 바람에 자신의 세속적인 희망을 꺾어 버렸다. 이때 앤은 17세, 던은 29세였다. 비록 결혼생활은 행복하였지만, 던이 저지른 경솔한 행위는 결코 용서되지 않았다. 이들의 결혼은 신부의 아버지인 조지 모어 경(Sir George More)의 승낙 없이 한 것이어서 관습법과 교회법 모두를 어긴 셈이 되었고, 결국 던은 1602

년까지 감옥에 갇혀 있었다. 면직은 곧 그들에게 재정의 몰락을 의미했으므로 던은 그의 아내에게 쓴 편지에서 "존 던과 앤 던이 망했구나"(John Done, Anne Donne, undone)라고 탄식했다. 이 무렵에 그는 스페인 문학을 비롯한 각국의 문학사상에 흥미를 느껴 풍자시와 서정시를 썼고, 가톨릭 신앙에 대해서는 회의적이었다. 조지 모어 경이 던을 투옥시키고 직위를 해제시킴으로써 다음 10여 년간 시인은 늘어나는 식구들을 먹여 살리기 위해 쉴 새 없이 임시 일자리라도 얻어 보려고 안간힘을 쓰지 않을 수가 없었다.

던은 젊은 시절 에거튼 경의 비서가 되었을 당시에는 공직 생활에 대한 야망을 품었으나 17세의 어린 소녀와 사랑의 도주를 감행함으로써 대망을 접어야 했을 것이다. 더구나 결혼 후 거의 매해 불어나는 아이들은 던에게는 경제적 어려움을, 부인 앤에게는 건강을 유지하는 데 부담을 주었다. 또한 질병과 사산으로 자식들을 잃어버리는 슬픔을 겪어야 했다. 기운차고 방탕한 연애시와 엘레지는 1601년 던이 결혼하기 전에 주로 쓰여졌다. 이때부터 오랜 세월동안 가정적으로 많은 어려운 일들을 겪으면서 던은 더 이상 이전과 같이 큰소리를 치는 연애시나 풍자시를 쓸 엄두를 내지 못한 것 같다. 이때를 즈음해서 던의 작품들은 정신적으로 의기소침하고 절망적이며 염세적인 분위기를 띠기 시작하는데, 이후 그가 쓴 거의 모든 글에 이런 분위기가 나타난다. 35세가 되었을 때의 던은 이미 더 이상 1590년대의 재기발랄한 젊은 멋쟁이가 아니었다. 출옥 후 궁핍하고 괴로운 생활이 15년간이나 계속되었고, 1608년 중병에 걸렸을 때에는 끊임없이 자살을 생각하며 『자살론』(*Biathanatos*)을 쓸 정도였다. 던은 시골에서 부인과 친척들과 함께 살면서 궁색한 생활을 하는 가운데 후원자를 물색하였다. 조지 허버트(George Herbert)의 어머니인 맥덜린 허버트(Magdalen Herbert)와 우정을 쌓고, 루시 베드포드(Lucy Bedford) 백작 부인의 후원을 받은 것이 이 무렵이었다. 이 당시 가톨릭 신자도 국교에 충성을 서약해야 한다는 『가짜 순교자』(*Pseudo-Martyr*)와, 『이그나티우스의 비밀회의』(*Ignatius His Conclave*), 「신성에 관한 수상록」(“Essays in Divinity”)」 등을 썼으며 옥스퍼드 대학에서 명예학위(MA)를 받았다.

던이 1610년 제임스 1세에게 헌정한 『가짜 순교자』에는 그의 종교적 자유에 대한 생각이 잘 드러나 있다. 『가짜 순교자』는 던이 영국의 가톨릭 신자들에게 자신들의 신앙을 배반하지 않고도 왕에게 복종하는 것이 가능하다는 사실을 확신시키려고 쓴 글이다. 이는 1605년에 일어난 화약 음모 사건(Gunpowder Plot)의 여파로 제임스 1세가 모든 영국 백성들이 통치자인 왕에게 복종을 맹세할 것을 요구한 ‘충성 맹약’(Oath of Allegiance)에 대한 왕의 입장을 옹호하는 내용으로, 던이 출판한 최초의 책이다. 이 글은 분명 건강한 개혁교회를 칭송하는 프로테스탄트의 입장을 보이고 있지만 현존하는 종교적 갈등 속에서도 하나로 통합된 기독교 세계에 대한 희망을 분명하게 밝히고 있다. 이듬해에 발표한 『이그나티우스의 비밀회의』는 『가짜 순교자』의 결론과 같은 작품으로, 예수회원들에 대한 통렬한 풍자의 결과물이다. 이 책에서 던은 로마 교황과 예수회 신부를 루시퍼(Lucifer)와 연결시키는 등 풍자적으로 다루고 있다. 던은 영국 국교회가 국교 기피자들에게도 설교를 듣거나 성찬에 참여할 기회를 제공함으로써 이들이 기독교 신앙의 기본적 요소를 이행하는 것을 막지 않으므로, 개개인의 신자는 로마 가톨릭에 대한 신앙적 충성을 그대로 유지하면서도 영국 국교회의 예배에 참여할 수 있다는 주장을 하고 있다.

이러한 던의 접근은 교회와 국가에 대한 그의 생각이 어떠했는지에 대한 중요한 시사점을 제공한다. 『가짜 순교자』에서 신은 인간의 영혼만이 아니라 육체를 포함한 전체를 보살피는데, 성직자를 통해서는 인간이 죄짓지 않고 선하게 살아갈 수 있도록 돕고, 군주를 통해서는 그가 제정한 법을 통해 천국으로 이끈다고 주장한다. 그러면서 세속적인 문제에 대한 교황의 간섭을 비판하고 있다. 관용에 대하여 자유주의적 주장을 편 던은 종교를 사적인 영역에 속한 것으로 간주하여, 모든 시민은 자신의 종교적 소속에 관계없이 법과 명령에 따름으로써 국가의 권위를 인정할 것을 요구하였다. 군주의 역할은 백성들의 양심에 해를 가하지 않는 범위에서 외적인 상황을 다스리는 데 있으며, 성직자의 역할은 세속적인 일에 간섭하지 않으면서 시민의 영적 상태를 돌보는 것임을 『가짜 순교자』에서 제시하고 있다.

『자살론』(*Biathanatos*)

던은 1598년 토마스 에거튼 경의 비서로 임명되면서 성공의 가도를 달리는 듯했다. 하지만, 1601년 에거튼 경 부인의 조카인 앤 모어와의 비밀결혼으로 인해 1602년까지 투옥되어 세속적인 성공의 기대를 모두 접어야 했다. 출옥 후 던은 불어나는 가족을 부양하는 문제로 생활고에 시달리며 작품 활동을 계속한다. 이 무렵 던은 친구인 헨리 구디어(Henry Goodyer)에게 편지를 보내 사회적 소외감과 성공에 대한 욕망을 털어놓는다. 이 기간 동안 던은 죽음과 죽음의 가장 적극적인 형태인 자살에 몰두했던 것으로 보인다. 던의 자살 성향은 다년간에 걸친 성향이었다. 그는 배교로 인해 가톨릭 공동체와 분리되었고, 사회적 입지가 전무했던 그의 상황은 철저하게 던을 고립시켰다. 던의 이러한 상황이 모두 결집된 작품이 바로 『자살론』이다. 자살을 옹호하는 입장을 밝힌 이 책의 제목은 그리스어로 '횡사'(violent death)를 의미하는데, 던은 1607년 즈음에 이 책을 쓰기 시작하여 이듬해 7월경에 집필을 마친 것으로 보인다.

던은 『자살론』이 패러독스(Paradoxe)라는 장르에 속하는 글임을 부제를 통해 밝히고 있다. 설리번(Ernest Sullivan)이 지적한 것처럼 르네상스 시대에 패러독스는 진지한 분석이나 논평보다는 지적인 기교를 부리는 데 더 적합한, 위트는 있지만 시시한 장르로 여겨진 경향이 있었는데(153), 던은 자신의 글의 장르로 왜 패러독스를 선택하고 이를 부제를 통해 밝히고 있는 것일까? 그렇다면 먼저 당시나 지금은 별로 중요하지 않게 인식되고 있는 패러독스라는 장르가 어떤 것인지 알아볼 필요가 있다.

오늘날에 패러독스 혹은 역설은 모호하고 비주류의 장르로 여겨지기는 하지만, 고전 시대부터 존재하여 가끔씩 유행하다가 17세기에 들어서면서 영국에서 특히 인기를 얻게 된다. 프라이스(Michael Price)는 패러독스가 두 가지 전통으로 발전해 왔다고 주장하는데, 하나는 찬사의 가치가 없는 누구 혹은 무엇에 대한 아이러니한 가짜 찬사(mock encomium)로, 실제로는 혹평에 가까운 것이다. 다른 하나는 일반적인 통념을 거스른 주장(argument against received opinion)으로, 윤리적인 가치나 기준에 대한 상식을 뒤엎는 것인데, 예를 들면 아름다운 것보다는 추한 것이 낫고 부유한 것보다는 가난한 것이 낫다고 주장하는 경우를 들 수 있다(Price 149). 던은 드러난 표현 이면에 실제 말하고자 하는 내용을 감추고 위장하는 전복적인 스타일을 특징으로 하는 패러독스를 12편 남기고 있는데 이들 대부분은 1590년대 중반에 썼다. 던이 본질적으로 수사적 위장이 핵심인 패러독스를 즐겨 쓴 이유는 자신이 말한 내용에 대해 검열을 피하고 싶어서라고 친구에게 보낸 편지에서 밝히고 있다. 가까운 친구들이 수서본의 형태로 돌려 읽는 패러독스는 그 특성상 독자가 잘 눈치채지 못하게 하부 텍스트를 암호화하고 검열을 피해 위험할지 모르는 내용을 숨기기에 용이하다(Price 152). 그의 패러독스 작품은 번뜩이는 통찰력을 보여 줌에도 불구하고 비평가들로부터 하찮고 조잡하며 이해하기 힘든 작품이라는 비난과 경시를 동시에 받아 왔다.

던이 『자살론』에서 구사한 수사적 전략은 자신의 종조부인 토마스 모어 경(Sir Thomas More)이 『유토피아』(*Utopia*)에서 사용한 전략과 비슷하다. 『유토피아』는 허구적인 내용과 명칭을 사용함으로써 불신과 애매성을 창조한다. 그래서 히슬로데이(Hythloday)를 통해 사유재산 제도나 탐욕, 왕들의 이기심에 대한 불편한 진실을 비교적 안전하게 이야기하면서 통렬한 공격을 가하는 진지한 태도를 유지하고 있다. 이로써 독자에게 즐거움과 웃음을 선사함과 동시에, 작가 자신이 너무 많은 비판에 노출되지 않으면서도 자신이 말하고 싶은 진실을 이야기한다. 즉 유머라는 연막 뒤에 전복적인 내용을 숨기고 있는 것이다.

던은 『자살론』 표지의 라틴어로 된 제명(epigraph)에서 "*Non omnia vera esse profiteor. Sed Legentium vsibus inservire*", 즉 독자가 이용하는 데 도움이 되는 것을 제외하고는 여기서 말하는 모든 것들이 다 진실은 아니라고 말함으로써 텍스트를 읽는 독자가 어느 정도 텍스트의 내용을 진실로 받아들여야 할지 헷갈리게 하고 있다. 이에 대해 설리번은 텍스트에서 자신이 한 말은 위트와 농담조로 한 것이며 모두가 진심을 이야기하는 것은 아니라는 모호하고 모순적인 던의 태도와 글쓰기 전략을 밝히고 있는 것이라고 지적한다. 이처럼 던이 『자살론』에서 모호성을 특징으로 하는 패러독스라는 장르를 택함으로써 단순히 위트 있는 글의 차원에 머물던 패러독스의 지평을 자살의 윤리적·법적·신학적 함의에 대하여 논쟁적이고 지적으로 진지한, 폭넓은 분석으로 확장시켰다는 평가를 내리고 있다(Sullivan 153-54).

던은 1608년에 영어로 된 최초의 자살 옹호론인 『자살론』에서 자살이 그렇게 큰 죄는 아니라고 선언한다. 그는 역사적·신학적 작품을 면밀하게 조사하면서 자살에 대해서 연구한다. 이를 통해 던은 자살을 세대와 장소를 아우르는 매력을 지닌 행위로 결론 내린다. 이 책의 서문에서 던은 개인의 문제에 자살만큼 좋은 해결책은 없다고 설명하며 자신의 자살 성향을 고백한다. 그는 서문의 시작 부분에서 당대의 유명한 학자였던 베자(Beza, 1519-1605)가 느낀 자살 충동을 언급하며 자신도 자살 성향이 있다고 다음과 같이 고백하고 있다.

탁월한 학자로서 한창 최고의 영광 속에 명성을 떨치던 베자는 (…) 자신의 머리를 벗겨지게 만들 것 같은 고뇌로 인해 만일 자신의 삼촌이 우연히 그 길로 와서 만나지 않았었더라면 파리의 밀러 다리에서 몸을 던져 물에 빠져 죽었을 것이라고 스스로 고백했다. 나 또한 그러한 병적인 성향을 지니고 있다. (…) 억압당하고 고통 받은 교파의 인물이 내 유년 시절 교육을 담당하면서 대화를 나누었기에, 나는 죽음의 위협에도 익숙했고 순교의 환상에 목말라했다.

Beza, a man as eminent and illustrious in the full glory (…) confesseth of himself that only for the anguish of a Scurffe which over-ranne his head, he had once drown'd himselfe from the Millers bridge in *Paris*, if his Uncle by chance had not then come that way; I have often such a sickely inclination. (…) because I had my first breeding and conversation with men of a suppressed and afflicted Religion, accustomed to the despite of death, and hungry of an imagin'd Martyrdome. (*Biathanatos* 17-18)

여기 언급된 베자는 프랑스 학자로서, 저명한 칼뱅 신학자였다. 굳이 존경받는 학자의 이름을 거론한 것은 자신의 자살 충동이 자기만이 느낀 별나고 특이한 성향이 아니라는 것을 말하기 위함인 듯하다. 인용문에서 미루어 볼 때 자살에 대한 던의 병적인 성향은 어린 시절 받았던 가톨릭적인 교육 환경과 순교에 대한 환상 때문이라는 사실을 알 수 있다. 당시 가톨릭 신자들은 영국 국교회 예배에 참석하지 않으면 벌금을 내거나 재산을 몰수당하는 등 국가로부터 사회적·경제적으로 많은 억압과 제약을 받고 있었다. 『자살론』을 자살에 대한 광기와 함께 정치적 욕망을 담고 있는 작품으로 본 이정영은 이에 대해 "가톨릭이 억압을 받는 상황에서 던은 사회 진출의 야망과 종교적 신념 사이에서 많은 고민을 했을 것"이라며 "개인적인 고민들로 인해 던은 자살을 사회적인 요인보다는 지극히 개인적인 성향으로 여기면서 자살을 전적으로 개인의 정신 영역에서 벌어지는 일이라고 보고 있다"라고 말하고 있다(120). 현세의 삶에서 내세로 가는 과정에 있는 죽음에 대한 관심은 당대인들에게 널리 퍼져있던 시대적 징후였다. 죽음의 가장 적극적인 형태이며 죽음을 지배할 수 있다는 생각 하에 던은 자살에 매력을 느꼈던 것으로 보인다.

비록 던이 패러독스라는 장르를 택하여 애매성을 창조하며, 이 책에 기록된 내용이 모두 사실이 아닐 수 있다는 점에 유의하도록 독자를 상기시키고 있기는 하지만, 자살을 옹호하고 자신의 자살 성향을 고백하는 내용은 새로울 뿐만 아니라 위험할 수 있는 주장임에 분명하다. 그래서 던은 이어지는 서문에서 "베데스다 연못에서 물이 동하기까지는 (병자가) 건강을 얻을 수 없었다"(in the pool of Bethsaida, there was no health till the water was troubled), "이 문제에 있어서 진리를 찾는 최선의 방법은 이에 대해 토론하고 격론을 벌이는 것이다"(the best way to finde the truth in this matter, was to debate and vexe it; *Biathanatos* 20)라며 편견이나 선입견을 버리고 진지하게 자살의 문제를 다루기를 독자에게 제의하고 있다. 마치 「풍자시 3」("Satire 3")에서 "참된 종교"(true religion; 43)를 모색하는 구도자에게 무엇보다 절실히 요구되는 자세는 "현명하게 의심"(doubt wisely; 77)하는 것이라고 말했듯이 말이다.

『자살론』은 "법과 자연"(Law and Nature), "이성의 법"(Law of Reason), 그리고 "신의 법"(Law of God)의 세 부분으로 구성되어 있다. 그는 자살이 결코 용서받을 수 없는 죄는 아니라고 언급하면서, 자살에 대한 잘못된 인식을 바로잡고자 한다. 그리고 자연의 법과 이성의 법, 그리고 신의 법이 결국은 하나라는 주장을 펼친다. 그러면서 "우리가 죄라고 부르는 너무도 악한 일들이 신의 계명으로 인해 자행된 것"(Many things which we call sin, and so evil have been done by the commandement of God; 36)이라고 하면서, 인간의 원죄는 바로 자연에서 비롯된 것이며 인간이 죄를 지은 것도 신의 계명 때문이라고 주장한다. 즉 인간에게서 책임을 벗겨 버리는 듯한 주장을 하고 있다.

종교적으로 자살을 금지하는 관행에 대해서 던은 법에 대한 저항과 개인의 자율성에 대해 단언한다. 모든 법은 다 영원한 것이 아니라 시간이 흐르면 변할 수 있으므로 어떠한 법도 다른 법 위에 절대적으로 존재할 수 없으며, 어떤 경우에도 개인의 주인은 각 개인 자신이라고 주장한다. 자살에 대한 권리는 결국 중세의 종교적 신념에 대항한 인간 중심의 르네상스적 사상이 반영된 것이라고도 볼 수 있다. 던은 자살을 비난하는 견해에 대해 종교적인 순교와 고행을 비난하라고 냉소를 보낸다. 그는 종교나 제도권의 법률에 개의치 않고 개인의 몸에 대한 자유를 주장한다. "어떠한 법도 제1위에 있지 않으며"(No law is so primary), "어떤 경우에 있어서도 개인은 자신의 왕국"(In which case a private man is Emperor of himself; *Biathanatos* 47)이라고 역설한다.

그렇다고 해서 던이 『자살론』에서 자살을 무조건적으로 옹호하는 것은 아니다. 그는 개인의 이기심에 의한 자살보다는 하나님의 영광을 높이기 위해 실행된 자살에 관심을 보였으며, 이러한 종교적 자살은 인정받아야 한다고 여긴다. 던은 자신의 삶을 끝내려는 욕망이 자연의 법칙에 위배되는 것이 아니라고 주장하며, 성경에 등장하는 영웅적 죽음을 추구한 순교자들과 고전 인물들을 옹호한다. 이러한 인물들 중 가장 중요한 이는 바로 그리스도이다. 던은 그리스도가 자살한 것으로 간주하며, 그가 자발적으로 죽음에 이르렀다고 주장한다. 던은 "죽음은 그리스도 이래로 이전처럼 그렇게 사악한 것은 아니"(Death since Christ is not so evill as beefore; 104)라고 언급하면서, 그리스도가 자신을 내어 주었던 것처럼 우리도 그렇게 해야 한다고 주장한다(187). 던은 그리스도의 죽음의 순간을 "그리스도는 자신의 머리를 절하듯 숙이고 나서는 영혼을 내어 주었다"(Christ did first of himself bow downe his head, and then give up the ghost; 190)라며 그리스도의 죽음이 자발적인 의지에 의한 것임을 부각시킨다. 그는 십자가형에 처해진 많은 순교자들은 수일 동안 생존할 수 있었기에 그리스도의 죽음은 자연사라기보다는 스스로 자신의 영혼을 내보낸 자살로 보아야 한다고 역설한다. 던은 그리스도를 죽이기 위해 가해진 고통으로 인해서 그리스도가 죽음에 이른 것이 아니라 그의 죽음은 "스스로가 한 행위"(his own act; 190)였음을 강조한다. 그리스도의 자살은 신의 죽음에 걸맞은 것이었고, 죽음에 대한 승리를 의미했기에 그리스도의 죽음은 던에게 큰 영향력을 행사한다. 던은 자신이 실천하고자 했던 능동적이고 자발적인 죽음을 받아들였다는 이유로 그리스도를 숭배한 듯하다.

그리스도가 자신의 의지로 죽음에 이르렀다는 점은 신학자들도 일반적으로 동의하고 있는 사실이지만, 당대의 독자들에게 그리스도의 자살 주장은 이단적으로 받아들여졌다. 당대의 자살을 반대하는 목소리는 아리스토텔레스의 견해를 인용하며 국가에 대한 개인의 의무를 강조했다. 자살이 단순히 신에 대한 거역을 의미하는 데 그치는 것이 아니라 자살 관행이 널리 퍼져 노동의 공급과 국가의 수입을 감소시킬까 염려하였기 때문이다. 19세기까지 실패한 자살자는 사형에 처하는 것이 일반적이었으며, 자살에 성공한 경우 그 시체는 다양한 방식으로 공개 절단되어야 했다. 또한, 자살자는 말뚝에 박혀 거리로 끌려 나와서 장례절차 없이 십자로에 묻히기도 했다.

종교적으로 자살의 금지는 사후 세계의 약속과는 상충되어 보이지만, 교회는 자살을 금지하기 위해 규정을 강화한다. 던은 종교계의 권위적인 규정에 반대하면서 냉소적으로 자살 금지 규정을 비난한다. 던은 그 누구도 다른 이의 머릿속에서 일어나는 생각에 대해서 결정할 권리가 없다고 강조하며, 독재적 단체의 신념에 대항하는 개인의 의식을 옹호한다. 자살자의 마음이 죄가 없다면, 이는 신의 암시와 동의하에 자살을 하는 것일지도 모른다고 던은 주장한다. 그는 특히 기독교의 순교를 자살 충동으로 취급한다. 그러나 던은 그들의 종교심에 감동받았다기보다 죽음을 목적이 있는 행위로 만들어 주는 동시에, 죽음의 공포를 지워 주었다는 점에서 순교를 인정하는 듯 보인다.

던은 종교계에서 숭고한 행위로 인정하던 순교를 자살의 한 모습으로 규정지으며, 역사 속의 순교자들의 의도에 대해서 의문을 품는다. 던은 초기 기독교 시대에서 순교자의 예를 가져와, 순교자들이 진리를 위해서 죽음도 불사했는지 아니면 단지 로마를 폭력 속으로 몰아넣기 위해서 순교를 했는지 확실하지 않다고 지적한다.

> 종교, 국가, 명성, 사랑, 안락, 공포, 수치를 위해서 자신들의 방식으로 인해 죽은 모든 순교자 열전을 내가 작성하려고 할 때, 이러한 불굴의 정신에 관해서 나는 모든 미덕의 추종자들이 얼마나 적나라하게 드러나는지 보기가 부끄러워진다.

> When I frame to my selfe a Martyrologe of all which have perished by their own means for Religion, Countrey, Fame, Love, Ease, Feare, shame; I blush to see how naked of followers all vertues are in respect of this fortitude. (*Biathanatos* 50-51)

던은 순교 또한 병든 마음에 깃든 자살에 대한 자연스러운 욕망에 기인한다고 보면서, 순교를 교묘하게 부정적으로 제시하고 있다. 던은 『자살론』에서 "당대의 정치, 종교적 이슈였던 순교의 문제를 전경화하면서 자신의 정치적 욕망을 위한 기초 작업"(이정영 126)을 하고 있었다는 사실을 짐작할 수 있다. 그는 『자살론』에서 회의적으로 제기했던 순교에 대한 의

문을『가짜 순교자』에서는 전적으로 정치적인 이슈와 함께 다루기도 한다.

『자살론』에서 드러나는 던의 태도는 상당히 모호하다(Sullivan 154). 던의 모호한 태도는 이 작품을 집필한 지 10년이 지난 1619년 4월 외교 사절을 수행한 사제(chaplain)의 신분으로 독일로 여행을 떠날 즈음에, 당시 제임스 1세의 총신이면서 궁정의 유력인사였던 친구 로버트 커(Robert Ker[Carre])에게 이 책의 원고를 맡기며 첨부한 한 통의 흥미로운 편지에서도 찾아볼 수 있다. 이 편지에서 그는 이 책을 오래전에 썼으나 잘못 이해할 수 있는 주제를 다루고 있음으로 인한 염려와 불안이 담겨 있다. 던은『자살론』의 내용에 대해 염려하면서도 책을 잘 보관하기를 친구에게 부탁한다.

> 수년 전에 내가 이 책을 썼지만, 잘못 이해할 수 있는 주제에 관한 것이기 때문에, 이 책이 불태워지거나, 누가 이 책을 베껴 사본을 만들거나, 많은 사람이 이 책을 읽거나 하지 못하도록 덮어 두곤 했다네. 이 책을 썼을 때는 오로지 두 대학의 가까운 몇몇 친구들만 읽도록 하고 알리지 않았지. (…) 이 책을 잘 간직해 주게나 (…) 이 책은 던 박사가 쓴 것이 아니라 젊은 날의 던이 쓴 것이라네. 출판되는 것도 불에 타는 것도 금하니 내가 살든지 죽든지 간에 날 위해 이 책을 보존해 주시게. 출판되지 않도록, 그렇다고 불로 태워져 없어져서도 안 되네.

> It was written by me many years since; and because it is upon a misinterpretable subject, I have always gone so near suppressing it, as that it is onely not burnt: no hand hath passed upon it to copy it, nor many eyes to read it: onely to some particular friends in both Universities, then when I writ it, I did communicate it (…) Keep it, I pray. (…) it is a Book written by Jack Donne, and not by Dr. Donne:

> Reserve it for me, if I live, and if I die, I only forbid it the press and the fire. Publish it not, but yet burn it not. (*John Donne: Biathanatos* 4)

"잘못 이해할 수 있는 주제"란 자살을 의미하는 것으로, "이 책에 그릇된 가닥이 들어 있지만 쉽게 찾아 낼 수는 없다"(there was a false thread in it, but not easily found)라고 덧붙이고 있다. 이 원고를 한편으로는 "출판"되지 않도록, 그리고 또 한편으로는 "불"로부터 지켜서 태워지지 않도록 잘 보관하라는 사실이 자살을 옹호한 이 글에 대한 던 자신의 복잡한 심경을 엿볼 수 있게 한다. 입신의 욕망을 품은 던에게 『자살론』은 양날의 칼의 성격을 띠면서, 죽음에 대한 집착과 대척점에 서 있는 삶에 대한 강한 애착이 동시에 반영된 작품이라 할 수 있다.

『자살론』은 던의 생전에 집필되었으나 아들인 던 2세(John Donne, Jr.)에 의해서 사후인 1647년에 출간된다. 출판된 이후에도 『자살론』은 대중적으로 큰 관심을 받지는 못했다. 마로티(Arthur Marotti)는 『자살론』이 친분 있는 이들 사이에서만 한정적으로 유포되었다는 점을 들면서, 이 작품을 일종의 동인 산문으로 보고 있다(181). 최근의 비평가들은 던이 위트나 모호함, 지적인 기교 등에 능숙했음을 지적하면서 『자살론』을 일종의 재담(joke)으로 해석하며 이 작품의 위트를 높이 평가하고 있다(Sullivan 156). 마로티의 말처럼 『자살론』은 재치와 역설로 가득 찬 논법을 구사하는 복잡한 작품이며, 이 책이 지니는 정치적인 함축을 잘 이해하고 있는 독자들을 위해서 쓴 풍자적이며 지적인 작품으로 볼 수 있을 것이다(Marotti 189).

『가짜 순교자』(*Pseudo-Martyr*)

던이 1610년 제임스 1세에게 헌정한 『가짜 순교자』는 그가 영국의 가톨릭 신자들에게 자신들의 신앙을 배반하지 않고도 왕에게 복종하는 것이 가능하다는 사실을 확신시키려고 쓴 글이다. 1605년에 일어난 화약 음모 사건(Gunpowder Plot)의 여파로 제임스 1세는 모든 영국 백성들이 통치자인 왕에게 복종을 맹세하는 '충성맹약'(Oath of Allegiance)을 하도록 요구했다. 『가짜 순교자』는 왕의 입장을 옹호하는 던이 출판한 최초의 책으로, 이를 통해 왕의 환심을 사려고 했던 것으로 보인다. 던은 이 책의 부제에서 "이 나라 영국에서 로마 가톨릭을 믿는 자들은 충성맹약을 할 수 있고 또 해야 한다"(That those which are of the Romane Religion in this Kingdom, may and ought to take the Oath of Allegiance)라고 밝히고 있다. 래스파(Anthony Raspa)는 1993년에 서문과 상세한 주석을 실은 현대어 판본을 출판함으로써 이 책에 대한 연구에 지대한 기여를 하였다. 그는 서문에서 저자 던이 그러하듯이 복잡하고 미묘한 주제의 『가짜 순교자』는 던의 배교를 둘러싼 복잡한 인생 여정에 중요한 의미를 지니는 한편, 교회와 국가의 조직이라는 문제와 17세기 초 이것이 개인의 운명에 미치는 영향과 관련하여 중요한 의미를 띠는 것으로 평가하고 있다(Raspa, Introduction 38).

1606년 6월에 법으로 선포된 '충성맹약'은 교황권이 왕권 위에 설 수 없음을 공개적으로 선언하고 국왕의 권위에 복종하는 것을 맹세하는 내용을 골자로 한다. 제임스 왕은 합법적이고 정당한 왕이므로 교황이나 어떤 교회의 권력도 왕을 폐할 수 없으며, 설령 왕이 파문되거나 폐위된다 하더라도 왕에 대한 충성을 맹세한다는 내용도 담고 있다. 왕도 자신이 선포한 맹약을 변호한 글에서 강조하기를 그는 세속적인 왕으로서 국민에게 당연한 복종을 강조하고 있는 것이지, 가톨릭 신자인 백성에게 프로테스탄트의 예배를 강요하려는 의도는 없다고 거듭 밝히고 있다. 국왕은 세속적이고 외면적인 부분을 통치한다고 말하고 있으나, 신의 대리자 역할을 수행하는 왕의 권위를 강조하는 제임스 왕의 말 이면에는 왕이 정치적인 지도

자이면서 동시에 정신적인 지도자라는 사실을 강하게 암시하고 있다. 당시 국왕의 사법관들은 가톨릭 교도의 집을 수색할 권한이 있었으며, 가톨릭 교도로서 국왕의 명령에 반하여 로마 교황의 명령을 따르는 자는 대역죄로 다스려졌다. 제임스 1세가 명한 충성맹약에 대해 오늘날의 학자들은 대체로 두 가지 상반된 입장을 취하고 있다. 그 하나는 자신이 온건하고 중도적이라고 표현한 왕의 말을 액면 그대로 받아들이는 입장이다. 이들은 왕이 자신의 백성에게 시민으로서의 복종을 요구하고 있을 따름이며, 이는 모든 가톨릭을 탄압하는 것이 아니라 온건하고 충성된 백성으로부터 광신자들을 가려내려는 조치라는 것이다. 또 다른 입장은 이 맹약이 지닌 선한 의도에 대해 보다 회의적인 시각으로, 은신한 가톨릭 교도들 사이에 분열의 씨앗을 뿌리기 위한 시도로 파악한다.

던은『가짜 순교자』에서 로마 가톨릭 교회에 대해 제임스 1세와 상당히 유사한 어조와 주장을 펼친다. 그래서 이 책이 제임스 왕의 요청으로 쓴 것이 아닐까 추측되기도 했다. 왕은 1604년 의회에서 한 연설에서 로마 교회가 여러 면에서 병들고 부패하여 더럽혀지기는 했지만 영국 국교회의 모교회라는 사실을 인정하는 한편, 자신이 의도하는 종교 정책의 주요 노선을 피력한 바 있는데, 그가 천명한 원칙은 신앙 고백과 정치적 충성은 별개라는 입장이었다(Tutino 1314). 왕은 또한 각국의 왕들이 행하는 세속적인 일에 사사건건 간섭할 경우 교황은 적그리스도(antichrist)와 다를 바가 없다고까지 주장했다(Mohamed 290-91). 이 책에서 핵심적인 논점은 무엇이 이단이고 무엇이 이단이 아닌지를 결정할 수 있는 권위와 이단으로 판단된 세속의 통치자를 폐위시킬 수 있는 최고의 권력이 교황에게 존재하느냐 하는 것이다. 이처럼 교황권과 스코틀랜드와 영국, 프랑스, 스웨덴 등 북유럽과 서유럽의 독립적인 사상을 지닌 국가교회 사이의 갈등은 던이 살던 시기에 특히 고조되었다.

던은 영국 교회가 저항하는 가톨릭 신자들에게 성찬을 행하고 하나님의 말씀을 들을 수 있는 장소를 제공하기 때문에, 이들이 기독교 신앙에서 가장 본질적인 부분을 실천할 수 있다고 주장한다. 또한 영국은 이러한 근본적인 부분을 확실하게 보장하므로 로마가 장려하는 순교와 저항은 전적으로 근거가 없다고 주장한다. 이처럼 던은 교황이 외국에 대해 잘못된 영향력을 행사하는 것에 반대하면서, 동시에 국가의 안정과 질서에 대한 영국민으로서의 민족주의적인 관심을 부추기고 있다. 그의 말로 미루어 볼 때 당시에 저항적인 가톨릭 신자들 가운데 상당수가 법적 처벌을 피하기 위해서든 아니든 국교회의 성찬과 예배에 참석했다는 것을 알 수 있다. 던의 주장은 로마 가톨릭을 믿는 영국의 신자 개개인은 로마에 대해 모든 정신적·영적 충성을 유지하면서도 영국 교회의 예배에 참여할 수 있다고 제안하면서 신자 개인에게 보다 많은 중요성을 부여하며 강조하고 있다. 이러한 접근은 교회와 국가의 본질에 대해 중요한 의미를 함축하고 있다. 즉 영국 교회의 예배를 외형적인 의식의 준수로 의미를 축소시키고 더 나아가 교회의 수장으로서의 왕은 단지 외형적인 복종을 하는지 여부만 살피고 통치하는 것으로 보는 것이다.

던은 영국의 가톨릭 신자들이 두 개의 서로 충돌하는 권력 사이에서 살아가는 법을 배워야 하는 것이 아니라, 서로 다른 지역에서 각자 나름대로 적법한, 별개의 권력을 섬기며 산다고 본다. 이 책을 쓴 던의 목적은 인류의 역사를 통해 교회의 본질과 조직에 대한 다양한 설명을 허용하면서, 책을 읽을 가톨릭 신자나 프로테스탄트 독자 모두에게 실행 가능한 실용적인 방도를 제시하는 데 있었다. 순전히 종교적인 관점에서 보면 충성맹약은 교황의 영적인 권위라고 할 수 있는 가톨릭 교회의 체제와 근간에 이의를 제기하지 않는다는 것이 던의 주장이다. 그는 『가짜 순교자』의 제2장 제목에서 "순교에 대해 과도하고 부패한 가장이 있을 수 있다"(That there may be an inordinate and corrupt affectation of Martyrdome)라고 강한 어조로 비판한다. 그는 제3장에서 로마 가톨릭이 연옥에 대한 교리와 같이 교리적으로 많은 오류를 지니고 있음을 지적하고, 제4장에서는 로마 가톨릭 중에서도 예수회가 거짓된 순교에 대한 그릇된 욕망을 품게 하는 데 주도적인 역할을 하고 있음을 비판한다. 『가짜 순교자』는 영국의 가톨릭 신자들이 더 이상 과거에 기록된 성경을 이해하는 도구로서 신이 인간에게 허락한 현재의 정치 체제를 거부하고 헛되이 순교할 필요가 없다는 점을 설득하면서, 동시에 교황으로부터 자유를 쟁취하려는 영국의 입장을 옹호하고 변호하는 데 결과적으로 도움을 주었으므로 제임스 왕은 이를 환영하고 기뻐했던 것이다.

기독교의 종파에 대한 논란은 성서와 교회의 권위와 정당성 문제에서 시작되었고 이는 신랄한 논쟁으로 이어졌다. 이러한 논란은 학술적이고 역사적인 상세한 연구 결과를 낳게 되는데, 이들 중 하나가 바로 『가짜 순교자』이다. 던의 첫 번째 주요 출판물인 이 작품은 1610년 출판 직후 제임스 1세에게 헌정되고, 『가짜 순교자』가 제임스 1세의 눈에 들어 던은 정계로의 진출을 권고받게 된다. 래스파는 『가짜 순교자』를 충성 서약이라는 국가적인 사안을 공식적으로 다루고 있는 중요한 저널리즘 작품으로 보면서, 던 자신의 종교적 확신이 완전히 해결되었음을 암시하는 작품으로 평가한다(*Pseudo-Martyr* xiii-xl). 던은 이 책에서 가톨릭 교인들이 제임스 1세에게 충성 서약을 거역하는 것이 신과 자연의 법에 대항하는 것이라고 주장한다. 나아가 가톨릭 순교자들은 신과 자연의 법칙을 어겼기 때문에 순교자가 아니라 허위에 찬 가짜 순교자라고 비방하고 있으며 그러한 생각이 『가짜 순교자』라는 제목이 내포하는 의미이다.

던은 자신에게 많은 영향을 준 에라스무스(Erasmus)와 토마스 모어(Thomas More)를 『가짜 순교자』에 등장시킨다. 이 책에서 던이 그리는 인물들은 풍자적이면서도 회의적인 성향을 보인다. 특히 던은 책의 서문에서 반어적으로 에라스무스를 언급하고 있다. 『가짜 순교자』에서 에라스무스는 평화적인 이미지와 함께 순교에 혐오감을 지닌 인물로 묘사되며, 충성 서약을 거부하고 순교를 택했던 모어는 "종교에 슬며시 들어온 미신에서 세상을 구하는"(to deliver the world from superstition, which was crept in under Religion; 94) 인물로 제시된다. 던은 『가짜 순교자』에서 순교에도 부패와 가장이 있을 수 있다고 비판하며, 순교를 교묘하게 부정적으로 제시하고 있다(Roebuck 250-51). 순교의 문제는 당시의 가톨릭 교도들에 대한 국가적 억압과 연관되면서 정치적 문제와 직결되는 사안이었다. 당대의 신학적 교리들은 정치와 긴밀하게 연관되어 있었으며, 던은 『자살론』에서 제기했던 순교에 대한 의문을 『가짜 순교자』에서는 정치적 사안으로 부각시킨다.

루터(Martin Luther)에 의해 포문이 열린 종교개혁은 교회와 국가 사이의 논쟁을 격화시키고 복잡하게 만들었다. 헨리 8세가 로마 교회와의 결별을 선언한 이후 충성맹약 문제는 순교 논쟁의 맥락에서 이해될 수 있다. 순교 논쟁의 시발점은 1563년의 영어판이 발행된 후 17세기 후반까지 엄청난 영향력을 행사한 존 팍스(John Foxe)의 『순교자 열전』(*Book of Martyrs*)에서 시작된다. 팍스와 반대 입장을 취했던 로버트 퍼슨스(Robert Persons)는 순교의 타당성에 대해 의문을 제기한 일부 논객들의 의견에 반박한다. 팍스는 종교개혁가들을 위해 순수한 초기 교회의 회복을 주장했고, 퍼슨스는 로마 가톨릭 교회만이 진정한 신앙임을 입증하고자 했다. 『세 가지의 개종에 관한 논문』(*A Treatise of Three Conversion*, 1603-1604)에서 퍼슨스는 『순교자 열전』에 나오는 순교자를 가짜 순교자라고 비난한다. 그는 진정한 순교에 필수라고 여겨지는 합리성과 확고함을 프로테스탄트들의 광신적인 기질과 구분하고자 한다. 이러한 순교 논쟁은 정치와 종교가 결합되어 구분이 모호했던 당시로서는 정치와 상당히 융합된 행보라 할 수 있다.

엘리자베스 1세가 통치하던 시기에는 과격한 풍자로 이루어진 팸플릿을 통한 종교 논쟁이 성행하였다. 이 시기는 영국 성공회 주교들의 통치에 반대하는 청교도들의 재치 있고 독설적인 풍자 문학이 등장한 시기이기도 하다. 제임스 1세 시대에는 종교적 설전을 담고 있는 책들이 이전보다 더 많이 출간된다. 이 중에 『가짜 순교자』가 있으며, 이 작품에서 던의 학식과 신학적 지식, 언어적 탁월성이 정치와 신학, 문학을 아우르면서 펼쳐지고 있다. 교회법에 정통함은 물론 의학과 수학, 항해술에 대한 그의 지식은 책의 곳곳에서 활용된다. 이러한 다방면에 걸친 지식을 적절히 사용하면서 던은 순교 행위를 심각하면서도 한편으로는 희극적인 어조로 다루고 있다.

일반적으로 『가짜 순교자』는 충성 서약을 옹호하며 종교적 회유를 목적으로 하는 작품으로 평가된다. 던은 가톨릭 교도들이 교황의 권위를 이단으로 취급하더라도 어떠한 위해도 없을 것이라는 사실을 피력한다. 이와 더불어 충성 서약을 받아들이는 것이 용납되며, 국가의 공공의 선을 위해서 이를 받아들이는 것이 종교적인 의무가 된다고 지적한다. 던은 영국민들이 지상의 통치자인 제임스 1세에게 충성을 맹세하는 것과 동시에 바오로 5세(Paul V)와 같은 영적 지도자에게 충성을 맹세할 수도 있다고 주장한다. 이는 영국의 가톨릭 신자들이 제임스 1세의 세속적 권위와 교황의 영적 권위 사이에 어떠한 충돌도 없이 충성을 맹세할 수 있다는 의미이다.

던의 『가짜 순교자』의 목적도 교회의 본질을 제시하면서 가톨릭이나 프로테스탄트 독자 모두에게 실용적인 방도를 제안하는 것이었다. 하지만 궁극적으로 이 작품이 추구하는 본질은 충성맹약을 옹호하는 입장으로 해석될 수 있다. 그러나 1609년 던이 구디어(Henry Goodyer)에게 보낸 편지는 『가짜 순교자』와는 모순되는 것으로 보이는 충성맹약에 대한 던의 개인적 견해를 명확하게 보여 준다. 영국과 로마 가톨릭 교회의 대립된 정치적 요구 속에서 던은 각각의 주장이 모두 합법성을 지니며, 왕과 주교는 자신들의 사법권을 옹호할 권리가 있다고 주장한다. 이와 더불어 충성맹약을 옹호했던 윌리엄 발로(William Barlow)의 주장을 일축한다. 하지만 『가짜 순교자』에서 던은 전적으로 충성 서약을 옹호하는 입장을 취한다. 따라서 『가짜 순교자』가 던의 충성 서약과 정치적 입장에 대한 단순한 표명이라고 보기는 힘들다.

이러한 정황들에도 불구하고, 『가짜 순교자』는 던이 지녔던 종교적 관념의 근간을 보여 주는 작품이며, 그의 설교의 밑바탕이 되는 작품인 것도 사실이다. 가톨릭과 영국 국교회를 화합시키려는 던의 생각은 자신의 배교로 인해 생겨난 영혼의 균열을 치유하고자 하는 일종의 보상 심리였다고도 볼 수 있다. 『가짜 순교자』는 던 개인의 인생 여정은 물론 17세기의 국가와 종교가 개인의 삶에 미치는 영향을 보여 주는 책이기도 하다. 최근에는 역사적 측면에서 『가짜 순교자』를 재평가하려는 작업이 진행되고 있다. 따라서 이 작품은 던의 저술들 중에서 당대의 역사와 종교, 그리고 문학이 융합된 복합적인 작품으로도 볼 수 있다.

던은 양가적(ambivalent)인 영국 국교회의 영적인 감수성을 표현하는 데 탁월한 솜씨를 발휘한다. 그는 루터파와 칼뱅파 종교개혁가들의 영향하에 영국 국교회를 로마의 지배로부터 자유롭게 하려는 열망을 공유했으며, 동시에 종교개혁으로 인한 혁신의 흐름 속에서 기독교의 문화적 유산을 역사적으로 보존하려는 열망을 종교개혁에 반대하는 가톨릭 신자들과 공유하였다. 『가짜 순교자』에서 던은 영국에서의 기독교 전통을 개혁하기보다는 역사적으로 유지하자는 주장을 펴고 있다. 기독교의 역사적 연속이라는 주제에 대한 생각을 펼칠 때 그가 취한 애매한 입장은 자신의 개인사와 가족사로 인해 더욱 강해지는 느낌이 있다. 그러나 한편으로는 세계적으로 종교가 어떻게 개혁되고 변화의 흐름을 타고 있는가 하는 맥락에서 접근함으로써 이 책의 출간은 래스파의 지적처럼 한 개인의 기록에 머물지 않고 사상사를 다룬 난해한 기념비적인 문학 작품이 된 측면이 있기도 하다(Raspa, Introduction 50). 즉, 한 개인이나 가족의 역사를 바탕으로 한 사적인 주장이 개인적인 차원을 넘은 공적인 관심사에 대한 진술로 바뀌게 된 것이다. 『가짜 순교자』는 로마 가톨릭에서 영국 국교로 개종한 것을 정당화하는 개인적인 기록임과 동시에, 당시의 교회와 국가에 대한 이론을 논하는 공적인 기록이라고 할 수 있다. 다시 말해서 이 책은 당시의 종교적이고 정치적인 사상을 지배하는 핵심적인 문제들 가운데 하나가 아주 사적인 인물에 의해 다루어진 매우 공적인 작품이다.

『가짜 순교자』에서 던은 로마와 런던은 서로 다른 민족이며 각각에게 주어진 계시가 있으므로 영국의 가톨릭 신자가 자기 나라의 프로테스탄트 왕에게 충성을 맹세하는 충성맹약을 하는 것이 전혀 자신들의 신앙에 문제 될 것이 없다며 다음과 같이 결론을 내린다.

> 따라서 단지 도덕적 진리의 고백이며 그 어떤 것도 그것이 잘못되었다고 말할 수 없는 주장을 담고 있을 따름인 이 충성맹약은 교황이 마땅히 가지고 있는 영적인 권력의 어느 부분도 배격하지 않는다.

> This Oath therefore containing nothing, but a profession of a morall Truth, and a protestation that nothing can make that false, impugnes no part of that spirituall power, which the Pope justly hath. (253)

이처럼 『가짜 순교자』에는 영국의 가톨릭 신자들 때문에 위기에 처하게 된 복잡해진 충성에 대한 인식과 함께, 던이 교리적으로 독단적인 자들과 교류하고 싶어 하지 않는 마음의 단면이 드러나 있다.

영국의 가톨릭 신자들에게 자신들의 신앙을 배반하지 않고도 왕에게 복종하는 것이 가능하다는 사실을 확신시키려고 쓴 『가짜 순교자』는 따라서 다분히 정치적 함의를 담고 있는 글이며 당시에 팸플릿 전쟁을 촉발시킨 글이다. 이 글은 분명히 개신교의 건강하고 온전함을 칭송하는 프로테스탄트 소책자라고 할 수 있다. 그러나 『가짜 순교자』는 모하메드(Feisal

Mohamed)가 주장한 바와 같이 교회의 '통합과 평화'를 달성하고자 하는 목적의 진정성에 있어서, 그리고 개종을 논한 자신의 글을 통해서 설득하려고 하는 독자층인 가톨릭 신자들과의 개인적인 연관성에 있어서 신랄하고 독설에 찬 다른 논쟁적인 글과는 구별된다고 할 수 있다(291).

『가짜 순교자』는 분명 건강한 개혁교회를 칭송하는 프로테스탄트의 입장을 보이고 있지만 당시의 종교적 갈등 속에서도 하나로 통합된 기독교 세계에 대한 희망을 분명하게 밝히고 있다. 아울러 던은 군주의 역할은 백성들의 양심에 해를 가하지 않는 범위에서 외적인 상황을 다스리는 데 있으며, 성직자의 역할은 세속적인 일에 간섭하지 않으면서 시민의 영적 상태를 돌보는 것임을 『가짜 순교자』에서 제시함으로써 관용에 대하여 자유주의적 주장을 펴고 있다. 이렇게 볼 때 『가짜 순교자』에는 신학적이면서 동시에 정치적인 내용의 글쓰기로 왕에게 아부하는 던의 기회주의적인 면과, 이 글을 통해 왕의 환심을 사서 정치적으로 출세하려는 작가의 정치적 야망이 동시에 드러나 있다고 평가할 수 있다(최재헌 48).

『이그나티우스의 비밀회의』(*Ignatius His Conclave*)

1610년 후반에 집필이 완료된 것으로 추정되는 『이그나티우스의 비밀회의』는 1611년 초 라틴어판으로 출판되고, 같은 해 후반에 영어판으로 출간된다. 익명으로 출판되어 1634년 던이 사망할 때까지 정확한 저자가 알려지지 않았던 『이그나티우스의 비밀회의』는 『가짜 순교자』의 결론과 같은 작품으로 로마 가톨릭 수도회인 예수회(Jesuits)에 대한 신랄한 풍자를 담고 있다. 이 책에서 예수회의 창시자 이그나티우스 로욜라(Ignatius Loyola)는 루시퍼(Lucifer)와 함께 지옥에 있다. 루시퍼는 이그나티우스가 지옥을 타락시킬 것을 우려해 비밀회의를 통해 그를 달로 보내 새로운 교회를 설립하게 하려 한다.

『이그나티우스의 비밀회의』는 당시 영국의 정치적 입장에 많은 영향을 미쳤던 마키아벨리(Machiavelli)와 이그나티우스 사이의 대화가 거의 삼분의 일을 차지한다. 던은 이 책을 통해서 엘리자베스 시대에 포교 활동을 한 로마 가톨릭 수도회인 예수회를 조롱하면서 풍자하고 있다. 캐리(John Carey)는 던이 가톨릭과 국교회 사이에서 주저하고 있는 교인들을 비난하며 국교회를 선택하지 않고 순교를 택한 가톨릭 교도들을 공공연하게 모욕하면서 자신의 입장을 부각시키려 했다고 주장한다(17).

던은 1605년에 화약 음모 사건이 일어나자 가톨릭에 대한 두려움으로 인해 윌리엄 왓슨(William Watson)이 번역한 『예수회 교리문답』(*The Jesuites Catechism*)에 관심을 가졌을 수 있다. "엘리자베스 여왕의 충실한 신하인 모든 영국 가톨릭 교도에게"(To All English Catholicks, that are faithfull subjects to Queene Elizabeht)라고 역자가 언급하고 있는 이 책에서 예수회에 대한 공격을 감지할 수 있다. 『예수회 교리문답』에서 이그나티우스는 창조주와 자신을 동일시하고 만국의 교회에 권력을 행사하려는 루시퍼의 사람이며, 변장에 능한 것으로 묘사된다(Prescott 171-72). 던이 이 책을 읽었다면 『이그나티우스의 비밀회의』를 쓰는 데 중요한 자료로 활용되었을 가능성이 크다.

던의 『이그나티우스의 비밀회의』가 나오기 이전에도 예수회를 공격하는 작품들이 상당수 있었는데, 『이그나티우스의 비밀회의』의 형식은 당시 유행했던 메니푸스적 풍자(Menippean satire)와 관련 있다. 메니푸스적 풍자는 기원전 3세기의 철학자 메니푸스(Mennippus)에 의해 창안되어 15-16세기까지 영향을 미친 신랄하고 냉소적인 성향의 풍자 양식이다. 이 양식에는 꿈의 묘사, 지하 세계나 달로의 여행, 변신, 거짓 찬사, 연설의 패러디, 기괴한 묘사, 비실재적 사회 등이 사용된다(Prescott 160-61). 메니푸스적 풍자는 현학자들의 오만과 모순을 조롱하기 위한 것이다. 특히 던의 작품에서 냉소의 대상이 되는 예수회는 당대에 신학적이며 학자연한 태도를 지녔던 단체로 간주되어 경멸의 대상으로 낙인 찍혔다.

던은『이그나티우스의 비밀회의』에서 종교적 설전을 제시하며, 철학자와 과학자, 신학자 등이 참석한 지옥의 비밀회의를 몰래 엿보는 형식으로 글을 서술한다. 표제에 제시된 "새로운 지옥 창조"(The Creation of a new Hell)나 "달에서의 교회 설립"(The establishing of a Church in the Moone)이라는 문구는 메니푸스적 풍자와 밀접한 관련이 있어 보인다.『이그나티우스의 비밀회의』에서 던이 전적으로 이 같은 풍자를 사용하는 것은 아닐지라도, 메니푸스적 풍자가 던의 관심과 상상력을 자극했을 것이라 추측할 수 있다. 던은 가톨릭에 대한 풍자를 위해 우주뿐 아니라 지옥까지 망라하는데, 이런 천문학적 풍자는 이전에도 존재하던 방식이다. 이런 식의 풍자는 가톨릭의 폐해를 밝히기 위해 가학적인 형태를 취하기도 하지만 던의 풍자는 이전의 풍자들보다는 온건한 편이다. 던이 사용한 재치 있는 언어와 풍자로 인해 이 작품을 풍자 작품의 백미라고 일컫기도 한다.

『이그나티우스의 비밀회의』에서 화자인 던은 지옥에서 루시퍼의 오른팔 자리를 놓고 벌이는 권력 투쟁을 묘사하는 형식을 취한다. 1611년 판본의 표제에는 이 책을 "지옥에서의 최후의 선거"(late election in hell)를 묘사하는 "풍자"(satyr)적인 글로 정의 내린다. 던은 서문에서 이 작품이 일부 가톨릭 풍자 작품들보다는 그렇게 속되지 않다고 언급하며 이야기를 시작한다. 던은 이 작품에서 "교황 회의와 소르본 대학의 옹호자인 두 수호천사에게"(To the Two Tutelar Angels, Protectors of the Popes Consistory, and of the Colledge of Sorbon; *Ignatius His Conclave* 107) 소식을 전하는 비서의 역할로 분한다. 화자는 육체와 분리된 영혼이 종달새처럼 솟아올라 먼 거리에서 눈앞에 펼쳐진 지옥의 광경을 목격한다. 그는 "눈 깜짝할 사이에 나는 지옥의 모든 방이 내 눈앞에 펼쳐지는 것을 보았다"(In the twinckling of an eye, I saw all the roomes in Hell open to my sight; 109)라고 말한다.

그는 갑자기 모든 시대 모든 나라의 사람들이 낯익은 것처럼 보이기 시작했다면서, 루시퍼의 오른팔이 되고자 서로 앞다투어 새로운 기독교를 고안했다고 주장하는 가톨릭과 종교개혁가들의 모습을 묘사한다.

루시퍼 옆에 앉은 몇몇 인물은 지옥의 가장 안쪽 비밀 장소에서 서로 자신들이 현세의 삶에서 "혁신"(innovation)을 시도하여 "의심과 걱정, 망설임을 불러일으켜서 믿고 싶은 대로 믿도록 자유를 주고, 마침내 이전에 확립된 모든 사상과 정면으로 배치되는 새로운 사상을 새롭게 확립하는 데"(induced doubts, and anxieties, and scruples, and after, a libertie of beleeving what they would; at length established opinions, directly contrary to all established before; 111) 가장 기여를 많이 했다고 겨룬다. 이들의 연설 중에서 가장 인상적인 것은 "교활한 인물"(a subtle fellow; 118)인 이그나티우스의 연설이다. 이 외에도 새로운 종교를 창안한 모하메드(Mohammed), 태양 중심의 새로운 우주를 제안한 코페르니쿠스(Copernicus), 예수회 천문학자 크리스토퍼 클라비우스(Christopher Clavius), 화학에 바탕을 둔 새로운 약물 치료를 옹호한 파라셀수스(Pracelsus), 도덕을 초월하는 정치 원칙을 내세웠던 마키아벨리, 신대륙을 발견한 콜럼버스(Columbus) 등이 등장하고 있다.

이들 중 마키아벨리는 사회적 혼란에 대한 자신의 책임과 악행을 부각시킨다. 그는 자신이 항상 피의 길을 걸어왔으며, 군주를 제거하고 보복하는 방식을 제공했음을 피력한다. 그리고 자신이 이를 통해 국왕 시해에 중요하게 연루되었기에 루시퍼의 오른팔로 충분한 자격이 있다고 역설한다. 이에 루시퍼가 마키아벨리를 자신의 오른팔로 임명하려 하자 이그나티우스가 마키아벨리의 말에 반박한다. 『이그나티우스의 비밀회의』에서 이그나티우스 로욜라는 루시퍼나 교황 보니파티우스 3세(Boniface III)와 함께 거짓말의 새로운 기술이라고 할 수 있는, 말을 애매하게 둘러대는 수완이 뛰어난 인물이면서 가장 교활한 최악의 인물로 묘사된다. 그는 고대의 사제직도 아니고 전통적 수도승의 규칙을 따르는 것도 아닌 교황을 위한 집단을 만들어 낸 예수회의 창시자이다. 예수회는 모순적인 언변, 국왕 시해를 부추기는 행태로 유명해진 종교 단체이다. 이그나티우스는 자신이 본심을 숨기고 거짓말하는 애매한 말하기(equivocation)의 명수이며, 피를 사랑한다는 점, 그리고 국왕 죽이기(king-killing)에 앞장섰다는 점을 든다(132-36). 이런 면에서 자신의 악행은 마키아벨리를 압도할 정도라고 반박하며 자신이야말로 루시퍼의 오른팔이 되어야 한다고 주장한다. 이그나티우스는 토론에서 승리를 거두게 되고, 왕좌에 위협을 느낀 루시퍼는 예수회를 달로 이주시키려고 한다. 하지만, 이그나티우스를 성인으로 추앙하려 한다는 소식이 들려오고 결국 이그나티우스는 루시퍼의 오른팔로 임명된다.

던은『가짜 순교자』의 출판 이후 표면적으로는 사회적 욕망과 종교 사이에서 빚어졌던 개인적 갈등을 종결짓는 듯 보인다. 그리고『가짜 순교자』가 나온 지 1년 후에 출판된『이그나티우스의 비밀회의』에서도 그는 같은 태도를 취하고 있다. 던은 가톨릭의 한 분파인 예수회를 세웠던 이그나티우스를 마키아벨리보다 더 교활하고 사악한 인물로 그리며 조롱한다. 따라서『이그나티우스의 비밀회의』는 자신이 버렸던 가톨릭 종교에 대한 회의와 배교에 대한 변명이 담겨 있는 작품으로도 볼 수 있다.

교황과 그의 예수회 심복을 조롱하면서 개인 신자들에게는 화해의 손짓을 하고 있는『가짜 순교자』와 교황의 권위와 예수회를 루시퍼(Lucifer)와 풍자적으로 연결시키고 있는『이그나티우스의 비밀회의』는 그 주된 어조 면에서는 사뭇 다르지만 본질적인 주장에 있어서는 다르지 않다. 이러한 입장을 개종자로서 던의 개인적인 경험의 반영으로 보는 경향이 있지만, 모하메드는 로마 가톨릭에 대한 이와 유사한 주장들이 스튜어트 왕조 초기에 여러 성직자들 사이에서 행해졌다는 사실을 지적한다(Mohamed 292).

비평가들 가운데는 던을 시류에 따르는 기회주의자로 낙인찍기도 한다. 그러나 던은『가짜 순교자』에서 세속적인 일에 교황이 개입하는 것에 대해 비판을 가하며, 1622년 제임스가 설교자들에게 내린 지침에 대해서도 옹호하는 등 일관된 입장을 보인다. 투티노(Stefania Tutino)의 평가처럼 던의『가짜 순교자』와『이그나티우스의 비밀회의』는 흔하고 상스러운 에피소드에 기초한 풍자적인 성격의 팸플릿이나 잡지 같은 작품과는 거리가 멀다. 그 반대로 이들 작품을 통해 우리는 자코비언 시대 영국의 종교적이고 정치적인, 그리고 문화적인 세계에 대한 귀중하고 심오한 통찰을 얻을 수 있다고 하겠다(1320-21).

5

『노래와 소네트』

영국 르네상스기 텍스트를 읽는 방법론에 있어 최근의 변화는 지금까지 소홀히 다루어지거나 과소평가되어 온 문학작품에 대해서뿐만 아니라, 신비평의 영향을 크게 벗어나지 못하던 17세기 초의 서정시와 서사시 같은 텍스트 연구에 중대한 전기를 가져왔다. 형식주의 비평이 쇠퇴하면서 이들 텍스트 가운데 상당수는 상대적으로 주변적인 작품 대접을 받아 왔으며, 이는 존 던(John Donne, 1572-1631)의 경우 특히 그러했다. 1970년대까지만 하더라도 존 던 비평은 엘리엇(T. S. Eliot)의 형이상학파 시인에 대한 재평가와 신비평적 글읽기 전략과 경향을 반영하는 범주를 크게 벗어나지 못하였다. 그러나 1980년대에 들어서면서부터 젠더 개념이나 이데올로기, 권력, 르네상스 시기의 언어에 대한 탐구 등으로 인해 기존의 던의 텍스트를 완전히 새로운 시각에서 읽고 이해하는 것이 가능하게 되었으며, 글읽기의 바탕이 되어 온 비평적·역사적·문화적 전제들에 대해 재검토하게 되었다.

1980년대에 들어서면서부터 신역사주의와 문화유물론, 페미니즘, 정신분석학, 해체주의 등을 통한 연구가 활발해지면서 텍스트성(textuality)과 문화, 문학작품의 생산과 수용, 젠더에 대한 새로운 생각을 바탕으로 근대 초기 작가인 던의 텍스트를 재조명하는 작업이 진행되고 있다. 던의 시는 역사와 성(sexuality)과 지식, 그리고 신앙 사이의 상호관련성을 보여 줌과 동시에, 이에 대한 깊은 명상과 함께 이를 해석하고자 하는 강한 욕망을 드러내고 있다. 성적 욕망과 함께, 정신적이고 종교적인 욕망뿐 아니라 명예에 대한 욕망이 서로 얽힌 상태로 가득 차 있는 던의 텍스트는 이를 해석하려는 문학 비평가들의 욕망을 자극하면서 지금까지 많은 논쟁을 불러일으켜 왔다.

문학 비평은 역사적·문화적·제도적 맥락에 의해 형성된다고 할 수 있는데, 최근 신역사주의(Arthur Marotti, Jonathan Goldsberg)와 마르크시즘(David Aers, Gunther Kress, Richard Halpern), 해체주의(Thomas Docherty, Catherine Belsey, Claude Summers, Ted-Larry Pebworth), 정신분석비평(Ronald Corthell, Ben Saunders)과 페미니즘(Janel Mueller, Janet Halley, Elizabeth Harvey, Achsah Guibbory), 독자반응비평(Stanley Fish) 등 다양한 비평적 방법이 저마다의 방식으로 던의 텍스트를 해석하려고 시도하고 있다. 특히 던과 르네상스 텍스트를 정치적인 함의를 가득 담은 형태로 해석하는 신역사주의자와 문화유물론자들은 개별적인 작품에 대한 분석과 해석을 하던 이전의 경향에서 벗어나, 던의 작품 전체를 사회적·경제적·정치적인 문맥을 포함하는 하나의 사회문화적 모체(matrix)로 파악하는, 보다 포괄적인 비평적 시각을 소개하고 있다. 던과 던 비평에 의해 제기된 문제들은 후기구조주의 시대를 살아가는 우리들에게 문학 비평의 역할과 가치를 이해하는 데 많은 도움을 제공한다. 따라서 던의 텍스트를 해석하려는 시도는 문학과 비평, 정신분석학, 성의 역사 등의 경계를 넘나들면서 아우르는 작업이 될 것이다.

지금까지 존 던 비평은 그가 후기 르네상스라는 특정한 역사적 순간에 글을 쓴 작가라는 사실에 거의 주의를 기울이지 않았다고 할 수 있다. 이 시대에 유럽에서는 코페르니쿠스의 지동설 등 당시의 천문학을 비롯한 과학이 인간과 지구가 세계의 중심이라고 생각하던 확고한 믿음을 전복하여 인간을 탈중심화시킨 급격한 변화의 소용돌이가 일어나고 있었다. 즉 인간은 이제 마치 우주를 떠도는 별과 같이 유랑자의 위치에 있게 된 자신을 발견하게 된 것이다. 이러한 공간적 전치(displacement)로 인하여 인간은 결국 영원한 진리나 초월성, 통합된 정체성이라는 영역에 더 이상 머물지 못하고, 차이를 통한 시간과 변화 속에 살게 된 것이다.

이 시기에 사랑을 노래한 던의 시에는 이러한 역사적 변화 앞에서 느끼는 인생의 무상함과 코페르니쿠스 이후의 상대적이고 전도된 가치관이 두드러지게 나타나고 있다. 특히 던은 당시 과학과 수학의 발명품이며 도구인 망원경과 컴퍼스 등을 사용하여 시간과 공간의 변화원리를 통해 권위나 젠더, 권력 등의 문제를 다루고 있는데, 여기에는 당시 영국의 제국주의와 팽창주의, 식민주의적 관점에서 여성을 바라보는 시각이 강하게 드러나고 있다. 예를 들어 망원경은 여성의 몸을 상징하는 지형을 마음대로 조절하며 바라봄으로써 이에 대한 은유적 지배를 가능하게 하는 도구로 작용하며, 이는 여성의 몸을 은밀히 바라보면서 쾌감을 느끼는 남성적인 인식을 가능하게 해 준다. 이런 문화적·역사적 문제들을 드러내 보이며 모호하고 비밀로 가득 찬 던의 텍스트를 해체하기 위해서는 오늘날 우리가 살고 있는 문화적 순간 속에서 행하고 있는 다양한 읽기는 물론이고, 기존의 읽기를 대체할 존 던 다시 읽기가 필요하다.

『노래와 소네트』(*Songs and Sonnets*)를 비롯한 던의 사랑의 시편들에는 영국 팽창주의의 시작을 알리는 활기차고 낙관적인 특징들이 제왕의 명령과 같이 당당하고 오만한 표현을 통해 드러나 있음을 쉽게 찾아볼 수 있다. 시에 담겨 있는 욕망은 끝이 없고 통제하기 힘들고 절박하며, 논의 자체가 들어설 여지가 없이 일방적으로 계속되는 명령들로 제시된다. 이는 또한 새로운 대륙의 발견이나 탐험, 정복, 지도 그리기 등의 이미지로 그려지고 있다(Belsey 63-64). 그러면 이처럼 발견과 지도 제작, 우주론, 정복 등의 이미지를 통해 그 의미를 모색하고 있는 사랑은 어떤 종류의 사랑이며, 17세기 초 이들 사랑의 시편 속에 자주 등장하는 욕망의 세계는 어떤 성격의 것인가? 텍스트에는 어떤 성의 정치학이 새겨져 있는가? 그리고 사랑하는 연인들이 소용돌이치는 정치적·사회적 환경 속에서 서로 교감하며 주고받는 사랑과 욕망은 영토와 재산, 혹은 정복과 어떤 관계에 있는 것일까 하는 질문을 던지면서 『노래와 소네트』의 시 몇 편을 중심으로 던 다시 읽기를 시도해 보자.

욕망의 정치학

1 던의 사랑의 시편들에는 왕위와 권력, 전제주의 등 공적인 세계에서 주로 사용되는 정치적인 언어들이 과장된 어투로 남녀 간의 사랑이라는 사적인 세계에서 사용되고 있음을 찾아볼 수 있다(Loewenstein 3, 6). 예를 들어 의기양양하게 세계의 중심을 향하여 상승하는 일출을 은유적인 궤변으로 이야기하고 있는 「떠오르는 태양」("The Sun Rising")을 읽어 보자. 시에서 모든 공간은 연인들의 침대나 방의 범위로 축소되고, 이 연인들은 전 세계가 되며 태양과 동등한 중심의 위치를 점유하게 된다. 요컨대 이들은 모든 만물이 자신들 주위를 회전하고 그들 주위로 모든 시간이 지나가는 반면, 자신들은 시간의 영향을 받지 않는 정지된 점과 같이 초월성을 획득하게 된다. "계절도 풍토도" 모르는 시간과 공간을 초월한 사랑을 나누는 연인들의 잠자리는 태양이 매일 회전하는 중심이 되고, 서로 사랑을 주고받는 순간은 역사를 종식시키는 놀라운 결과를 낳고 있다.

먼저 태양은 커튼이나 창틈으로 가만히 엿보는 일종의 관음증자(voyeur)같이, 단지 잠자리에 있는 연인들과의 관계 속에서만 존재하는 것으로 묘사된다. 훔쳐보기라는 상황은 시 첫 행의 "제멋대로 구는 태양"(unruly sun)이라는 표현에서도 암시되어 있는데, 마치 태양이 부모의 원초적 장면을 훔쳐보는 버릇없는 아이(son)와 같다는 느낌을 준다(Marotti 157). 태양이 차지하는 공간이 연인들의 침실로 엄청나게 줄어듦에 따라 그의 영역이나 권한도 축소되는데, 이는 태양을 인간처럼 묘사함으로써 한층 강화된다.

바쁘게 설쳐대는 늙은 바보, 제멋대로 구는 태양아,
너는 왜 이렇게
창문을 통해 커튼 사이로 우리를 방문하느냐?
너의 운행에 맞추어 연인들의 계절도 달려야 하니?
건방지게 아는 체하는 놈아, 가서 꾸짖기나 해라
지각한 학생들이나 시무룩한 도제들을.
가서 알려라 궁정 사냥꾼들에게 왕이 사냥 나가신다고.
불러라 시골 개미들을 추수하는 일에.
사랑은 늘 한결같아서 모른단다, 계절도 풍토도,
시간의 넝마조각인 시간도, 날도, 달도.

너의 빛이 그렇게도 거룩하고 강력하다고
어찌 감히 그런 생각을 하게 되었냐?
눈을 한 번만 깜박거리면 그 빛을 흐리게 하고 일식시킬 수도 있는데,
그동안 그녀를 못 보게 되지만 않는다면 말이다.
만일 그녀의 눈이 네 눈을 멀게 하지 않았다면
보라, 그리고 내일 늦게 말해라,
향료와 황금이 나는 두 인도가
네가 그들을 떠나온 곳에 있는지, 여기 나와 함께 누워 있는지를.
네가 어제 보았던 왕들이 어디에 있는지 물어봐라,
그러면 너는 듣게 되리라, 모두가 여기 한 침대에 누워 있다는 것을.

Busy old fool, unruly sun,

Why dost thou thus,
Through windows and through curtains call on us?
Must to thy motions lovers' seasons run?
Saucy pedantic wretch, go chide
Late school boys and sour prentices,
Go tell court huntsmen that the King will ride,
Call country ants to harvest offices;
Love, all alike, no season knows nor clime,
Nor hours, days, months, which are the rags of time.

Thy beams, so reverend, and strong
Why shouldst thou think?
I could eclipse and could them with a wink,
But that I would not lose her sight so long:
If her eyes have not blinded thine,
Look, and tomorrow late, tell me,
Whether both th' Indias of spice and mine
Be where thou leftst them, or lie here with me.
Ask for those kings whom thou saw'st yesterday,
And thou shalt hear, All here in one bed lay.

이 의인법을 통해 태양은 연인과 연관되면서 인간의 규모로 축소되고, 이와 상응하여 화자는 태양이 공간적으로 줄어드는 만큼의 비율로 커지고 있다. 태양이 줄어든다는 것은 우주 공간이 줄어든다는 것이고, 그 자리를 연인들이 차지하여 그들의 침실이 우주 자체의 영역으로 확대되고 있다. 그들은 이제 눈을 깜박임으로 일식이 일어나게도 할 수 있는 천체가 된 것이다. 이처럼 우주라는 공간이 던의 시에서 상대적이고 변하기 쉬운 것으로 그려지고 있음에 주목할 필요가 있다.

시는 여인의 몸을 전 세계에 대한 은유적 기호라고 할 수 있는 지도로 전환시킴으로써 공간 조작을 계속하고 있다. 동인도와 서인도는 향료와 황금이 나는 하나의 여성의 몸의 형태로 묶여 있는데, 이렇게 세계가 축소되면서 여성은 상업적인 은유를 통해 그녀의 부, 심지어 정체성까지도 시장에서 교역되는 상품이 되고 만다. 이리하여 여성은 근본적으로 가변적인 존재, 교환의 상징으로 이해되고 있다. 여성이 이렇게 세계를 그녀에게로 축소해 넣는 동안 남성의 지위는 점점 커지고 있다.

위의 구절에서 알 수 있듯이 물론 이 시는 연인이 밤의 쾌락을 방해하는 새벽을 나무라는, 새벽에 부르는 사랑노래(aubade)의 전통을 이어받고 있으나, 화자의 불손한 자세나 기발하고 과장된 생각은 전례를 찾아보기 힘든 것이다(Belsey 70). 생명의 근원이며 시간과 역사의 원천인 태양은 새롭게 부상하는 힘 있는 주체에게 자신의 주권을 넘겨주도록 명령받고 있다. 눈을 감음으로써 태양을 깜깜하게 만들 수 있는 주체인 화자는 자신이 "모든 제왕"이며 "그 이외엔 아무것도 존재하지 않아"라고 말함으로써 극단적인 주관주의를 보이고 있다. 다른 제왕들은 단지 자신들을 흉내 내는 배우에 불과하고 "이 사랑에 비하면 / 모든 명예는 가짜요 모든 부는 거짓된 것"이어서 연인들만이 진정한 실재를 나타낸다는 주장을 하고 있다. 이처럼 화자는 일상적이고 평범한 세계 너머 무시간의 영역에 거하면서 위엄 있는 어조로 사소하고 하찮은 현세를 경멸하고 있는 것이다.

> 그녀는 세상의 모든 제국, 나는 세상의 모든 제왕,
> 그 이외엔 아무것도 존재하지 않아.
> 제왕들은 단지 우리를 흉내 낼 뿐, 이 사랑에 비하면
> 모든 명예는 가짜요 모든 부는 거짓된 것.

너 태양아, 네 행복은 우리 절반밖에 안 되지,
세계가 이처럼 축소되어 있으니까.
네 나이 이제 편안한 휴식을 원하고, 세상을 따뜻하게 하는 것이
네가 할 일이라면 우리를 따뜻하게 할 때 네 의무는 다하는 것.
여기 우리를 비추어라, 그러면 너는 세계 도처에 있는 셈이니.
이 침대는 너의 중심, 이 벽들은 너의 천계인 것을.

She is all states, and all princes, I,
Nothing else is.
Princes do but play us; compared to this,
All honor's mimic, all wealth alchemy.
Thou, sun, art half as happy as we,
In that the world's contracted thus;
Thine age asks ease, and since thy duties be
To warm the world, that's done in warming us.
Shine here to us, and thou art everywhere;
This bed thy center is, these walls, thy sphere.

"그녀는 세상의 모든 제국, 나는 세상의 모든 제왕"이라는 구절은 노골적이며 분명하게 가부장적이고 제국주의적인 태도를 보여 준다. 외적인 정치의 세계는 소멸되고 연인들의 사적인 새로운 세계가 진정한 정치의 세계로 대체되고 있는 것이다(Loewenstein 6-7). 비록 여성이 세계를 구성할 수는 있지만 그 모든 부를 자기 마음대로 할 수 있는 통치자는 바로 남성이다. 세계와 그 부는 여성의 몸이라는 공간으로 축소되어 있어서 그녀와 관계를 가지는 것은 세계와 거래하는 것이 된다. 성적인 관계가 여기서 상거래 관계로 묘사되고 여성 자신이 교역장소 자체로 상징되면서, 여성

의 몸은 교환을 상징하는 교차로가 되는 것이다. 그러나 던이 비록 텍스트에서 변덕스럽고 변하기 쉬운 세계에 대한 안정된 남성의 지배를 주장하려고 하지만, 그럼에도 불구하고 여성에 대한 의존이 묵시적으로 존재한다. 여성은 텍스트의 구성을 허용하고 심지어는 생성하기도 하는 상징적인 교환의 원리로 이해되고 있다는 점에서 적어도 그러하다. 시에 등장하는 모든 공간, 즉 몸, 눈, 침대, 방, 세계 등은 은유적인 텍스트를 지배하고 있는 교환 혹은 교차의 원리에 따라서 교환할 수 있는 것으로 남아 있다.

그러나 우리는 "모든"이라는 단어를 다섯 번이나 반복하면서, 세상의 모든 권력과 재산, 명예가 자신들의 사랑에 비하면 아무것도 아니라고 극단적으로 강변하는 목소리 이면에 숨겨진 화자의 의도와 욕망에 의심을 품어 볼 필요가 있을 것이다. 마로티(Arthur Marotti)는 던의 결혼 초기에 씌어진 많은 사랑시들이 공적인 일에 관여하는 것보다 개인적인 생활이 우월하다는 사실을 아이러니한 방법으로 논증하고 있음을 지적한다. 이 시에서도 사적인 세계에 살고 있는 연인들이 공적인 세계에서 권력에 대한 야망을 이루려고 날뛰는 자들보다 도덕적으로 훌륭하다는 주장을 내세우고 있다. 그러나 이러한 주장에 동원된 희극적이고 과장된 기지는 사실상 던의 좌절된 정치적 욕망을 드러내고 있으니, 즉 당시의 정치적·사회적 규범과 질서를 파괴하여 엄청난 파문을 일으킨 앤 모어(Anne More)와의 비밀결혼으로 인해 모든 공직으로의 진출 기회를 잃어버린 던이 자코비언(Jacobean) 시대 초기에 느꼈을 권력층으로부터 배제된 상실감을 위장하여 나타내는 수단으로 사용된 것이라는 말이다. 이렇게 볼 때 화자의 적극적이면서 단호하고 권위 있는 목소리는 수동적인 무력감에 대한 상상 속의 보상이며, 성적인 능력은 사회경제적인 무능력을 역설적으로 드러내고 있는 것으로 해석할 수 있을 것이다(Marotti 156-57).

브라운(Meg Brown) 역시 사랑에 가해지는 사회적이고 문화적인 속박과 제재에 대항하여 던이 어떻게 사회의 권력 구조를 시적으로 전도시키고 있는가를 추적한 글에서, 시인이 궤변적인 논리를 통해 사랑에 정치적 합법성을 부여함으로써 새로운 사회 질서를 만들어 내고 있다고 말한다. 즉 던은「떠오르는 태양」에서 자신이 배척된 권력의 중심부에 사랑을 둠으로써 새로운 질서를 확립하고 있다는 것이다. 시의 화자가 1연에서부터 개인적인 사랑과 공적인 권위의 지위를 역전시킴으로써, 권력과 명성으로부터 배제된 국외자인 던이 오히려 궁정의 특권계층들을 국외자로 바라보면서 그들을 축출하고 의심하고, 권력을 행사하는 것처럼 보인다. 태양까지도 국외자로서 특권층의 위치에 있는 연인들을 훔쳐보는 존재로 전락하고 있다. 화자는 사랑이 세속적인 명예와 권력이나 태양보다 더 우월하다는 사실을, 태양이 부추기는 지식과 부와 관직과 권세 등을 추구하는 세속적인 활동들이 모두 시시하다고 언급함으로써 분명히 말하고 있다. 더욱이 "가서 알려라 궁정 사냥꾼들에게 왕이 사냥 나가신다고. / 불러라 시골 개미들을 추수하는 일에"라고 하며 왕을 개미라는 곤충과 병치시키는 구절에서는 세속적인 권력의 위계가 무너지고 높은 지위의 위엄이 땅에 떨어지는 효과를 내고 있다. 이처럼 이 시는 사랑을 사회정치적인 요구보다 위에 놓음으로써, 시인이 정치적·사회적인 기준을 뛰어넘는 결혼을 통해 권위에 도전했던 그 행위를 장난스럽게 표현하고 있는 것이다(Brown 24-28). 다시 말해서 던이 사랑의 도피행각으로 인해 전복시켜 버린 바로 그 정치적 질서와 권력 구조의 관점에서 사랑을 정당화하고 있다고 하겠다.

우리는 여기서 공간이 조종되면서 시간의 진행이 정지되고 있다는 사실에 주목할 필요가 있다. 태양에게 "너의 운행에 맞추어 연인들의 계절도 달려야 하니?"라고 질문하면서 시작된 시는 태양의 움직임을 정지시키고 주변에 위치했던 연인들을 세계의 중심에 놓이게 함으로써 그에 대한 답을 제시하고 있다. 시간이 움직임의 결과 생겨나는 것이라면 역사의 진행에 대한 승리는 이 움직임을 붙들어 매는 것으로 가능하게 된다고 할 수 있다. 시의 끝 부분에서 태양은 전 세계를 비추던 운행궤도가 점점 줄어들고 반경과 움직임이 축소되다가, 마침내 연인들의 침실이라는 중심부를 자기 무대로 하게 됨으로써 코페르니쿠스적 발견과 같은 엄청난 변화가 일어난다. 이처럼 태양의 움직임을 공간적으로 축소시키는 것은 태양을 낮의 운행주기에 붙잡아 두는 것과 같다. "여기 우리를 비추어라, 그러면 너는 세계 도처에 있는 셈이니. / 이 침대는 너의 중심, 이 벽들은 너의 천계인 것을"이라며 태양이 움직이는 궤도를 수정하여 자신들의 보금자리만 비추라고 하는 것은 과거에 진리라고 생각되었던 것이 허구로 드러나고, 모든 가치체계가 더 이상 확실한 것으로 여겨지지 않고 재평가되고 있는 상대주의적 사고를 반영하고 있다. 여기서 중력의 물리적 중심이면서 세계의 잠재적이고 상징적인 중심인 태양의 자리에 연인들의 침대가 대신 들어서 있다. 사랑은 세상을 돌아가게 하는 힘이고 침대는 그 확고한 중심에 자리하고 있는 것이다. 그러나 신이나 지구, 또는 태양이 아니라 연인들의 침대가 우주의 중심에 자리 잡고 있는 이 특별한 지형들 역시 그들이 대신한 큰 우주만큼이나 쉽게 변하거나 변조될 가능성이 있는 것이다.

2 새로운 깨달음으로 이전과는 혁신적으로 달라진 연인들의 관계를 공간의 축소와 확대를 통해 그려 내고 있는 또 다른 예를 「새 아침」("The Good Morrow")에서 찾아볼 수 있다. 시의 제목이 시사하는 바와 같이 이 시의 연인들은 새 아침에 자유롭고 새롭게 변한 관계에 대해 눈뜨게 된다. 이 순간은 "우리가 사랑할 때까지 그대와 난 도대체 / 무얼 하고 있었는지 궁금하오"라고 화자가 열렬하게 고백하듯이 혁명적인 순간이라고 할 수 있을 것이다.

> 우리가 사랑할 때까지 그대와 난 도대체
> 무얼 하고 있었는지 궁금하오. 그때까지 젖도 못 떼고
> 유치하게 촌스런 쾌락이나 빨고 있었단 말이요?

아니면 잠자는 일곱 기독교도들의 동굴에 누워 코를 골고 있었나요?
그러했소. 이 사랑 이외의 모든 즐거움은 환상에 불과한 것.
설사 내가 어떤 미녀를 보고 탐내어 차지했다 해도
그건 단지 그대에 관한 꿈에 불과할 뿐이오.

그러나 이제는 우리의 깨어나는 영혼들이
두려워하며 서로를 보지 않는 새 아침이 밝았소.
사랑은 다른 모습에 대한 모든 사랑을 통제하고
하나의 작은 방을 전 세계로 만드니까요.
해외 탐험가들에게는 새로운 세계를 찾아가게 하고, 다른 이들에게는
지도들을 주어 구세계 위에다 신세계를 보여주게 하시오.
허나 우리는 서로가 하나를 가진 하나의 세계를 갖도록 합시다.

그대의 눈에 나의 얼굴이, 나의 눈에 그대의 얼굴이 나타나오.
참되고 순결한 마음이 그 얼굴에 깃들어 있어요.
차가운 바람이 부는 북쪽도, 해가 지는 서쪽도 없는
이보다 더 나은 두 반구를 어디서 찾을 수 있겠어요?
죽는 것은 무엇이나 고루 섞이지 않은 탓.
만일 우리 둘의 사랑이 하나이고, 그대와 내가 똑같이 사랑하여
어느 한쪽도 기울지 않는다면 우린 아무도 죽지 않을 것이오.

I wonder, by my troth, what thou and I
Did, till we loved? Were we not weaned till them,
But sucked on country pleasures, childishly?
Or snorted we in the seven sleepers' den?
'Twas so; But this, all pleasures fancies be.

If ever any beauty I did see,
Which I desired, and got, 'was but a dream of thee.

And now good morrow to our waking souls,
Which watch not one another out of fear;
For love all love of other sights controls,
And makes one little room an everywhere.
Let sea-discoverers to new worlds have gone,
Let maps to other, worlds on worlds have shown,
Let us possess one world; each hath one, and is one.

My face in thine eye, thine in mine appears.
And true plain hearts do in the faces rest;
Where can we find two better hemispheres
Without sharp North, without declining West?
Whatever dies was not mixed equally;
If our two loves be one, or thou and I
Love so alike that none do slacken, none can die.

화자는 다소 과장된 어조와 표현을 동원하여 과거와 현재와 미래를 언급하면서, 이제서야 새로운 세계가 열리듯이 참다운 사랑의 대상을 발견한 기쁨에 대해 독백을 하고 있다. 그러나 도처티(Thomas Docherty)는 어떤 의미에서 이들은 서로의 세계에 구속되고 사로잡히는 마비와 속박의 상황으로 깨어나는 것이라는 색다른 주장을 하고 있다. 그의 해석에 따르면 여기 아침에 깨어나는 연인들은 서로를 바라보다가 각자의 매력에 사로잡혀 새로운 관계 속에 고정되고 단단히 붙잡히게 된다는 것이다. 만약

"하나의 작은 방"이 "전 세계"라면 이 얽매인 공간을 떠날 하등의 이유가 없다. "두려워하며 서로를 보지 않는"다는 구절은 애매하지만 그들이 서로를 두려움이나 질투의 감정으로 바라보지 않는다는 의미와 더불어, 자신들이 살고 있는 공간이 바로 "전 세계"며 유일한 현실이기 때문에 상대방 너머를 바라볼 필요가 없다는 의미가 다 가능할 것이다. 이들은 서로의 시선을 주고받을 때 그들만의 작은 공간 속에 갇히게 되는데, 그렇다면 이 속박과 혁명적인 순간 사이를 어떤 식으로 타협할 것인가? 연인들은 물론 서로의 눈빛 속에서 시간의 변화와 역사의 진행을 뛰어넘어 현세적이고 순간적인 것에서 영원으로 옮겨 갔을 수도 있다. 그러나 이 혁명적인 순간은 매일 똑같은 공간, 같은 침대에서 서로의 눈을 바라보며 깨어나는 끊임없이 반복되는 순간이기도 하다. 이렇게 볼 때 이 혁명은 항상 불완전하며, 초월의 상태는 끝내 도달되지 않는다는 사실을 간과해서는 안 될 것이라는 도처티의 지적은 매우 시사적이다(Docherty 41-43).

이처럼 「새 아침」에서 새로운 세계의 발견으로 극화된 연인들의 세계는 「시성」("The Canonization")에서 "소네트 속에 아름다운 방"을 짓고 살듯이 서로의 눈동자 속에 재현되면서 공간적으로 축소되고 있다. 그렇다고 해서 던의 "아름다운 방"이 전적으로 심미적인 공간만은 아니고 사랑과 성애(sexuality)의 공간이기도 한데, 이는 화자가 세속적인 권력과 부를 희생하려고 하는 것은 바로 사랑과 성적인 열정을 위해서이기 때문이다(Halpern 105-6). 그는 "해외 탐험가들에게는 새로운 세계를 찾아가게 하고, 다른 이들에게는 / 지도들을 주어 구세계 위에다 신세계를 보여주게 하시오", "허나 우리는 서로가 하나를 가진 하나의 세계를 갖도록 합시다"라고 제의한다. 여기서 화자는 상호 간에 주고받는 사랑을 일시적이고 덧없는 물질세계와는 상반될 뿐만 아니라 그것을 초월하는 것으로 찬양하고 있다. 즉 사적인 사랑의 작은 세계를 온통 물질적인 것에만 관심을 가지는 제왕과 탐험가, 법률가, 그리고 상인들의 무의미한 외부 세계와 대조시키고 있는 것이다(Guibbory 135).

이에 대해 벨지는 이 텍스트에서 제국의 정치학과 사랑의 정치학이 근본적으로 갈라지고 있다고 말한다. 세속적인 권력과 물질을 추구하는 자들은 지도를 작성하고 탐험을 통해 신대륙을 발견하여 필연적으로 새로운 영토를 소유할 수 있을 것이다. 그러나 사랑은 보다 신비롭고 불가사의해서 연인들은 그들 자신만의 사랑의 세계를 소유할 뿐만 아니라 동시에 서로에 대한 세계를 구성하게 된다. 두 개의 반구와 같이 그들은 알려져 있고 지도상에 나타나 있으며, 그 자체로 부족함이 없는 하나의 완전한 세계로 합쳐지고 있다는 말이다(Belsey 72-73). 그렇기 때문에 상대방의 눈동자라는 공간으로 축소된 이들에게 작은 방은 곧 "전 세계"이기도 하다. 이렇게 볼 때 자신들의 거울 이미지로 축소된 것 같던 연인들의 공간은 역으로 전 세계를 가득 채울 만큼 폭발적으로 팽창하고 있기도 한 것이다. 연인들의 사랑과 인식의 순간은 이처럼 수축과 팽창을 반복하면서, 인간의 사회적 조건을 구성하는 시간과 공간의 관계를 새롭게 설정하기 시작하는 "새 아침"의 순간이다.

이와 같이 던의 사랑시들은 「새 아침」에서처럼 코페르니쿠스 이후의 혁신적으로 변화된 시각과 세계관을 제시하고 있다. 이들은 「떠오르는 태양」에서 "그녀는 세상의 모든 제국, 나는 세상의 모든 제왕, / 그 이외엔 아무것도 존재하지 않"는다고 하듯이 연인의 주관적 생각을 강조하면서 그 권위와 자율성 등을 주장하기도 한다. 또한 「시성」에서처럼 연인들을 성인의 반열에 올려놓고 의식과 기적, 화체설 등 천주교에서 사용하는 언어를 전용함으로써 사랑을 종교를 대신하는 자리에까지 올려놓기도 한다. 이러한 것들은 모두 기존의 세계관과 가치가 무너지고 더 이상 확실한 중심이 존재하지 않는 세계 속에서 새로운 권위의 중심을 창조하고 새로운 지형의 가능성을 모색하고 있는 것으로 해석할 수 있을 것이다.

❸ 던의 『노래와 소네트』는 그 시대의 발명품인 망원경이나 컴퍼스 등을 동원하여 인간존재를 근본적으로 규정짓는 요소인 시간과 공간이 가변적일 수 있다는 것을 보여 주면서, 동시에 권력이나 젠더의 문제에 대해 제국주의적이고 식민주의적 관점에서 접근하고 있다. 던의 시에서 타자는 흔히 여성으로 형상화되는데, 망원경을 통해 여성을 바라보는 시각은 앞서 살펴본 시간과 공간의 조절과 관련이 있다. 망원경은 여성의 몸을 상징하는 지형을 마음대로 조절하며 바라봄으로써 이를 식민화하고 사유화하고 지배하는 도구로 사용되고 있다.

1590년경 망원경이 발명된 이후 인간 인식의 지평은 엄청나게 확대되는데, 「벼룩」("The Flea")에서 다루어지는 현미경을 통해서 볼 수 있을 정도로 미세한 세계를 인지할 수 있게 된 것도 이때부터라고 할 수 있다. 던이 상상적 비틀기에 주요 도구로 사용하고 있는 망원경을 통해 멀리 있는 장소가 타자의 영역에서 우리가 파악할 수 있는 자아의 세계로 다가오게 되었다. 망원경/현미경의 사용은 공간, 거리, 차이의 현상을 상대화했고, 사물의 존재를 입증하는 데 시각이 촉각을 대신할 수 있도록 했다. 망원경/현미경으로 바라보는 비전은 텍스트에 작용하는 시간적·공간적 관계의 무상함과 가변성이라는 원리를 제시함으로써 시의 구성에 중요한 역할을 하고 있다.

「벼룩」에서 던은 남녀 간의 성적 결합을 이야기하면서 흥미롭게도 여성의 몸에 대해서는 전혀 언급하지 않고, 오직 화자와 여성의 피를 같이 빨아 먹은 벼룩의 몸에만 주의를 집중하고 있다(Carey 132-33). 시의 시작 부분에서 눈에 겨우 띌 정도의 작은 곤충이었던 벼룩은 화자와 연인의 피를 빨아들여서 크기가 변화한다.

> 이 벼룩을 보시오, 그리고 이 벼룩 속에서
> 당신이 나를 거절하는 것이 얼마나 하찮은 일인지 보오.

이놈이 나를 먼저 빨고 이젠 당신을 빨고 있으니
이 벼룩 속에서 우리 둘의 피가 섞이오.
이것이 죄나 수치나 처녀성의 상실이라고
말할 수 없음은 당신도 알고 있소.
  하지만 이놈은 구애하기도 전에 즐기고
  실컷 먹고 둘로 된 한 피로 부풀고 있는데
  이것은, 아아, 우리가 하려는 것 이상이오.

Mark but this flea, and mark in this,
How little that which thou deniest me is;
It sucked me first, and now sucks thee,
And in this flea our two bloods mingled be;
Thou know'st that this cannot be said
A sin, nor shame, nor loss of maidenhead,
  Yet this enjoys before it woo,
  And pampered swells with one blood made of two,
  And this, alas, is more than we would do.

도처티는 이 부풀어 오른 벼룩이 발기한 화자의 성기를 연상시킨다는 재미있는 주장을 펴고 있다. 이 같은 그의 유추는 존 던 시대의 출판물들과 이 시의 초기 판본에서 's'는 종종 긴 's'로 인쇄되어 'f'와 상당히 유사한 모습을 하고 있다는 사실에서 상당한 설득력을 얻는다. 연인들의 피를 "빨아 먹음"(suck)으로써 팽창한 벼룩의 몸은 인쇄된 글자를 통해 시각적으로 남성 성기와 유사한 모양으로 부풀어 오른 것으로 독자로 하여금 인식하게 한다는 것이다(Docherty 54). 망원경으로 인해 촉각에서 시각으로 그 우위가 변한 것처럼, 여기서는 영국에 도입된 인쇄술이 청각에서 시각으로 그 우위를 옮기고 있다고 해도 무방할 것이다.

둘째 연에서도 벼룩의 모습은 계속해서 변하고 있는데, "벼룩 속의 세 생명"에 대한 언급은 기독교의 삼위일체 개념을 연상시킨다. 이 신학의 삼위일체에 대한 유추를 통해 벼룩은 신이 거하는 전 우주라는 공간으로까지 은유적으로 확장된다. 그러다가 벼룩은 다시 작아져 "당신과 나"의 공간으로 축소되지만 이것이 변화의 끝은 아니다. 신혼부부의 침대로 축소되었다가 다시 결혼식을 올린 성전으로 확대되고 있다.

아 잠깐, 한 마리 벼룩 속의 세 생명을 살려 주오.
우리는 그 속에서 거의 결혼, 아니 그 이상을 했소.
이 벼룩은 당신과 나요, 이것은
신방이며 결혼식 올린 성전이오.
부모가 싫어하고 당신도 그렇지만, 우리는
이 칠흑의 살아 있는 벽 속에서 만나 은거하고 있소.
  비록 그대는 날 죽이는 것이 습관이 되었지만
  그것에다 추가하지 마오, 자살과
  신성모독을, 셋을 죽이는 세 가지 죄악을.

잔인하고도 갑작스럽게 당신은 벌써
무고한 피로 손톱을 붉게 물들였단 말이오?
이 벼룩이 도대체 무슨 죄를 범했단 말이오,
그대에게서 빨아 먹은 핏방울 말고는?
그럼에도 당신은 의기양양하게 말하길
당신도 나도 그 때문에 더 약해지진 않았다고.
  그건 사실이오. 그러니 두려움이 얼마나 거짓된지를 배우시오.
  당신이 내게 몸을 허락한다 해도 그대가 잃을 정절은

이 벼룩의 죽음이 그대에게서 앗아간 생명 정도일 뿐이요.

Oh stay, three lives in one flea spare,
Where we almost, yea more than married, are.
This flea is you and I, and this
Our marriage bed and marriage temple is;
Though parents grudge, and you, we are met,
And cloistered in these living walls of jet,
  Though use make you apt to kill me
  Let not to that, self-murder added be,
  And sacrilege, three sins in killing three.

Cruel and sudden, hast thou since
Purpled thy nail, in blood of innocence?
Wherein could this flea guilty be,
Except in that drop which it sucked from thee?
Yet thou triumph'st, and say'st that thou
Find'st not thy self nor me the weaker now;
  'Tis true, then learn how false fears be;
  Just so much honor, when thou yield'st to me,
  Will waste, as this flea's death took life from thee.

이처럼 팽창과 축소를 거듭하여 반복하는 움직임은 망원경을 사용해서 바라보는 광경의 변화를 반영하고 있다. 두 개의 원통으로 만들어진 갈릴레이의 망원경은 각 원통을 앞뒤로 움직이면서 초점을 맞추게 설계되었다고 한다. 바로 이러한 망원경의 움직임이 다양하게 변화하는 시의 시각 저

변에 깔려 있다고 볼 수 있을 것이다. 원통을 조절해서 멀리 있는 사물을 뚜렷이 보고 가까이 있는 작은 물체를 크게 확대할 수 있게 됨으로써, 이전에는 알 수 없었던 주변의 세계를 이해하거나 통제하는 것이 가능해지고 벼룩의 세계처럼 작은 세계가 전 우주처럼 크게 확대될 수도 있게 된 것이다.

시의 화자는 "부모가 싫어하고 당신도 그렇지만, 우리는 / 이 칠흑의 살아 있는 벽 속에서 만나 은거하고 있소"라며 벼룩의 단단하고 검은 외피를 "살아 있는" 벽으로 특이하게 묘사하고 있다. 의도적으로 "cloistered"라는 단어를 사용함으로써 앞서의 신성한 종교적인 유추를 이어가면서 이 사건에 수도원의 경건한 분위기를 부여하고 있다(Nutt 56). "칠흑의 살아 있는 벽"이라는 구절을 도처티는 벼룩이 숨을 들이쉬고 내쉬는 과정에서 크기가 변하는 것으로 해석하고, 이를 앞서의 팽창했다가 수축하는 남근의 이미지와 연결시키고 있다(Docherty 55). 그러나 이러한 해석은 폐가 없이 몸 양면의 숨구멍으로 호흡하는 벼룩의 호흡체계를 모르는 데서 기인한 잘못된 해석이라는 캐리의 지적(Carey 272-73)이 아니더라도 "살아 있는"이라는 구절을 다소 지나치게 확대 해석한 것으로 보아야 할 것이다.

우리는 여기서 던이 망원경에서 성적 움직임을 연상했을 가능성을 유추해 볼 수 있다. 원통을 안으로 넣었다 뺐다 하는 동작은 벼룩과 세계를 다양한 시각에서 바라볼 수 있게 함과 동시에, 이 망원경이 남근의 힘을 의미하는 것이라고 해석할 수 있을 것이다. 세계가 망원경/남근을 통해 알려지고 통제된다는 식의 유추는 던에게 중요한 이데올로기적 상상을 제공한다. 망원경은 공간에 대한 증가된 지식을 제공함과 동시에, 공간을 통제하고 지배하거나 권위를 획득하는 수단으로 사용되고 있다. 다시 말해서 망원경은 환경에 대한 증가된 지식을 제공하고 이 지식은 환경에 대한 지배나 통제 가능성을 제공하고 있는 것이다.

던의 서정시에는 논리적 주장이 많이 사용되고 있는데, 그 논리라는 것이 대체로 자의적이거나 혹은 불완전하게 화자의 관점만을 무리하게 드러내는 경우가 많다. 그 대표적인 예가 바로 이 「벼룩」이라고 할 수 있다. 이 시에서 화자는 동침하기 싫어하는 여성에게 집요하고도 재치 있는 말의 향연을 늘어놓고 있으며, 반면 상대방 여성은 그의 욕망을 거듭 좌절시키고 있다(Guibbory 127). 이러한 과정에서 우리는 이 시가 그 시대의 과학 발명품인 망원경을 통해 세계를 바라보는 관점을 제시하고 있으며, 남성중심적 사고가 이러한 시각을 지배하고 있다는 사실에 주목할 필요가 있다. 「벼룩」에서 타자는 여성이거나 적어도 남성이 아닌 존재의 모습을 지니고 있으며, 타자를 바라보는 시각은 남성중심적 권력과 이데올로기에 기초하고 있다. 과학적인 지식이 비록 중립적인 것이라 할지라도, 「벼룩」과 같은 시에서 우리는 과학을 통해 생산된 지식이 남성중심의 인식이나 이데올로기와 일치하고 있음을 알 수 있다. 던은 「벼룩」에서 이러한 인식을 바탕으로 세속적이고 가변적인 자신의 권위를 신성하고 신적인 권위로 거듭 전환시키면서 자신의 팰러스를 권력의 상태로 재생산하고 있는 것이다.

4 던의 시에는 또한 제도기구인 컴퍼스가 형이상학적인 궤변을 정교하게 다루는 데 매우 유용한 도구로 등장한다. 왜냐하면 컴퍼스는 공간을 창조하고 한계를 정하고, 내부의 공간과 외부의 공간 사이에 차이의 영역을 두어 구분하는 원형의 경계를 설정하는 데 사용되는 도구이기 때문이다. 코페르니쿠스의 천문학의 경우와 마찬가지로 외부의 공간을 이해한다는 개념 역시 분명하게 성적으로 다뤄지고 있다. 외부의 공간인 여성은 탐구의 대상이며, 중심에 위치한 권위 있는 남성 자아는 여성이라는 외부의 공간이 자아라는 원 속으로 들어와 하나가 되어 그를 중성화시킬 때 근본적인 전치를 겪게 된다. 이는 글쓰기에서 남성과 여성 사이에 은유적이거나 형이상학적인 위치의 교체가 일어난다는 것을 의미한다. 우리는 이러한

컴퍼스의 이미지를 「슬퍼하지 말라는 고별사」("A Valediction: Forbidding Mourning")에서 찾아볼 수 있다.

연인의 관계를 컴퍼스에 비유한 이 기발한 생각은 신선하고 면밀한 성찰을 담고 있다. 이 시에는 그 시대의 의학과 종교, 천문학과 점성술, 철학과 금속학, 기하학 등에 관한 정교한 이미지들을 사용하여 사랑하는 사람들 사이의 이별에 대한 생각을 표현하고 있다. 시는 죽음을 순순히 받아들이는 인품과 덕망이 높은 사람의 이미지로 시작하고 있다. 그의 영혼과 육체가 분리되는 순간은 너무나 온화하고 고상해서 곁에서 임종을 지켜보는 친구들조차 그의 숨이 넘어갔는지 아닌지를 분간하기 힘들 정도이다. 이처럼 시인은 자신과 사랑하는 사람은 숭고한 사랑을 나누는 사이이므로 울고불고 야단을 피워 자신들의 이별을 세상의 속인들이 알아차리게 하면 자신들의 사랑과 기쁨을 모독하는 일이 된다고 말한다.

고결한 사람들이 조용히 죽어 가며
  자기 영혼에게 가자고 속삭이고,
슬퍼하는 몇몇 친구들은 이제 숨이 끊어진다 하고
  더러는 아니라고 할 때처럼,

그렇게 우리도 녹으며 소리 내지 말고
  눈물의 홍수도, 한숨의 폭풍우도 일으키지 맙시다.
속인들에게 우리 사랑을 알리는 것은
  우리의 기쁨을 모독하는 것이니.

지진은 재해와 공포를 가져오고
  사람들은 그 피해와 의미를 계산하지.
그러나 천구들의 동요는

비록 훨씬 더 크나 무해하오.

As virtuous men pass mildly away,
  And whisper to their souls to go,
Whilst some of their sad friends do say
  The breath goes now, and some say, No;

So let us melt, and make no noise,
  No tear-floods, nor sigh-tempests move,
'Twere profanation of our joys
  To tell the laity our love.

Moving of th' earth bring harms and fears,
  Men reckon what it did and meant;
But trepidation of the spheres,
  Though greater far, is innocent.

여기서 코페르니쿠스의 지동설과 지진뿐만 아니라 자아의 전치와 탈중심화가 중요한 관심사로 언급되고 있다. 지구의 흔들림과 동시에 기존의 가치관이나 믿음의 근거의 동요, 주체의 혼란스러운 변화 같은 것을 볼 수 있다. 다시 말해서 텍스트에서 다루어지는 탈중심화와 전치라는 주제를 시의 초반부터 밝히고 있는 것으로 볼 수 있다. 이는 화자가 우리 두 영혼은 하나이므로 단절이 아니라 팽창할 따름이라고 주장하는 시의 다음 부분에 이르면 결정적으로 중요한 의미를 띠게 된다.

화자는 공간과 시간에서의 자아의 확장에 대해 매우 과장된 어조로 말하고 있다. "감각"(sense)적이고 관능적인 사랑을 하는 속인들은 서로를 눈으로 보지 못하고, 손으로 만지지 못하고, 입술로 사랑을 확인할 수 없는 "부재"(absence)를 견뎌 내지 못한다. 그러나 육체적으로뿐만 아니라 정신적으로 서로를 사랑하는 두 연인이 서로 떠나 있게 되는 것은 분리가 아니라 둘 사이의 모든 공간을 자신들의 거처로 삼기에 충분할 정도로 자신들을 확장시키는 것이라고 주장한다.

우둔한 달 아래 연인들의 사랑은
　그 본질이 감각이어서 부재(不在)를
받아들이지 못한다오. 이별이 사랑을 구성한
　요소들을 제거하기 때문이오.

그러나 사랑으로 너무나 순화되어
　우리 자신도 이별이 무엇인지 모르는 우리는
서로의 마음을 믿어
　눈과 입술과 손이 없다고 별로 개의치 않소.

우리 두 영혼은 그러하므로 하나여서
　비록 나는 가야 하지만, 단절이
아니라 확장을 겪소.
　공기처럼 얇게 쳐 늘인 금박처럼.

Dull sublunary lovers' love
　(Whose soul is sense) cannot admit
Absence, because it doth remove
　Those things which elemented it.

But we by a love so much refined
  That our selves know not what it is,
Inter-assuréd of the mind,
  Care less, eyes, lips, and hands to miss.

Our two souls therefore, which are one,
  Though I must go, endure not yet
A breach, but an expansion,
  Like gold to airy thinness beat.

이 주장에 따르면 컴퍼스는 화자가 움직임에 따라 완전한 원을 그리는 것이 아니라 무한히 확장될 수 있는 타원을 그리는 것이다. 이들의 움직임에 따라 공간은 연인들이 거하는 장소로 식민지화되고 있다고 볼 수 있다. 던의 시에는 연인들의 결합을 나타내는 이미지들이 많이 등장하는데, 이 시의 컴퍼스와 "공기처럼 얇게 쳐 늘인 금박"의 이미지나 「시성」의 불사조, 「새 아침」의 "전 세계"인 "하나의 작은 방", 그리고 「떠오르는 태양」의 침실이 모두 그러하다. 이처럼 변화와 이별을 거부하는 이들 하나됨의 이미지는 크리스테바(Kristeva)의 용어를 빌자면 모두 코라(chora), 즉 아이가 상징계와 언어, 혹은 아버지의 법의 세계로 들어가기 이전 어머니와 같이 거하는 유토피아적 공간의 성격을 지닌 것으로 하비(Elizabeth Harvey)는 해석하고 있다(104-5). 금은 물질계에서 가장 순수한 것인데 이것을 '공기'(air)나 '영'(spirit)과 같은 상태로 얇게 쳐 늘린다는 비유는 순결하고 섬세한 이들 연인의 관계를 절묘하게 형상화하고 있다고 하겠다.

"당신 다리는 고정된 다리여서, 움직일 기색도 / 안 보이지만"이라는 다음 구절에 대해 지금까지의 비평은 남성이 바깥을 나돌고 배회하는데도 불구하고 절개를 지키는 여성에 대한 찬사로 읽어왔다. 그러나 남성과 여성의 평등한 결합을 찬양하는 것 같은 이 구절도 여성에게 고정된 다리의 제한된 역할만을 부여함으로써 사실은 상호 호혜적인 관계에 기초하지 않고 있다는 것을 알 수 있다(Hobby 33).

만일 우리 영혼이 둘이라면, 둘이오,
  마치 뻣뻣한 컴퍼스 다리가 둘인 것처럼.
당신 다리는 고정된 다리여서, 움직일 기색도
  안 보이지만, 다른 다리가 움직이면, 움직이오.

그리고 당신 다리는 중심에 있지만,
  다른 다리가 멀리 배회할 때면,
당신 다리는 그쪽으로 기울고 귀 기울이며,
  그쪽이 귀가할 때면, 똑바로 선다오.

If they be two, they are two so
  As stiff twin compasses are two;
Thy soul, the fixed foot, makes no show
  To move, but doth, if th' other do.

And though it in the center sit,
  Yet when the other far doth roam,
It leans and hearkens after it,
  And grows erect, as that comes home,

그렇다면 이 또한 이성애적 관계 속에서 남성의 우월함이나 지배를 찬양하는 시각을 강하게 보여 주는 부분이다. 그러나 도처티는 이 속에 담긴 의미는 여러 가지 난해함과 모순으로 가득 차 있다는 새로운 읽기를 시도하는데, 그의 시각을 잠시 따라가 보자(Docherty 72-74). 그는 먼저 우리가 안정된 중심이라고 간주하는 여성이 사실은 전혀 안정되지 못하다는 사실에 주목해야 한다고 말한다. 고정된 다리는 움직일 기색도 안 보인다고 말하지만 엄밀히 말해서 다른 쪽 다리가 움직일 때 이 역시 움직이게 된다. 앞서 지구가 움직이듯이 원의 중심도 움직이는 것이다. 따라서 어느 한쪽을 남성으로, 다른 한쪽을 안정되고 "고정된" 여성으로 말하는 것 자체가 어려워진다. 따라서 중심 그 자체가 문제시되고 불안정하고 가변적이고 주변적인 것이 되어버린다. 우리는 던 시대의 컴퍼스가 주로 항해를 할 때 사용된 제도 기구이며, 오늘날처럼 한쪽에 연필을 달도록 되어 있지 않고 대칭적인 구조를 하고 있었다는 사실에 주목할 필요가 있다(Nutt 62). 그렇다면 컴퍼스의 두 다리는 동등한 위치에 있으며 서로 역할을 바꿀 수 있고, 어느 부분이 누구라고 꼭 집어서 이야기할 수 없게 된다. 이러한 논리에 따르면 중심이 탈중심화와 전치를 통하여 원주가 되어 버리는 것이다.

컴퍼스를 실제로 사용할 때 먼저 두 다리가 모아져 똑바로 선 상태로 있다가, 그 다음에 원을 그릴 수 있도록 다리가 벌어진다. 이렇게 볼 때 인간도 걸을 때나 성행위 때에 다리가 서로 떨어져서 벌어진다는 점에서 컴퍼스와 인간의 다리 사이에는 유사점이 발견된다. 그러나 이때 이들 다리의 성별에는 다소의 혼란이 야기된다. 이들 다리는 원을 구성하고, 한 사람의 다리는 상대방의 몸을 감는다고 할 때 보통 여성의 다리가 남성의 몸을 감아 원을 만들게 되는 것이 일반적이다. 그러나 시는 그 반대의 역할을 여성에게 부여하고 있다. 여기서 이상한 성별의 전치가 일어나고 있는 것이다.

다음 마지막 연은 이런 논란을 더욱 혼란스럽게 부추길 여지를 제공한다.

　당신도 나에게 이와 같으리.

다른 다리처럼 비스듬히 달려야 하는 나에겐.
당신의 꼿꼿함이 나의 원을 정확히 그리고,
내가 시작한 곳에서 끝나게 하는 거라오.

Such wilt thou be to me, who must
Like th' other foot, obliquely run;
Thy firmness makes my circle just,
And makes me end where I begun.

이 행들을 성적 함의를 담고 있는 구절로 읽을 경우 매우 애매하게 들리며, 만약 화자가 남성이라면 동성애적인 관계를 연상시키기조차 한다. 이러한 유추를 계속 발전시킨다면 "내가 시작한 곳에서 끝나게" 한다는 구절은 남성이 태어난 여성의 자궁 속에서의 사정행위를 의미한다고 볼 수도 있다. 이는 남성이 자신의 자아 중심에 있는 여성적 큰 타자로 돌아감을 암시하는 것이기도 하다. 한편 남녀의 성역할을 바꾸어 해석하면 꼿꼿함은 발기한 남성의 성기 즉 뻣뻣한 다리이며, 원은 여성의 질이 될 수 있다. 이때 "끝남"은 내가 태어난 자궁에서 경험되는 여성의 오르가즘으로 이해할 수 있을 것이다(Docherty 74-75). 그러나 이러한 읽기는 너무 작위적이라는 인상을 줄 위험이 있으므로, 우리는 여기서 화자의 젠더가 기존의 해석과는 달리 변할 수 있다는 가능성 정도를 열어 놓는 것이 적절할 것 같다. 던이 컴퍼스를 동원한 기발한 착상을 통하여 문제를 제기하는 것은 바로 권위와 관련한 젠더의 문제가 아닐까? 왜냐하면 이 시의 화자는 일반적으로 남성으로 여겨져 왔으나, 이 남성은 중심에서 벗어나 매우 불안정하고 주변적인 여성성의 위치로 자리가 바뀌어 있다고 할 수 있기 때문이다.

『노래와 소네트』는 던의 시 가운데서도 가장 복잡한 사랑에 대한 탐구를 담고 있는데, 시인은 성적인 사랑과 영적인 속성, 그리고 이들 사이의 관계 등 인간의 삶과 경험에서 중요한 욕망들을 치열하게 분석하고 있다. 동시대의 다른 시인들과 달리 여성과 몸과 사랑에 대해 극단적으로 상충되는 시각과 상이한 태도를 보여 주는(Guibbory 123, 134) 던의 『노래와 소네트』를 통해 우리는 17세기 초 사랑의 시편 속에 등장하는 욕망의 세계와 성의 정치학을 엿볼 수 있다. 문학 텍스트는 어느 정도 사회를 반영하기 마련이므로 시를 포함한 모든 디스코스는 정치적이라고 할 수 있을 것이다. 정치라는 개념도 서머즈와 펩워스의 주장처럼 전통적인 정치적 행동과 권력의 영역에 국한되던 데서, 종교와 개인적인 관계, 성, 심지어는 디스코스 자체의 영역까지 포함하는 개인과 집단의 상호작용과 행동을 포함하는 개념으로 확대되어 왔다(Summers and Pebworth 1-3). 이러한 생각은 던의 사랑시에서 사랑이 권력을 향한 시인의 좌절된 욕망을 나타내는 정치적인 은유에 불과하다고 보는 기존 해석의 한계를 극복할 수 있게 함과 동시에, 사랑 자체가 정치적인 성격을 지니고 있다는 점을 시사함으로써 상당한 설득력을 지닌다.

던이 살았던 엘리자베스 시대와 자코비언, 캐롤라인(Caroline) 시대로 일컬어지는 16세기 말에서 17세기 초 영국에서는 시와 정치의 관계가 매우 복잡한 양상을 띠고 있었다. 특히 엘리자베스 시대는 여성군주의 지배하에서 남성들의 권력에 대한 욕구와 갈등, 그리고 잠재되어 있던 체제 전복적인 욕망이 표출되던 시기였다. 던의 시에서 여성에 대한 남성의 성적 욕망은 이러한 권력에 대한 욕망을 담고 있으며, 자신의 좌절된 야망을 반영하듯이 세속적인 권력이나 궁정의 영화를 자신들의 사랑에 비해 보잘것 없는 것으로 평가절하하고 있다.

아울러 이 시기는 새로운 학문과 과학, 그리고 과학의 발명품과 신대륙의 발견 등으로 인해 인간이 세계의 중심이라는 믿음이 전복되고 인간이 탈중심화를 겪게 된 격변의 시대라고 할 수 있다. 던의 사랑의 시편에는 당시 영국의 제국주의와 팽창주의, 식민주의적 관점에서 여성을 바라보는 시각이 강하게 나타나며, 코페르니쿠스의 지동설 이후의 상대적이고 전도된 가치관이 두드러지게 반영되어 있다. 던은 망원경이나 컴퍼스 등 당시의 새로운 과학 발명품들에 착안하여 연인들과 그들을 둘러싼 세계의 시간과 공간을 축소하고 확대하여 상대적인 것으로 제시함으로써, 혁명적으로 변화된 인간의 탈중심화와 전치라는 상황을 극적으로 형상화하고 있는 것이다. 「새 아침」에서 연인들이 나누는 아침인사는 외적인 현실보다는 인간의 심리와 의식이 중요한 인간의 조건이라는 사실을 새롭게 인식하기 시작한 순간을 그리고 있기도 하다. 이렇게 볼 때 『노래와 소네트』는 17세기 초라는 근대 초기 영국의 급변하는 시대적 상황과, 던 자신의 성적 욕망과 정치와 권력에 대한 욕망이 복합적으로 얽혀 빚어진 새로운 문화 기상도라고 할 수 있을 것이다. 사랑이라는 전통적인 주제를 매우 혁신적으로 다루고 있는 던의 시에서 이러한 변화된 가치관과 시각을 바탕으로 권위와 젠더, 권력 등의 문제가 새로운 대륙의 발견이나 탐험, 정복, 지도 그리기 등의 이미지로 그려지고 있다고 하겠다.

현존과 부재, 그리고 재현의 미학

1 오늘날에는 17세기 영국을 대표하는 시인인 던의 시 세계를 400년에 걸쳐 행해져 온 존 던 비평과 해석의 역사를 바탕으로 포스트구조주의와 페미니스트 비평의 관점에서 재해석하려는 시도가 이뤄지고 있다. 이 장에서는 그의 대표작이라고 할 수 있는 『노래와 소네트』를 중심으로, 던의 시에서 핵심적인 논점으로 반복해서 다뤄지고 있으며 현대 비평에서 중요한 관심사로 논의되고 있는 현존과 부재, 그리고 재현의 문제를 조명하려고 한다. 고대로부터 재현은 미학이나 기호학의 기본적인 개념이었다. 문

학을 단순히 재현의 한 형태로 간주하는 데는 플라톤과 아리스토텔레스가 결정적인 역할을 해 왔다고 말할 수 있다. 플라톤은 문학이 인생의 재현이라는 일반적인 견해를 받아들였으나, 바로 그 이유 때문에 그는 문학이 이상국가로부터 추방되어야 한다고 생각했다. 플라톤은 재현이란 사물 그 자체에 대한 대용물에 지나지 않는다고 결론지었던 것이다. 아리스토텔레스는 언어적·시각적·음악적인 모든 예술을 재현의 양식으로 정의했고, 심지어 재현은 곧 인간 활동이라고까지 여겼다. 재현에 관한 모방론은 현실이 역사적으로 구체적인 것이든지 혹은 자연적이고 영원한 것이든 간에 재현은 현실의 반영에 불과하다고 주장한다. 포스트모더니즘의 입장에서 재현의 문제를 다룬 『포스트모더니즘의 정치학』(*The Politics of Postmodernism*)에서 린다 허천(Linda Hutcheon)은 문학과 시각예술 비평에 대해 다음과 같이 말하고 있다.

> 문학과 시각예술 비평은 전통적으로 예술가를 중심으로 하는 표현적인, 세상을 모방하는 것으로 보는 모방적인, 혹은 예술 그 자체가 목적인 형식적인 기초에 바탕을 두고 논의되어 왔다. 그러나 페미니스트와 게이, 맑시스트, 흑인, 탈식민주의, 그리고 후기구조주의 이론의 영향으로 이들 문학과 시각예술 비평의 역사적 기초에 새로운 것들이 첨가되고 이들의 관심사가 하나로 통합되어 새로운 초점이 제시되고 있다. 이것은 바로 어떻게 의미가 사회적으로, 그리고 이데올로기적으로 생산되는가 하는 데 대한 연구이다. 이런 관점에서 볼 때 우리가 '문화'라고 부르는 것은 재현의 근원이 아니라 그 '결과'이다.

> While it may indeed be the case that criticism in the literary and visual arts has traditionally been based on foundations that are expressive (artist-oriented), mimetic (world-imitative), or formalist (art as

> object), the impact of feminist, gay, Marxist, black, postcolonial, and poststructuralist theory has meant the addition of something else to these historical foundations and has effected a kind of merger of their concerns, but now with a new focus: the investigation of the social and ideological production of meaning. From this perspective what we call 'culture' is seen as the effect of representations, not their source. (6-7)

이렇게 볼 때 "재현은 사회를 '반영'한다고 하기보다는 특수한 사회 안에서 의미와 가치를 적극적으로 '부여'하는 역할을 한다"(Hutcheon 8)고 말할 수 있다.

17세기 당시 유럽에서는 코페르니쿠스의 지동설 등 천문학을 비롯한 과학으로 말미암아 인간과 지구가 세계의 중심이라고 생각하던 확고한 믿음이 전복되고 인간을 탈중심화시킨 급격한 변화의 소용돌이가 일어나고 있었다. 이러한 공간적 전치(displacement)로 인하여 인간은 결국 영원한 진리나 초월성, 통합된 정체성이라는 영역에 더 이상 머물지 못하고, 차이를 통한 시간과 변화 속에 살게 된 것이다(최재헌 331). 인간 정신에 큰 변화를 가져온 르네상스 시대에 창작된 존 던의 텍스트 가운데 『노래와 소네트』는 그의 대표 시집이면서, T. S. 엘리엇(Eliot)이 현대적인 시의 표본으로 재평가한 17세기 형이상학파 시의 특징을 가장 두드러지게 보여 주고 있다. 1970년대 이래로 기존의 형식주의 비평에서 벗어나 문학을 사회적·경제적·정치적·문화적 역사의 한 양상으로 보는 경향이 생겨났으며, 이러한 비평적 방법론에 입각하여 문학 텍스트의 성격에 대한 광범위하고 중요한 재해석이 수행되어 왔다.

문학 텍스트의 재현이라는 문제와 함께, 이러한 문학 텍스트를 생성한 역사적 환경 속에서 현존이나 부재라는 주제를 다루려는 시도는 최근 들어서 두드러지고 있다. 던은 끊임없이 기존의 가치관과 생각에 도전하고 재치 있게 상식을 파괴함으로써 독자를 당혹스럽게 만들면서 해체주의적 글읽기에 우리를 초대하고 있다. 『노래와 소네트』에 실린 55편의 시 가운데, 특히 「그림자에 관한 강의」("A Lecture upon the Shadow")와 「성 루시일의 야상시」("A Nocturnal upon St. Lucy's Day"), 「공기와 천사」("Air and Angels"), 그리고 「고별사: 유리창에 새긴 내 이름에 관하여」("A Valediction: of my Name in the Window") 등은 재현의 문제에 대해 매우 현대적이면서도 흥미로운 시인의 시각을 두드러지게 보여 주고 있다. 이들 시는 『노래와 소네트』에 실린 시 가운데서 가장 예술적 완성도가 높으면서도 난해하기로 손꼽힌다. 이들 작품을 중심으로 현존이나 재현, 부재 등 오늘날 비평적 관심을 모으고 있는 문제에 대해 최근 활발하게 전개되고 있는 다양하고 폭넓은 연구 성과를 반영하면서 르네상스 시대 텍스트를 오늘날의 관점에서 다시 읽어 보자.

2 「그림자에 관한 강의」는 연인들이 짧고 변하기 쉬운 사랑에 대해서 느끼는 불안한 딜레마를 표현한 시로서, 그들 사이의 사랑이 쇠퇴하는 것을 나타내는 그림자에 대한 인식으로 시작하고 있다.

> 가만히 서 있어요. 사랑하는 님이여,
> 나 그대에게 사랑의 철학 강의를 해 줄 테니.
> 　우리가 함께 거닐며 보낸 세 시간 동안
> 　두 그림자가 우릴 따라다녔는데
> 그건 바로 우리가 만든 그림자였소.
> 그러나 지금은 태양이 바로 우리 머리 위에 있고
> 　우린 이 그림자들을 밟고 있소.
> 　이 시각엔 모든 것이 명료하게 드러나지요.

우리의 풋내기 사랑이 자라나고 있을 때는
남을 속이기도 했고, 우리에게서 그림자와 근심도 생겨나지만
지금은 그렇지가 않소.

Stand still, and I will read to thee
A lecture, love, in love's philosophy.
These three hours that we have spent,
Walking here, two shadows went
Along with us, which we ourselves produced;
But, now the sun is just above our head,
We do those shadows tread;
And to brave clearness all things are reduced.
So whilst our infant loves did grow,
Disguises did, and shadows, flow,
From us, and our care; but, now 'tis not so. (1-11)

시는 사랑의 단계를 오전, 정오, 오후의 태양과 그림자의 관계에 비추어 이야기하고 있다. 시간과 사랑과 그림자에 대한 명상을 다루고 있는 이 시는 그림자로 상징되는 "부재"(absence)로부터 사랑의 "현존"(presence)을 생각한다. "현재"(present)의 순간은 부재를 나타내는 그림자에 의해 특징지어지고 인식된다는 점이 주목할 만하다. 화자는 정오의 순간인 지금 그림자가 없다는 사실을 이야기하면서 시를 시작하고 있는데, 이는 부재를 나타내는 그림자 그 자체가 존재하지 않는다는 것이다. 이 정오의 시각에 화자는 사랑하는 연인에게 철학 강의를 해 줄 테니 "가만히 서 있어요"라며 고정과 확고함을 요청하고 있으나, 문제는 연인이 가만히 있을 수 없다는 데 있다. 시간과 역사는 멈추지 않을 것이기 때문이다.

이어서 시의 화자는 "남들이 볼까 두려워하는 사랑은 / 아직도 중천의 높이까지 이르지 못한 사랑이라오"(That love hath not attained the high'st degree, / Which is still diligent lest others see; 12-13)라며 자신들이 사랑의 정점이라고 할 수 있는 정오에 위치해 있음을 자랑스럽게 강조하고 있다. 그러나 일반적으로 오전과 오후의 시간은 인식하고 파악하기 쉽지만, 이 정오의 순간은 찰나적으로 지나가고 상대적으로 포착하기 어렵다는 것이 문제다. 죽음이나 정오는 그 전후의 순간은 파악하기 쉽지만, 정작 죽음의 순간이나 정오라는 시각은 너무 짧게 지속되는 순간이므로 포착하기가 거의 불가능하다고 할 수 있다. 따라서 던은 이 시를 통해서 정오가 상징하는 사랑으로 충만한 상태나 사랑의 순수함은 알아차리기도 도달하기도 힘들다는 사실을 말하고 있다. 사랑의 정점인 영원한 현재의 순간이라고 할 수 있는 이 정오의 시간은 이내 지나가고 존재하지 않게 되며, 오후로 접어들면서 이들의 사랑에는 다시 그림자가 생겨나게 될 것이기 때문이다.

시에서 시간은 오전에서 오후로 흐르면서 이동하고 있다. 앞서 오전의 그림자는 다른 사람의 이목으로부터 자신들의 사랑을 감추기 위한 위장("Disguises")과 숨김("shadows"), 그에 따르는 근심("care")과 염려를 의미한다고 했다. 연인들의 사랑이 언제까지나 정오의 순간에 머물러 있지 못할 것이기 때문에, 이제 오후로 넘어가면서 그림자의 모양과 성격도 바뀌게 된다.

> 우리의 사랑도 이 정오에 머물러 있지 못하면
> 반대편에 새 그림자를 만들게 되지요.
>   오전의 그림자는 다른 사람들의 시선을 가렸으나
>   이제 뒤편에 생겨날 그림자는
> 우리 자신에게 작용하여 우리 눈을 가릴 것이오.

만약 우리의 사랑이 식어져서 서편으로 기울면
　그대는 그대의 행동을 거짓으로 나에게 속이고
　나는 나의 행동을 그대에게 속이려 들겠지요.
아침의 그림자는 차차 줄어들어 사라지지만
오후의 그림자는 온종일 길어진다오.
그러나 아, 사랑이 시들면 사랑의 날은 짧기도 하여라.

사랑은 자라나는, 아니 변함없이 충만한 빛.
그리고 정오만 지나면 그 순간부터 밤이 오는 거라오.

Except our loves at this noon stay,
We shall new shadows make the other way.
　As the first were made to blind
　Others; these which come behind
Will work upon ourselves, and blind our eyes.
If our loves faint, and westwardly decline;
　To me thou, falsely, thine,
　And I to thee mine actions shall disguise.
The morning shadows wear away,
But these grow longer all the day,
But oh! love's day is short, if love decay.

Love is a growing, or full constant light;
And his first minute, after noon, is night. (14-26)

정오가 되면 그림자가 나타나지 않듯이 사랑이 절정에 다다르면 남의 눈을 두려워하지 않지만, 곧 사랑은 식어질 것이고 그러면 오후의 그림자처럼 자신들의 시선을 가리고 서로의 행동을 숨기게 된다는 것이다. 아침의 그림자가 정오에 가까울수록 점점 짧아지듯이 남의 시선에 대한 두려움은 점차 사라진다. 그러나 오후의 그림자는 점점 길어져서 결국에는 밤이 되듯이, 연인들이 사랑의 정점에 머물지 못하고 사랑이 약해지고 기울게 될 때 거짓으로 서로의 눈을 속이게 될 것이며 결국엔 사랑이 소멸되고 깜깜해진다는 말이다. 이처럼 「그림자에 관한 강의」는 사랑이 변치 않고 계속 자랄 수 있는 것인지, 그리고 사랑이 변하더라도 시들지 않을 수 있는지에 대한 근본적인 물음을 던지고 있다.

시의 화자는 시간이 멈추기를 바라면서 정오의 눈부신 순간을 충족된 사랑의 완전한 개방성을 나타내는 이미지로 사용하고 있다. 정오에 숨김을 의미하는 그림자의 진행이나 흐름은 멈추고 시간도 정지한 것 같으나, 연인과 태양과 그림자가 나아가는 길이 서로 교차되면서 세상은 곧 의심과 두려움 속에 허물어진다. 시인은 그들의 사랑이 정오에 머물러 있을 수 없다면 새로운 그림자가 그들 주위에 드리워질 것이라고 여인에게 경고한다. 그렇지만 그녀가 어떻게 이런 일이 일어나지 않도록 할 수 있을 것인가? 어떻게 태양을 멈추게 하거나 그림자가 움직이지 않게 할 수 있을 것인가? 캐리(John Carey)의 말처럼 2연이 시작되면서 모든 것이 명료하게 드러나는 정오의 순간은 이미 사라지고 없는 것이다. 이전에 연인들은 그들을 엿보려는 세상으로부터 자신들의 사랑을 숨기려고 애썼다면 이제는 서로를 속이려고 할 것이며, 이런 일이 일어나는 순간 사랑은 이미 죽은 것이라고 말할 수 있다(167).

여기서 그림자는 연인들을 나타내는 재현(representation)이면서 기호이다. 이런 맥락에서 도처티(Thomas Docherty)는 우리가 텍스트를 읽는 행위는 두 연인의 현존을 말해 주는 그림자라는 표지(mark)를 읽으며 그에 대해 강의하고 있는 시인의 읽기와 근본적으로 같은 성격의 행위라고 말한다(99). 이때 시인은 상형문자와 같은 그림자를 읽고 이를 해석하며, 이 읽기에 기초해서 시를 쓰고 있는 것이다. 한편 그림자는 현존이라고 할 수 있는 정오의 흔적으로, 그리고 연인들의 다른 시간인 사랑이 정점에 미치지 못했거나 기울었을 부재의 흔적으로 남아 있는 상형문자와 같은 표지이다. 줄어들어 없어지는 듯했다가 다시 나타나(re-present) 길어지는 오후의 그림자와 같은 표지는 현혹적이고 믿을 수 없는 것이어서, 우리는 사라져 버린 가상의 현존에 대해 제대로 인식하지 못하고 눈멀게 된다.

그림자란 근본적으로 사회적 존재의 관계, 인간들과 땅과 빛과 그늘의 근원인 태양 사이의 관계에서 생성되는 것이다. 던의 텍스트는 독자로 하여금 이들 관계에 참여하고 혼동하도록 초대하면서, 연인 사이나 인간 개인 사이의 의사소통이 불완전하고 이중적일 수 있다는 점을 말하고 있다. 텍스트를 읽는 행위는 근본적으로 위선적이고 이중적이며 불완전할 수밖에 없고, 텍스트 자체에 대한 필요한 배신이다. 이렇게 볼 때 텍스트는 항상 부재하는 현존을 다루고 있는 것으로 해석할 수 있다. 텍스트에서 남는 것은 그림자가 드리워진 재현과, 거짓으로 서로를 속이면서 타협해 가는 연인들처럼 잘못된 해석(misinterpretation)과 오독(misreading)뿐이라고 할 수 있다. 다른 사람의 눈을 피해서 자신들의 사랑을 나누려고 했던 오전의 그림자는 정오가 되면서 점점 짧아지고 사라질 것이지만, 정작 문제는 짧은 정오의 순간이 지나고 사랑이 식으면 오후의 그림자는 계속해서 길어져 결국 밤이 올 것이라는 데 있다. 여기에는 인간의 존재와 사랑에 대한 불안하고 비관적인 시인의 생각이 드러나 있다.

「그림자에 관한 강의」와 대조를 이루는 시가 「성 루시일의 야상시」다. 이 시는 서정시로는 보기 드물게 장엄하고 감동적인 작품으로서, 변증법적이고 현학적인 긴장 속에서 시인의 농축된 감정이 섬세한 터치로 표현되어 있다. 던의 시 가운데 가장 난해한 시로 인식되어 온 이 시는 사랑하는 사람의 죽음으로 인한 시인의 슬픔을 노래한 일종의 애가(elegy)다. 시의 제목에 나오는 성 루시일은 우리의 동지에 가까운 12월 13일로 일 년 중 낮이 가장 짧은 날이다. 「그림자에 관한 강의」가 사랑하는 연인들에게 있어서 일종의 정오의 순간을 다루고 있다면, 이와 대조적으로 「성 루시일의 야상시」는 또 다른 짧은 순간인 한 해의 자정을 시간대로 설정하여, 이날이 상징하는 죽음과 재생의 순간에 대한 의미를 명상하는 데 집중하고 있다. 이들 두 시는 두드러지게 그림자와 재현에 관해 다루고 있는데, 「성 루시일의 야상시」의 경우 시인은 죽어 가는 상태의 재현 혹은 그림자이자 자신이 처한 지금의 현존에 대한 재현으로 이해할 수 있다(Docherty 97).

오늘은 한 해의 한밤중이자 해가
일곱 시간도 비치지 않는 날인 루시일의 한밤중,
　태양은 소진되어 오직 그 화약통에서는
　희미한 섬광만 가물거릴 뿐 지속적으로 빛을 내지 못하고,
　　이 세상의 수액은 다 빠져 내리고
수종(水腫)병에 걸린 땅은 온 세상 향유를 다 마셔 버렸다.
침대 다리를 타고 내려가듯 생명은 땅으로 움츠러들어
죽어 매장된다. 그러나 이 모든 것은
그들의 비문인 나에 비하면 웃는 듯이 보인다.

그러니 나를 연구하시오.
다음 세상, 즉 다음 봄에 연인이 될 그대들이여,
　나는 속속들이 죽은 것인데
　내게 사랑이 새 연금술을 썼으니.
　　사랑이 그의 기술로
심지어 무로부터 제5원소를 뽑아내고,
활기 없는 박탈과 여윈 공허로

사랑은 나를 파멸시켰고 나는 다시 태어났기에,
부재와 암흑과 죽음 등 존재하지 않는 것들로부터.

'Tis the year's midnight, and it is the day's,
Lucy's, who scarce seven hours herself unmasks,
The sun is spent, and now his flasks
Send forth light squibs, no constant rays;
The world's whole sap is sunk:
The general balm th' hydroptic earth hath drunk,
Whither, as to the bed's-feet, life is shrunk,
Dead and interred; yet all these seem to laugh,
Compared with me, who am their epitaph.

Study me then, you who shall lovers be
At the next world, that is, at the next spring:
For I am every dead thing,
In whom love wrought new alchemy.
For his art did express
A quintessence even from nothingness,
From dull privations, and lean emptiness
He ruined me, and I am re-begot
Of absence, darkness, death; things which are not. (1-18)

시의 제목에서 루시(Lucy)라는 성인의 이름은 어두움 가운데서 빛나는 빛을 의미하면서, 동시에 던의 딸의 이름과 그의 후원자였던 베드포드 백작부인(Countess of Bedford)의 이름이기도 하다. 느린 장례 행렬처럼 진행되는 시는 석(Richard Sugg)의 말처럼 빛이 소진되어 가는 것뿐 아니라 전 세계의 활력이 시들어 간다는 느낌을 준다(186). "한 해의 한밤중"의 순간인 이날은 엔트로피가 점점 낮아져서 고갈되어버린 시인의 상태를 묘사하고 있는데, 시인을 제외한 다른 "이 모든 것은 그들의 비문인 나에 비하면 웃는 듯이 보인다"고 말하고 있다. 이는 시인이 한 해의 죽음에 대한 언어적 표현이며, 그림자나 텍스트로 나타난 재현임을 의미하는 부분이다(Docherty 97). 다시 말해서 그는 죽음의 순간에 대한 표현이면서 일종의 죽음에 대한 죽음, 혹은 죽음의 축도(epitome)나 정수(essence)라고 할 수 있다. 이날을 한 해의 한밤중으로 표현하면서 생명의 근원인 태양이 제대로 힘을 발휘하지 못하는 날로 보고 있다. 시는 로스톤(Murray Roston)의 말처럼 세상이 의미를 잃어버리자 자아의 내면으로 움츠러들면서 실재 세계를 부정하는 화자를 통해 인간의 절망을 탁월하게 탐구하고 있다(41).

사랑하는 이의 죽음으로부터 시작되는 이 시는 그녀의 죽음으로 "존재하지 않는 것", 즉 "부재", "암흑", "죽음" 등이 사랑의 "연금술"을 통해 "제5원소"(a quintessence)로 추출되는 것으로 묘사한다. 이것은 일반적으로 연금술사들이 사물(things)에서부터 만들어 내려고 하는 생명의 제1원리(first principle of life)인 제5원소와 달리, 사랑이 연금술사처럼 "무"(nothingness)로부터 뽑아낸 무의 제1원리(the first principle of nothing) 내지는 죽음의 정수(essence)이다. 사랑은 연인의 죽음으로 모든 것을 빼앗긴 공허한 상태에 시인을 빠뜨림으로써 그를 통째로 없애 버린 후, 완전히 부정적인 존재로 지금 거듭 태어나게 하는 것으로 묘사되고 있다. 이제 그는 어디에도 존재하지 않게 된 진정한 자기 발견의 순간을 확신하면서 모든 정체성과 정의(definition)로부터의 자유를 자축하며 "다음 세상, 즉 다음 봄에 연인이 될" 자들에게 "속속들이 죽은 것"이 된 자신을 "연구하시오"라고 당당하게 말하고 있다(Mousley 4). 반면 시인은 자신을 제외한 모든 이들은 존재(being)의 특성을 가진 "생명", "영혼", "형태", 그리고 "정기”와 관련하여 나타내려 하며, 자신과 그녀의 관계는 존재의 상실이란 관점에서 표현한다.

> 다른 이들은 모두 모든 것에서 좋은 모든 것,
> 생명, 영혼, 형태, 정기를 흡수하여 존재하지만,
> 나는 사랑의 증류기에 의해
> 모든 무의 무덤이 되었소.

> All others, from all things, draw all that's good,
> Life, soul, form, spirit, whence they being have;
> I, by love's limbeck, am the grave
> Of all, that's nothing. (19-22)

사랑은 그를 완전히 파멸시켜 고차원적인 존재가 아니라 낮은 새로운 존재로 변형시키는데, 여기에서 던의 독특하고 기발한 생각이 두드러지게 드러난다. 즉, 시인은 애인의 죽음으로 인해 자신이 동물이나 식물, 심지어는 돌보다도 더 낮은 단계인 “제1의 무”(the first nothing)의 “연금약액”(the elixir; 29)이 되었다고 한다. 이는 그가 부재와 암흑과 죽음의 정수에 도달하여 마치 신이 세상을 창조했던 태초의 “제1의 무”처럼 되어 버렸다는 말이다. 무를 추구하면서도 던은 자신이 일반적인 무가 아니라 특별한 종류의 무라고 주장한다. 비존재인 무가 되려고 하면서 특별한 무엇인가가 되려는 것 자체가 캐리의 말처럼 비논리적인데, 그는 여기서 자기부정과 자기 긍정의 자세를 동시에 취하고 있다(Carey 158-59). 그는 “만약 내가 그림자처럼 흔히 있는 무라면, 빛과 형체가 여기 있어야”(If I an ordinary nothing were, / As shadow, a light, and body must be here; 35-36) 하지만, 죽음의 정수에 도달하여 실체도 없고 모든 존재가 지니고 있는 속성을 가지고 있지 않은 자신은 무(I am none; 37)라고 말한다. 이처럼 우울한 분위기가 지배적이지만 허츠(Judith Herz)는 시에서 정작 죽어서 애도하게 한 "그녀"가 차지하는 공간은 거의 없고, "무"라는 주제를 둘러싼 변주가 계속되면서 자신이 아니라 절대적인 무와 같은 존재가 되려는 화자의 욕망이 두드러지게 드러나고 있음을 지적하고 있다(110).

그러나 나는 무이고, 나의 태양은 다시 떠오르지 않으리.
그대 연인들이여, 새로운 정욕을 그대들에게
  가져다주기 위하여 작은 태양은
  이 시각에 염소자리에 들어갔으니
    모두 그대의 여름을 즐기시오.
그녀는 지금 그녀의 기나긴 밤의 축제를 즐기고 있으니
나는 그녀를 위해 준비나 하리라.
이 시간은 그녀를 추모하여 철야하는 밤, 그녀의 전야라 부르리라,
지금은 이해, 이날의 한밤중이니.

But I am none; nor will my sun renew.
You lovers, for whose sake, the lesser sun
  At this time to the Goat is run
  To fetch new lust, and give it you,
    Enjoy your summer all;
Since she enjoys her long night's festival,
Let me prepare towards her, and let me call
This hour her vigil, and her eve, since this
Both the year's, and the day's deep midnight is. (37-45)

그에게는 하늘의 해가 "작은 태양"(the lesser sun)에 불과하고, 그보다 큰 태양(the greater sun)인 애인은 죽어서 다시 떠오르지 않으므로 그림자도 생기지 않는다는 것이다. 시인은 사랑하는 이의 죽음으로 절망적인 "존재론적 상실"(ontological privation)의 상태에 있지만, 이러한 상태는 앞으로 부활함으로써 구제 받을 수 있는 상황으로 이어질 것을 시사하기도 한다. 왜냐하면 그는 현재의 죽음의 순간을 나타냄과 동시에 일종의 죽음의 죽음이 되기도 하는, 애매하면서도 긍정적인 상태를 표상하고 있기 때문이다. 다시 말해서 죽음의 죽음으로서 시인은 죽음의 정수를 모아 놓은 요약본이면서, 한편으로 신학적으로는 죽음이 죽음으로써 더 이상 죽음의 지배를 받지 않는 상태로 부활하고 죽음을 물리치게 되는 존재를 상징하기 때문이다.

「성 루시일의 야상시」에서 시인은 자신을 죽음의 그림자 혹은 죽음의 재현으로 간주함으로써 죽음을 부정하기에 이르는데, 이는 「그림자에 관한 강의」에서 그림자와 비슷한 위치에 있다고 할 수 있다. 죽음에 대한 던의 이러한 태도는 「거룩한 소네트 10번」("Holy Sonnet 10")에서 "짧은 한순간의 잠을 자고 나면 우리는 영원히 깨어난다네, / 그러면 죽음은 더 이상 없을 것이니, 죽음아, 넌 죽으리라"(One short sleep past, we wake eternally / And death shall be no more, Death thou shalt die; 13-14)에서도 찾아볼 수 있다. 이 마지막 2행 연구에서 던은 무시무시한 죽음을 제거하고 고뇌하는 자신의 영혼이 안식을 발견하기에 이른다. 죽음과 영생 사이에는 단지 "짧은 한순간의 잠"이 있을 따름이며, 그러기에 그는 "죽음아, 넌 죽으리라"라며 죽음의 죽음을 선언하고 있는 것이다.

3 이들 두 편의 시 이외에도 연인을 집에 두고 여행을 떠나는 화자가 연인의 사랑이 자신의 부재로 인해 흔들릴 것을 걱정해 자기 분신인 이름을 연인의 창문에 새기는 내용을 다루고 있는 「고별사: 유리창에 새긴 내

이름에 관하여」와, 영혼과 육체가 조화를 이루는 이상적 사랑에 대해 노래한 시 「공기와 천사」 역시 현존과 부재, 그리고 재현의 문제를 중요하게 다루고 있다. 이는 이러한 이슈들이 던의 시에서 일관되게 흐르는 중요한 관심사라는 사실을 보여 준다. 던의 시 가운데서 가장 잘 알려지고 사랑받는 시는 아마도 호혜적인 사랑을 노래한 시일 것이지만, 『노래와 소네트』는 어느 한 범주에 국한되지 않고 사랑과 여성과 성과 육체에 대해 매우 다양하고 상이한 가치를 제시하고 있다. 그는 냉소적이고 방탕한 시에서부터 육체적이고 정신적인 사랑을 찬양하는 시에 이르기까지 다양하고 모순되는 사랑에 대한 경험을 탐색하고 있어서 이에 대해 논하기가 어렵다. 더욱이 「공기와 천사」와 같은 시는 귀보리도 밝힌 것처럼 이들 중 어느 범주에도 넣기 힘든 애매한 입장을 취하고 있다(Guibbory, John Donne 138-39). 그러면 먼저 「공기와 천사」를 읽어 보자.

두세 번 나는 그대를 사랑한 적이 있소,
얼굴이나 이름을 알기도 전에.
어떤 목소리나 형체 없는 불꽃으로
천사들이 종종 우리에게 영향을 주고 숭배되듯이.
  그대가 있는 곳에 내가 갔을 때는 언제나
어떤 사랑스럽고 빛나는 무(無)를 나는 보았소.
  그러나 그 자식이 사랑인 내 영혼은
육체로 된 사지를 취하네, 그러지 않고는 아무 일도 할 수 없으니.
  사랑도 그 부모보다 더 영묘할 수 없으니
몸을 취해야 하오.
  그러므로 그대가 무엇이고 누구인지를,
    나는 사랑에게 청해 물어보았는데, 이제
사랑이 그대의 육체를 취하여 그대의 입술과 눈과 이마에 사랑 자신이 자리 잡고 있음을 나는 시인하오.

Twice or thrice had I loved thee,
Before I knew thy face or name;
So in a voice, so in a shapeless flame,
Angels affect us oft, and worshipped be;
  Still when, to where thou wert, I came,
Some lovely glorious nothing I did see,
  But since my soul, whose child love is,
Takes limbs of flesh, and else could nothing do,
  More subtle than the parent is
Love must not be, but take a body too,
  And therefore what thou wert, and who
    I bid love ask, and now
That it assume thy body, I allow,
And fix itself in thy lip, eye, and brow. (1-14)

던은 사랑을 느끼기 시작할 때의 모호하고 신비한 느낌을 "얼굴이나 이름을 알기도 전에" 그대를 사랑했다고 표현하면서, 이를 원래 형체가 없는 천사들이 "어떤 목소리나 형체 없는 불꽃으로" 인간에게 나타남으로써 경배를 받는 사실에 비유하고 있다. 처음 사랑에 빠질 때 여성이 이 지상의 흔한 어떤 그 무엇이 아니라 다른 세계에 속한 빛나고 신비한 존재로 여겨지면서, 생각만 해도 숨이 가쁘고 떨리는 경외감에 가까운 감정을 느끼게 하는 우리의 경험을 천사라는 매개를 통하여 표현하고 있는 것이다. 캐리는 여성에게서 느끼는 이러한 종교적 경이를 토마스 아퀴나스(St. Thomas Aquinas)의 영향을 받아 천사에 비유함으로써 시에 진지함을 더하게 한다고 말한다(Carey 28). 귀보리 역시 연인이 사랑하는 여성을, 적어도 그녀를 품에 안기 전까지는, 천사로 숭배한다는 생각은 페트라르카의 전통에 따른 것이면서 동시에 가톨릭으로 대표되는 종교적인 이미지에서 따온 것으로 보고 있다(Guibbory, Erotic Poems 143). 그러나 던은 실제로 그 여성을 만났을 때 그녀가 천사와 같이 신비하고 아름답지만 너무 실체성이 부족하고 접근하기 힘들다는 사실을 알게 된다. 그래서 그는 이런 그녀와의 만남을 두고 "어떤 사랑스럽고 빛나는 무"를 보았다고 표현하고 있다. 이에 던은 그의 영혼이 육체로 된 사지를 지니듯이, 영혼에서 생겨난 자식인 사랑도 "그 부모보다 더 영묘할(subtle) 수 없으니" 육체적 형태를 지녀야 한다고 주장한다. 이 말은 그가 육체적으로 그녀를 인식하고 사랑하는 것을 의미하는 것으로, 섹스가 없이는 사랑도 없다는 주장과 다를 바가 없다. 여기서 "subtle"이라는 단어는 타고프(Ramie Targoff)에 따르면 17세기에 옅은 농도의 물질을 묘사하는 데 주로 사용되었다고 한다(40). 우리의 모호한 사랑의 감정에 실체성을 부여하기 위해서는 육체가 필요하다고 던은 주장하고 있는 것이다.

이어서 던은 여성을 작은 배에 비유하면서, 사랑의 배가 안전하게 순항할 수 있도록 배 아래에 바닥짐을 싣고 떠나는 것으로 묘사하고 있다.

> 이처럼 사랑의 배에 바닥짐을 싣고
> 더 안전하게 가려 생각했는데,
> 감탄을 자아내어 가라앉게 할 짐을
> 사랑의 작은 배에 너무 많이 실어 버렸음을 알았소.
> 그대의 머리칼 하나하나가 너무 지나치게 사랑에
> 작용하고 있으니 좀 더 적합한 것을 찾아야 하오.
> 사랑은 무에서도, 극단적인 유에서도,
> 또 찬란한 빛 속에서도 존재할 수 없기 때문이오.

Whilst thus to ballast love, I thought,
And so more steadily to have gone,
With wares which would sink admiration,
I saw, I had love's pinnace overfraught,
  Every thy hair for love to work upon
Is much too much, some fitter must be sought;
  For, nor in nothing, nor in things
Extreme, and scatt'ring bright, can love inhere. (15-22)

시인은 정신적인 사랑만으로는 사랑의 배가 안전하게 항해하기 힘들기에 육체적 사랑이라는 바닥짐을 실음으로써 균형을 잡고 더 안전하게 사랑의 항해를 하려는 의도를 밝히고 있다. 그러나 그의 시선을 사로잡아 감탄을 자아내는 그녀의 육체적 매력이 헤아릴 수 없이 많아 거기에 빠져 진정한 사랑의 목적지에 다다르지 못하고 가라앉을 것 같다고 우려한다. 도처티는 "물건을 사랑의 작은 배에 너무 많이 실었음을 알았소"라는 표현에서 여성을 상징하는 작은 배(pinnace)에 너무 많이 실은(overfraught) 물건(wares)은 바로 남성의 몸(penis)이라는 던 특유의 성적인 언어유희가 작용하고 있음을 지적하고 있다(Docherty 196). "사랑은 무에서도, 극단적인 유에서도, / 또 찬란한 빛 속에서도" 존재할 수 없다는 구절에서 "무"는 관념적이고 정신적인 사랑이나 미에 대한 숭배를, "극단적인 유"는 지나치게 육체적인 것을 탐하거나 여성의 신체적 매력에 빠져 버린 사랑을, 그리고 "찬란한 빛"은 여성의 빛나는 아름다움이나 이를 추구하는 욕망을 의미한다고 볼 수 있는데, 이러한 것에서 사랑은 영원하고 본질적인 거처를 찾을 수 없다는 사실을 말하고 있다. 여인은 처음에 "어떤 사랑스럽고 빛나는 무"로 인식되다가, 지금 사랑은 "무에서도, 극단적인 유에서도, / 또 찬란한 빛 속에서도 존재할 수 없"는 것으로 표현되고 있다. 도처티는 이 구절을 천사 같은 영혼의 자식인 사랑이 여성 생식기를 가리키는 속어인 공기 같은 "무"(nothing)에도, 그리고 또 다른 여성의 특징인 변덕스러운 불길 속에서도 살 수 없다는 뜻으로 읽고 있다(226). 사랑은 자신을 확실하고 안전하게 하는 보다 특색 있고 흔치 않은 무언가를 필요로 하는데, 여기서 던은 천사에 대한 신학적 지식을 활용하여 그러한 자질을 발견하려고 한다. 그렇다고 해서 천사의 본질에 대해 깊이 탐구하려는 것은 아니다. 다만 천사의 신적이고 신비한 속성을 사용하여 인간들의 사랑의 신비와 수수께끼를 어렴풋이나마 나타내려고 하는 것이다(Carey 28).

시의 마지막 부분에서 화자는 여인에게 "그대의 사랑도 내 사랑의 천계가" 되어 달라며 자신의 사랑을 받아들이도록 초대하고 있다. 천사들이 그러한 것처럼 약간 덜 순수하지만 여전히 순수한 것을 취함으로써 그에게 더 가까이 와 달라고 요구하는 것이다.

> 그러니 마치 천사가 그처럼 순수하지는 못하나
> 그래도 순수한 공기의 얼굴과 날개를 지니듯이,
> 그렇게 그대의 사랑도 내 사랑의 천계가 될 수 있소.

> Then as an angel, face and wings
> Of air, not pure as it, yet pure doth wear,
> So thy love may be my love's sphere. (23-25)

그녀는 그를 자신의 애인으로 인정하고 사랑할 수 있도록 허락함으로써 자신의 사랑이 그의 사랑의 수호천사가 되게 하는 것이고, 이는 결과적으로 그들 모두를 고귀하게 만드는 것이라는 논리이다. 그녀의 가치는 너무나 대단하고 그들의 사랑 역시 매우 깊어서, 그는 그녀를 오로지 자신을 품고 다스리는 천체로 만듦으로써만 그 가치를 온전히 표현할 수 있다고 생각하는 듯하다. 던의 주장에 따르면, 천사가 인간에게 나타나기 위해서는 비록 영(spirit)인 천사 자신보다는 덜 순수하지만 물질계에서는 가장 순수한 공기를 이용하여 형체를 취하듯이, 여성의 사랑도 던의 사랑에 대하여 이와 같은 관계를 맺어 "내 사랑의 천계"가 되어야 한다고 본다. 앞서 시인은 자신의 영혼이 "육체로 된 사지를 취하네, 그러지 않고는 아무 일도 할 수 없으니"라며 영혼의 육화(embodied soul)에 대해 이야기했었다. 이제 독자는 "천사가 그처럼 순수하지는 못하나 / 그래도 순수한 공기의 얼굴과 날개를 지니듯이"라는 시의 결말에서 천사가 인간의 몸으로 구현(embodiment)되는 모습을 상상하게 된다. 바이어트(A. S. Byatt)가 말한 바와 같이 시의 첫 부분에서 여성은 찬란한 빛이며 천사와 같은 존재였다면, 지금 그녀의 몸은 던의 사랑이 무엇인가를 "할 수 있는" 천계가 되는 것이다(251). 이는 당시 엘리자베스 시대 우주론에서 각 천체(heavenly bodies)에는 천계(sphere)와 그 천계를 다스리는 수호천사(intelligence)가 존재하는 것으로 본 생각을 반영하고 있다(Smith 354). 던은 천체와 천사가 각각 떨어져서는 아무것도 아니지만(nothing) 이들이 합쳐져 별을 형성하듯이, 그의 사랑은 구체적으로 표현되고 전달될 그녀의 사랑의 화답 없이는 진정한 사랑이 될 수 없다고 말하려는 것이다.

사랑을 우아하게 표현하던 진지한 목소리에서 여성 혐오적인 관점으로 돌아간 듯이 갑작스러운 어조의 변화를 보이는 시의 마지막 3행은 그 의미를 파악하는 것이 상당히 어렵다. 던은 천사의 순수함과 공기에서 생겨난 형상의 순수함 사이에 틈이 있듯이 여성의 사랑과 남성의 사랑 사이에도 틈이 있기 마련이라며, 많은 논란을 불러일으키는 구절로 시를 끝맺고 있다.

　　공기와 천사 사이에
　존재하는 그 순수성의 차이가

여자의 사랑과 남자의 사랑 사이에 언제나 존재하리다.

Just such disparity
As is 'twixt air and angels' purity,
'Twixt women's love, and men's will ever be. (26-28)

던은 지금까지는 여성을 경외감을 자아내는 신비한 대상으로 이야기하다가, 이 결말 부분에서 갑자기 여성의 사랑이 남성의 사랑보다 열등하다고 말하며 시를 끝맺고 있다고 캐리는 지적한다(176). 이와 대조적으로 공기와 여자의 사랑이 그 순수성에 있어서 천사나 남자의 사랑보다 우월하다고 보는 견해도 있다. 이렇게 생각하는 근거는 천사는 자신이 거주하는 천공, 즉 공기보다 더 물질적(corporeal)이고 덜 순수한 것처럼, 남성 또한 자신이 거주하는 천공, 즉 여성의 사랑보다 더 물질적이며 육체적이라는 것이다. 즉 눈에 보이지 않는 순수한 공기나 천체에 비해 그 천체에 거주하거나 인간에게 나타나기 위해 형체를 띠는 천사는 정신적 사랑을 중시하는 여성의 사랑에 비해 육체적인 사랑에 집착하는 남성의 사랑처럼 순수함에 있어서 열등하다는 말이다. 사랑할 때 자신이 느끼는 육체적 욕망을 잘 인식하고 있는 던은 그녀가 과연 그를 사랑할까 하는 점을 여전히 딜레마로 안고 있다. 그래서 여성의 사랑은 성적 충동 그 이상의 어떤 희생을 요구한다는 점에서 남성의 사랑보다 더 순수하다며, 그런 희생정신을 발휘하여 자신의 사랑을 받아들여 달라고 간청하고 싶었는지 모른다. 마치 천사들이 거룩한 뜻에서 순수한 자신의 본질을 희생하여 덜 순수한 공기를 취하듯이 말이다. 이런 시각에서 너트(Joe Nutt)는 여성의 사랑과 남성의 사랑의 차이에 대해서 여성이 더 위대하고 더 순수하고 더 훌륭하다고 해석하고 있다(26). 이렇게 볼 때 시는 최상의 찬사로 끝맺고 있는 것이 된다. 그렇다면 「공기와 천사」는 캐리가 말한 것처럼 완전히 비실체적이고 정신적인 사랑과 너무 실체적이고 육체적인 사랑 사이의 타협과 조화를 모색하고 있는 것으로 읽을 수 있을 것이다(255). 만약 여성이 시인의 사랑에 화답한다면 각각 떨어져 있는 두 자아는 단순한 육체적 결합을 뛰어넘어 육체는 물론이고 전체가 하나가 되는 상호호혜적인 사랑, 즉 새로운 사랑의 결합을 이루는 존재로 탄생하게 될 것이다.

연인과 잠시 헤어지면서 그녀의 부정을 의심하며 자신의 정체성의 표시로 이름을 연인의 창문에 새긴다는 내용의 「고별사: 유리창에 새긴 내 이름에 관하여」는 독자를 당혹스럽게 하는 이상한 논리로 시작하고 있다.

여기 이 유리창에 새긴 내 이름은
내 사랑의 견고함을 유리에도 부여하오.
그 마력을 갖게 된 이 유리는 그 후
이름을 새긴 도구만큼 단단해졌다오.
그대의 눈은 어떤 다이아몬드도 비웃으리만큼
유리를 값지게 할 것이오.

My name engraved herein,
Doth contribute my firmness to this glass,
Which, ever since that charm, hath been
As hard, as that which graved it, was;
Thine eye will give it price enough to mock
The diamonds of either rock. (1-6)

화자는 유리창에 자기 이름을 새긴 이후로 그 유리도 더 이상 쉽게 깨어지지 않는 강도를 지니게 되었다고 주장한다. 나아가 유리창에 새겨진 이름을 바라보는 그녀의 눈빛이 연금술과 같은 마력을 발휘하여 유리를 다이아몬드보다 값진 것으로 변화시킨다고 하는 말은 논리에도 맞지 않고 터무니없게 들린다. 도처티는 이 시의 첫 행에 나오는 "engraved"라는 단어가 "새기다"라는 의미 외에 "매장되다"(graved)라는 의미를 지닌 것으로 해석한다(178). 그렇다면 이 이름은 일종의 매장된 이름이며, 텍스트의 단어 아래에 숨겨진, 텍스트 속에 숨겨진 이름이라고 할 수 있다. 그런데 이 이름을 가진 사람은 부재하더라도 여전히 변함없이 굳게 존재하며, 이는 그 이름이 창의 유리에 부적처럼 새겨져 남아 있다는 사실을 통해 입증된다고 말하고 있다. 유리창에 새겨진 이름은 던 자신의 존재에 대한 환유적 대체물이 되는 것이다. 마지막 행의 "rock"은 이름을 새기는 데 사용한 금강석과 유리에 새겨져 값진 보석으로 변한 다이아몬드 둘 모두를 지칭한다. 이름이 새겨짐으로써 강화된 유리는 그녀가 유리창에 새겨진 이름을 바라보는 시선을 통해 다이아몬드처럼 빛나게 된다.

금강석으로 이름을 새겨 놓은 "투명한"(through-shine; 8) 유리를 그녀가 바라볼 때 유리는 그녀의 모습을 비춰 주기도 하지만 동시에 유리에 새겨진 이름이 그녀의 눈에 새겨지기도 한다. 즉 이 순간에 "그대는 나를 보고, 나는 곧 그대가 되는 것"(you see me, and I am you; 12)이며, 이는 바로 그녀의 "눈"(eye)에 "나"(I)라는 존재가 각인되는 순간이라고 할 수 있다. 그녀는 유리창을 바라볼 때 그의 이름을 볼 뿐만 아니라, 그의 이름을 자신의 일부분으로 받아들인다. 이에 대해 캐리는 시각적으로 겹쳐 보이는 혼란이 정체성의 혼란을 불러오며, 시간과 같이 사상은 끊임없이 정체성을 변화시키는 것으로 읽는다(Carey 175). 던은 많은 시에서 자아와 정체성의 변화와 유동성에 대한 관심을 드러내고 있다.

유리창에 새긴 이름이 마력으로 작용하여 애인이 변하지 않도록 지켜 주기를 바라는 화자의 희망은 8연에서부터 여지없이 깨어지기 시작한다. "그대의 분별없는 손이 / 이 창문을 활짝 열어젖혀 내 이름을 떨게 할 때"(When thy inconsiderate hand / Flings ope this casement, with my trembling name; 43-44) 자신의 틀 속에 그녀를 가두어 두려던 그의 의도는 수포로 돌아가고, 그녀가 창을 열고 바깥세상으로 나감으로써 그의 이름과 존재는 흔들리게 된다. 이때 그의 이름이 새겨진 창은 여인의 방과 바깥세계를 연결하는 통로 역할을 한다. 화자는 애인이 열린 창 너머로 "기지와 토지로 그대의 마음을 / 공략하려는 남자를 찾아 나선다면"(To look on one, whose wit or land, / New battery to thy heart may frame; 45-46) 어떻게 할까 하는 두려움을 느낀다.

이 위기를 맞이하여 그는 시의 시작부분에서처럼 자신의 이름이 마력을 발휘하는 환상에 빠져든다. 그래서 그녀의 하녀가 새로운 애인의 시동에게 매수되어 그의 편지를 가져와서 그녀가 그 애인에게 호감을 가지게 되면, "내 이름이 끼어들어 그의 이름을 가려버리고 말거요"(May my name step in, and hide his; 54)라며 다음과 같이 말한다.

그리고 만약 이 배신이
공공연한 행동으로 옮겨져 그대가 답장을 쓴다면,
주소를 쓸 때 이 이름이
유리창으로부터 그대 공상 속으로 흘러들어 가
나를 잊는 그대에게 올바로 기억나게 하여
무의식중 나에게 편지를 쓰도록 할 것이오.

And if this treason go
To an overt act, and that thou write again;
In superscribing, this name flow
Into thy fancy, from the pane.
So, in forgetting thou rememberest right,
And unaware to me shalt write. (55-60)

그는 혹시 그녀의 마음이 흔들려서 다른 남자의 편지에 답장을 쓰게 된다면 자신의 이름이 마법과 같이 그대의 생각 속으로 흘러들어 가 자신도 모르는 사이에 내게 편지를 쓰게 만들 것이라고 주장한다. 그러나 처음부터 지금까지 억지스러운 논리를 펴던 화자는 시의 결말에서 갑자기 태도를 바꾼다. 그는 자신이 떠나 있을 동안 유리창에 새긴 그의 이름이 경쟁자로부터 자신을 지켜 줄 것이라는 시 전체를 통해서 주장한 생각이 애초부터 터무니없었다는 사실을 시인하고 있다. 그는 지금까지 말한 것이 단지 구실에 지나지 않는다며 시 자체를 다음과 같이 철회하고 있다.

그러나 유리에 새겨진 글자 따위는 우리의 견고한
실체의 사랑을 유지하는 수단이 되지 못하오.
죽을 때가 가까워 혼수상태에 빠져
난 이 말을 잠꼬대처럼 중얼거린다오.
이 헛소리는 내가 떠나는 마당이니 하는 걸로 돌리시오,
죽어 가는 사람은 그런 소리 하기 마련이니.

But glass, and lines must be
No means our firm substantial love to keep;
Near death inflicts this lethargy,
And this I murmur in my sleep;
Inpute this idle talk, to that I go,
For dying men talk often so. (61-66)

이렇게 시는 결말 부분에서 현실로 돌아오면서 화자는 앞서 보여 줬던 활발하고 기운찬 태도가 허세였음을 자인하며 변명하고 있다. 이 시에는 여러 가지 글쓰기가 등장하는데 먼저 유리창에 이름을 쓰는 것, 그리고 애

인이 새로운 남자를 만나 연애편지에 답장을 쓰는 것 등이다. 전자는 후자에 영향을 미쳐서 그 편지가 자신에게 쓰는 편지로 바뀌도록 만든다. 유리창에 쓴 이름에 대한 이 시 역시 또 다른 글쓰기라고 할 수 있다. 이처럼 유리창에 새긴 시인의 이름이 사랑의 견고함을 유리에도 부여하고 유리도 다이아몬드처럼 단단해졌다는 터무니없는 논리로 시작한 시는 로스톤의 지적처럼 은유와 실재 사이의 경계를 흐리게 하며 위장된 비논리성에 기초하여 전개되면서 "견고함"의 의미를 뒤틀고 약화시키고 있다(Roston 73-74).

4 존 던은 오랜 기간 무시되다가 1920년대에 모더니스트들에 의해 전기가 마련된 후, 신역사주의 학자들과 페미니스트 비평가들을 비롯한 현대비평가들은 물론, 던의 문체와 에너지, 그리고 복잡한 시 세계에 매혹된 많은 일반 독자들의 지속적인 관심을 끄는 주요 작가로 자리매김하였다. 던의 텍스트는 끊임없이 기존의 질서와 가치관을 흔들고 상식을 파괴하면서 해체적 글읽기의 장을 제공함과 동시에 문학 텍스트의 재현이란 문제를 본격적으로 다루고 있다. 미첼(W. J. T. Mitchell)이 말한 대로 만약 문학이 "인생의 재현"이라면, 재현은 "인생"이 그 모든 사회적이고 주관적인 복잡성 속에서 문학작품 속으로 스며들어 가는 지점이라고 할 수 있을 것이다(15). 그리고 우리에게 현실 자체는 재현의 끊임없는 그물망으로 경험된다. 어느 경우든 재현 대상과 재현 간의 관계는 여러 세기 동안 사상가들을 괴롭혀 왔다. "재현"이라는 용어는 필연적으로 미리 주어진 어떤 대상을 암시하며, 주어진 대상은 재현이라는 행위를 통해 어떤 방식으로든 복제되기 마련이다. 지금까지 재현은 보통 유사성에 근거한 모방의 영역에 속하는 것으로 간주되어 왔다. 그러나 포스트모더니즘은 재현을 문제 삼음으로써 이를 단순히 모방에 국한시키려는 기존의 가정들, 즉 재현의 투명성과 자연스러움에 이의를 제기하고 있다. 많은 포스트모던 전략

들은 사실주의적 재현 개념에 대한 도전을 공공연히 전제하고 있는데, 여기서 사실주의적 재현 개념이란 "매체의 투명성과 기호와 지시물, 그리고 언어와 세계 사이의 직접적이고 자연스러운 관계를 가정하는 것"을 말한다(Hutcheon 34). 따라서 포스트모더니즘은 재현을 하나의 허구적인 구성 과정으로 파악하고 전통적인 모방론을 따르는 사실주의를 지탱해 온 재현의 투명성에 관한 가정들을 여지없이 해체하고 있다.

17세기 시 가운데 던의 텍스트처럼 재현의 문제를 비롯하여 해체적 읽기의 공간을 제공하는 텍스트도 많지 않다. 「성 루시일의 야상시」는 사랑하는 여성의 죽음으로 인해 시인이 부재와 죽음과 어두움을 경험하게 되고, 그와 같은 존재하지 않는 무로부터 사랑의 정수를 뽑아내어 태초의 무와 같은 새로운 종류의 무로 자신이 다시 태어났다며 그녀의 죽음으로 인한 슬픔을 노래하고 있다. 던은 이 시에서 무슬리(Andrew Mousley)의 평가처럼 참된 존재와 정수를 찾아 모색하면서 기존의 사고의 틀을 뒤엎고 안정된 실재와 일반적인 단어의 정의를 뒤흔들면서 언어적·지적·심리적 실험을 위한 공간을 창조하고 있다(4). 던은 많은 시들에서 다소 장난기 어린 어조로 죽음과 다음 세상을 다루고 있는 데 반해, 이 시에서는 매우 무겁고 진지한 태도로 말할 수 없는 것을 말하고 아무 진행 없이 움직이는 능력을 보여 주고 있다. 여기서 죽은 여인이 그의 아내인 앤 모어(Anne More)인지 베드포드 백작부인인지, 아니면 전기적인 사실과 관계없이 허구에 기초하고 있는지는 정확하게 알 수 없다. 그러나 석의 말처럼 「성 루시일의 야상시」가 죽음에 대해 당시 낯익은 방식인 기독교적 태도로 접근하기를 거부하고 매우 현대적인 태도로 개인적인 사별을 다루고 있다는 점은 높이 평가할 만하다(Sugg 188-90). 「공기와 천사」에서 던은 사랑을 느낄 때의 모호하고 신비한 느낌과 경험을 천사라는 매개를 통해 표현하면서, 영혼과 육체가 서로 조화를 이루는 이상적 사랑을 공기와 천사에 빗대어 흥미롭게 풀어 나가고 있다. 연인과 이별하면서 그녀의 부정을 의

심하여 연인의 창문에 자신의 이름을 새겨 놓는다는 내용의 「고별사: 유리창에 새긴 내 이름에 관하여」에서 이 이름은 부재하는 사람을 대신하는 환유적 대체물이다. 유리창에 새긴 이름이 마력을 발휘해서 애인을 변치 않도록 연적으로부터 지켜 주기를 시인은 희망하지만 이러한 환상에 기초한 자신의 억지스러운 논리가 애초부터 터무니없었다는 사실을 인정하는 것으로 시는 마무리 된다.

시간의 흐름에 따른 사랑의 변화를 그림자에 초점을 맞추어 이야기하고 있는 「그림자에 관한 강의」에서 그림자는 연인들 자신에게서 생겨나기 때문에 그들의 재현이면서, 동시에 실체가 아닌 부재를 나타내기도 한다. 정작 정오인 현재의 시간은 이 부재를 나타내는 그림자가 존재하지 않는 사랑의 정점에 이른 순간이지만, 엄밀히 말하면 그 순간이란 찰나적이고 포착하기 힘들 뿐 아니라 현실에서는 존재하지 않는 가상의 순간이라고 말할 수 있다. 자신들의 재현이면서 사랑의 결여나 부재, 혹은 위장을 나타내는 기호인 그림자를 읽으며 그에 대해 이야기하는 시인의 강의는 텍스트를 구성하며, 그 텍스트는 부재하는 현존을 다루고 있다. 줄어들어 없어졌다가 다시 나타나는 그림자 같은 현혹적인 텍스트를 읽는 독자의 행위 역시 근본적으로 불완전하며, 텍스트를 오독할 가능성 또한 항상 존재하기 때문에 이는 텍스트에 대한 배신이라고 할 수 있다. 『노래와 소네트』 가운데 현존과 부재, 재현과 같은 논점들을 다룬 시로서는 이 외에도 「부정적 사랑」(“Negative Love”)이나 「성골」(“The Relic”), 「장례식」(“The Funeral”), 「분해」(“The Dissolution”) 등 여러 작품들이 있다. 이와 같이 난해한 텍스트가 주는 도전과 즐거움에 대해 준비된 독자들은 물론이고 현대 문학이론과 문화이론에 정통한 지적인 호기심이 많은 학자들에게, 기지와 수사적 힘으로 넘치는 던 같은 자의식적인 작가가 매력의 대상이 되었다는 사실은 전혀 놀랄 만한 일이 아니다.

6

종교시: 내면의 갈등과 신과의 대화

던의 시집 『노래와 소네트』(*Songs and Sonnets*)에는 제목에도 불구하고 단 한 편의 소네트도 포함되어 있지 않은데, 이로 미루어서 그가 소네트 형식을 그리 선호하지 않았음을 짐작할 수 있다. 던은 대략 40여 편의 종교시를 남기고 있는데 이들 대부분은 1615년 공식적으로 사제로 임명받은 후인 만년에 쓰였다. 『거룩한 소네트』(*Holy Sonnets*)에는 부인 앤 모어(Anne More)와 사별한 후 느낀, 죽음과 관련된 고통과 슬픔이 지배적으로 드러나 있다. 그리고 이들 소네트는 그가 사제로서 공식적인 임무를 수행할 때 겪은 신앙적인 동요나 내면의 갈등과 불안 같은 사적인 내용을 담고 있다. 이들 종교시는 신앙인으로서 시인이 겪은 경험과 생각을 표현한 것으로 그의 자유로운 기질과 종교적인 의지 사이의 갈등과 투쟁을 생생하게 반영하고 있다. 따라서 신에 대한 찬양이나 신앙의 확신을 기쁘게 노래한 당시의 종교시와 달리 구체적으로 자신의 신앙적 체험과 고뇌를 형상화하고 있다는 점에서 오늘날 독자에게도 많은 공감을 불러일으키는 것 같다.

던의 소네트에서는 엘리자베스 시대 작품들이 지니고 있는 매력과 우아함을 찾아보기 힘들다. 던은 자신이 느끼는 긴장감과 정서적 혼란을 수반하는 매우 조직적이고 압축된 생각을 반영하기 위해 소네트라는 규칙적이고 제한된 형식을 사용하고 있는 것이다. 이 시집의 복잡한 어조는 여기에 포함된 19편의 시가 신앙에 대한 확신과는 거리가 먼 불신과 죄책감, 망설임, 그리고 영적인 좌절에 대한 것임을 보여 준다. 아울러 이 시들은 신과의 논쟁과 세속적인 것과 영적인 것 사이의 해결되지 않는 충돌을 담고 있다. 던은 신의 사랑과 신앙적 갈등을 과학적이고 성적인 용어를 통해 자연스럽게 다룸으로써 형이상학적 기상(metaphysical conceit)의 극치를 보여주고 있다.

시드니와 셰익스피어가 자신들이 물려받은 페트라르카의 소네트 형식에 수정을 가한 새로운 소네트 형식을 영국의 소네트 시인들에게 제시했다면, 던은 이탈리아식 소네트 형식에 보다 확실하게 영국적인 목소리를 부여했다. 던의 시들은 앞서 살펴본 바와 같이 지동설이 새로운 학설로 등장하고, 과학적으로 입증되지 않은 것은 믿을 수 없다는 회의주의가 생겨나고, 새로운 과학적 발명과 지리적 탐험이 이뤄지던 그 시대의 급격히 변화하는 감수성을 반영하고 있다. 이러한 격변의 시대를 살았던 던은 자신이 느끼는 복잡한 감정과 정서를 약강 5보격의 14행이라는 전통적인 소네트 형식에 도저히 다 담을 수가 없었던 것 같다. 따라서 그의 소네트에서는 형식과 전달하려는 메시지 사이에 존재하는 긴장을 찾아볼 수 있다.

던은 가톨릭 교도들이 박해를 받고 공직에 나아가는 길이 신교도들에게만 제한되어 있었던 시대에 가톨릭 집안에서 태어났다. 야망에 찬 젊은이였던 그는 법을 공부했고 출세를 위해 자신이 믿던 가톨릭을 버리고 성공회로 개종했다. 하지만 그를 곤경에 빠트린 것은 이러한 종교적인 문제가 아니라 그가 개인 비서로서 일했던 토마스 에거튼(Thomas Egerton) 경의 조카딸이자 피후견인이었던 앤 모어와 1602년에 눈이 맞아 달아난 사건이었다. 에거튼 경은 던을 비서직에서 파면하고 잠시 동안 투옥시키게 된다. 이 일로 해서 상당 기간 던의 경력은 엉망이 되었고 몇 년간을 가난하게 보낸다. 그러다가 그는 1615년 영국 국교회의 목사가 되고, 곧 런던의 성 바울 성당의 수석 사제가 되었다.

던은 젊은 시절 정부에서 외교직을 맡아 세속적 출세를 꾀했던 25세 이전에는 주로 연애시를 썼다. 그러다가 앤 모어와의 스캔들 이후에는 후원자를 위한 시를 쓰며 우울하게 몇 년을 보냈고, 그 후 성직자의 길을 가게 되면서 그의 시작 활동은 새롭게 왕성해졌는데 이 시기의 시들은 종교적 성향을 보였다. 이전에 여성에게 향했던 힘과 열정은 이제 신에게 모아졌다. 그의 종교시와 연애시가 가진 공통점은 어조가 자연스럽다는 점이다. 그가 구사하는 시어는 구어적이고 현대적인 분위기를 지니고 있다.

던은 10권의 『설교집』(*Sermons*)을 낸 종교시인으로서 그의 설교는 연애시만큼이나 독특하였다. 젊은 날의 방황과 어렵게 시작한 결혼, 평탄치 않았던 결혼생활과 아내의 죽음 등은 그가 성직자로서 설교를 통해 신에게로 향하게 되는 큰 동기가 되었다. 던은 죽음에 대해 깊이 묵상하고, 죽음의 궁극적인 원인과 다양한 형태 및 죽음이 가져오는 결과에 대해 설교하였다. 그가 설교에서 죽음을 자주 다루는 이유는 일생동안 자신과 가까운 사람들의 죽음을 많이 겪었기 때문이기도 할 것이다. 던은 가족 중에 남동생과 삼촌의 죽음을 경험했으며, 그의 생애 가운데 특히 힘들었던 경험은 바로 사랑하는 아내 앤 모어의 죽음이었다. 그녀는 1617년 8월 15일에 13번째 아이를 낳고 산고로 7일 후 33세의 나이로 요절했다. 아내의 죽음은 시인에게 큰 비애와 절망을 가져왔으며, 이후 세속적인 인연을 끊고 슬픔을 극복하기 위해 신에게 헌신하게 되었다고 한다(Bennette 14).

『거룩한 소네트』

1 이번에 읽을 시는 던이 인간과의 관계에서 완전한 의미 찾기를 포기하고 신과의 관계를 모색하려고 애썼던 만년에 쓴 종교시들 가운데 『거룩한 소네트』에 실린 19편의 시 중 하나인 「14번 소네트」("Holy Sonnet 14")이다.

내 심장을 때려 부수소서, 삼위일체 하나님이시여. 지금까지는

두드리고 숨을 불어넣고 비추고 고치려고만 하셨지만
이젠 일어나 설 수 있도록 절 넘어뜨리고, 힘을 기울여
부수고 불고 태워서 절 새롭게 만드소서.
저는 함락된 도시처럼 남의 소유가 되어
당신을 받아들이려고 해도, 아, 소용이 없습니다.
제 속에 거하는 당신의 총독인 이성은 날 지켜 줘야 하지만
포로로 잡혀 약해지고 믿을 수 없게 되어 버렸습니다.
아직도 전 당신을 지극히 사랑하며 또 사랑받고 싶으나
당신의 적과 약혼한 신세랍니다.
나를 이혼시켜 주시고, 그 연분을 다시금 풀거나 끊어 주소서.
절 당신에게로 데려가 가두소서. 저는
당신이 노예로 만들지 않으면 결코 자유로울 수 없고,
정숙할 수도 없답니다, 당신이 절 겁탈하지 않는다면.

Batter my heart, three-personed God; for You
As yet but knock, breathe, shine, and seek to mend;
That I may rise and stand, o'erthrow me, and bend
Your force to break, blow, burn, and make me new.
I, like an usurped town, to another due,
Labor to admit You, but O, to no end;
Reason, Your viceroy in me, me should defend,
But is captived, and proves weak or untrue.
Yet dearly I love You, and would be loved fain,
But am bethrothed unto Your enemy.
Divorce me, untie or break that knot again;
Take me to You, imprison me, for I,

Except You enthrall me, never shall be free,
Nor ever chaste, except You ravish me.

첫 행부터 화자는 절박한 심정으로 울부짖듯이 신에게 호소하고 있다. 그는 지난날의 방탕한 생활을 청산하고 새롭게 거듭나기를 간절히 바라고 있는 것이다. 그러나 신의 뜻대로 살려고 하다가도 늘 실패하고 죄 가운데 살고 있는 자신의 모습을 고발하면서, 강압적이고 폭력적인 방법을 써서라도 자신을 완전히 새롭게 바꾸어 달라고 하나님에게 절규한다. 이러한 절박한 심정을 강조하기 위해 과격한 행동을 나타내는 동사를 사용함과 동시에 약강 5보격의 운율에도 파격을 가하고 있다. "Batter"라는 첫 단어부터 강세가 첫 음절에 오는 강약격으로 시작함으로써 듣는 이를 놀라게 하며, 시의 화자가 처한 곤경에 대해 지금껏 무관심한 것처럼 보였던 신의 주의를 끌 수 있는 온갖 방법을 모색하고 있음을 강조하고 있다.

그는 성부와 성자와 성신의 삼위일체 하나님에게 말하고 있는데, 여기에 등장하는 동사들도 이들 삼위의 신성을 반영하고 있다. 지금까지 성부는 부드럽게 화자의 마음을 두드리고, 성령은 "숨을 불어넣고", 성자는 단지 사랑과 은총을 "비추고" 있을 따름이다. 그러나 죄로 마음이 굳어져 있는 화자에게 이러한 부드러운 접근은 전혀 도움이 되지 않기에, 그는 보다 강하고 격렬한 태도를 신에게 요구하고 있는 것이다. 그래서 그는 부드럽게 두드리는 대신 "부수고", 숨을 불어넣는 대신에 강하게 불어 버리고, 빛을 비추는 것이 아니라 태워 줄 것을 요청한다. 그리하여 자신이 "이젠 일어나 설 수 있도록 절 넘어뜨"려 달라는 역설적인 주장을 하고 있다. 여기에 신은 대장장이처럼 묘사되고 있다. 거친 파열음으로 시작되는 "break"와 "blow," "burn"과 같은 동사들은 앞의 "batter"와 두운을 이루면서 마치 대장장이가 망치로 쇠를 두드려 새로운 물건을 만드는 것과 같은 압축되고 집중된 에너지를 강하게 전달하고 있다(Garrett 52-53).

시인은 두 번째 4행 연구에서 다양한 이미지를 제시하고 있다. 그러면서 네 행 모두 강약격의 음보로 시작함으로써 불안정한 리듬을 유지함과 동시에 혼란스럽게 꼬여 있는 문장구조를 취하고 있다. 이는 "함락된 도시"와 같은 죄지은 화자의 혼란스럽고 불안한 마음 상태를 반영하고 있다. 화자는 신에게 충실해야 하지만 함락을 당해서 사탄의 지배를 받는 영토로 자신을 묘사하고 있다. 그는 신을 자신의 삶 속에 받아들이기 위해 몸부림치지만 지금까지 실패를 거듭해 왔다. 그가 얼마나 애써 왔고 자신의 실패를 안타까워하고 있는지는 강약격으로 시작되는 "labor"와 "but O"라는 애절하고도 절망적인 탄식을 통해 잘 드러나 있다. 그는 인간이 신에게서 부여받은 거룩한 이성마저도 신을 배반하고 사탄의 편이 되어 버린 한층 더 절망적인 상황을 이야기한다. 이처럼 인간을 도시와 같이 묘사한 이미지는 인간의 수동적이면서 무력한 상태를 암시하고 있다. 시인은 자신을 적에게 사로잡혀 구조되기를 갈망하고 있는 도시일 뿐만 아니라, 성적인 의미에서 연인을 받아들이려고 노력하는 한 여성으로도 보고 있다. 이렇게 볼 때 감탄사 "O"는 단지 아직도 성에 대한 포위가 풀리지 않았다는 실망감의 표현일 뿐만 아니라, 사모하는 남자로부터 자신의 욕망을 채우기를 거부당해 좌절한 여인의 탄식으로 볼 수 있을 것이다(Garrett 54). 여기서 반복되고 있는 "me"는 화자가 느끼는 불안감을 강조하고 있는데, 시 전체에서 이 단어는 9번이나 등장하고 있다. 이는 침묵하고 있는 신과 대화가 단절된 데서 느끼는 필사적이면서 절박한 심정을 잘 전달하고 있다(Nutt 140).

6행 연구에서는 앞에서의 성적인 내용들이 한층 구체적으로 전개된다. 시인은 본의 아니게 악마와 약혼한 처지이지만 신에 대한 사랑을 갈망하고 있는 불운한 여성으로 자신을 그리고 있다. 중세 로망스에서 유폐되어 있는 처녀를 사랑하는 왕자가 나타나서 구출하듯이, 하나님이 자신을 사탄의 지배로부터 구해 주기를 요청하고 있는 것이다. 그는 자기 스스로는 탈출할 수 없으므로 "나를 이혼시켜 주시고, 그 연분을 다시금 풀거나 끊어 주소서"(Divorce me, untie or break that knot again)라며 점점 의미가 격렬해지는 3개의 동사를 사용하여 신에게 간청하고 있다. 흥미로운 것은 시인이 여기서 순수하고 영적인 신과의 사랑을 갈구하면서 젊은 날에 경험한 남녀 간의 성적인 사랑을 노래하듯 매우 노골적인 성적 이미지로 이야기하고 있다는 점이다. 이는 시의 화자가 신과 인간 사이의 거리를 좁히려고 애쓰면서 보다 인간적인 차원에서 신이 자신을 이해해 주기를 바라고, 그만큼 열정적으로 신과의 새로운 관계를 원하고 있음을 보여 준다.

시는 두 가지 역설로 끝을 맺고 있다. 먼저 화자는 자유로워지도록 신이 자신을 감옥에 가두거나 노예로 삼아 주기를 요청한다. 마음을 사로잡거나 노예 상태로 만든다는 뜻을 지닌 "enthrall"이라는 단어를 통해, 신이 노예 주인처럼 자신을 절대적으로 소유하면서 자신의 마음을 다른 곳에 빼앗기지 않도록 사로잡아 주기를 바라는 간절한 소망을 표현하고 있다. 다음의 역설은 앞서 함락된 도시에서 포로로 잡힌 여성의 이미지를 발전시켜 신이 자신을 강간하지 않는다면 결코 자신이 순결한 처녀가 될 수 없다고 말하는 부분이다. 이러한 표현은 오늘날의 페미니스트들의 비위를 상하게 할지도 모른다. 그러나 마지막 행의 "ravish"라는 단어는 물론 성적으로 겁탈한다는 뜻을 지니지만, 이와 아울러 성령이 죄인의 영혼을 지배할 때 넘쳐흐르는 황홀한 영적 기쁨을 암시하기도 한다(Garrett 55). 이는 명백히 모순된 표현이지만, 시인은 신이 자신을 완전히 그리고 강제적으로 소유할 때만 자신이 모든 유혹에서 벗어나 깨끗하고 거룩해질 수 있음을 깊이 인식하고 있는 것이다. 습관적으로 죄를 범하는 죄인의 삶에 신이 물리적으로 개입해 주기를 바라는 절실한 요청이 이들 이미지와 시어, 그리고 구문과 운율 등을 통해 총체적으로 전달되고 있다. 화자는 신과의 관계를 생각할 때 이지적이거나 추상적으로 접근하기보다는, 구체적으로 만지고 느낄 수 있게 자신이 이해하기 쉬운 정열적이고 관능적인 방식으로 신에 대한 자신의 사랑을 표현하고 있다고 하겠다.

2 대부분의 던의 시가 그러하듯이 인생의 마지막 순간을 노래한 「6번 소네트」 역시 정확하게 언제 쓰인 것인지 알 수가 없다. 다만 시인의 죽음이 매우 임박한 때나 병을 앓던 시기에 쓰인 것으로 여겨지며, 매우 극적인 힘으로 죽음에 대한 생각을 다루고 있다.

이것은 내 연극의 마지막 장면. 여기서 하늘은
내 순례의 마지막 노정을 정하고, 헛되이
빠르게 달려온 내 경주는 이제 마지막 발걸음을 옮긴다,
내 생애의 마지막 순간, 내 시간의 마지막 지점을.
그러면 게걸스러운 죽음이 순식간에 내 몸과 영혼을
떼어 놓고 나는 잠시 잠들리라.
그러나 나의 언제나 깨어 있는 영혼은 그 얼굴을 볼 것이고
그분에 대한 두려움으로 벌써 내 모든 관절이 떨리네.
그러면 내 영혼은 처음 있었던 하늘로 날아가고
땅에서 난 육신은 땅에 머물게 되듯이,
내 모든 죄는 그것이 생겨나 갈 권리를 가진 지옥으로 떨어지고
나를 그곳으로 밀어붙일 것이다.
나를 의롭다 여기시고 악에서 정화시키소서.
그래야 제가 세상과 육신과 악마를 떠날 수 있습니다.

This is my play's last scene; here heavens appoint
My pilgrimage's last mile; and my race
Idly, yet quickly run, hath this last pace;
My span's last inch, my minute's latest point;

And gluttonous Death will instantly unjoint
My body and soul, and I shall sleep a space;
But my ever-waking part shall see that face,
Whose fear already shakes my every joint.
Then, as my soul to heaven her first seat takes flight,
And earth-born body in the earth shall dwell,
So fall my sins, that all may have their right,
To where they're bred and would press me to hell.
Impute me righteous, thus purged of evil,
For thus I leave the world, the flesh, the devil.

인생을 연극에 비유한 경우는 셰익스피어(Shakespeare)의 맥베스(Macbeth)가 내뱉는 유명한 독백에서처럼 그 예가 많이 있다. 그러나 던은 여기서 인생을 단순히 무대에 비유하는데 그치지 않고, 죽음에 임박한 순간을 여러 단계로 나열하면서 점점 죽음에 다가가는 긴박감을 강화하고 있다는 점에서 독창적이다(Nutt 158). 던은 첫 4행에서 "마지막"(last)이라는 단어를 4번이나 사용하고 있다는 사실에 주목할 필요가 있다. 그는 죽음에 너무나 가까이 직면해 있어서 다른 종교시에서 볼 수 있는 것과 같은 신과의 대화를 나눌 시간 따위는 생각할 수도 없는 듯이 보인다. "헛되이 빠르게 달려온"(Idly, yet quickly run)에서의 역설법과, 죽음을 "순식간에 내 몸과 영혼을 / 떼어" 낼 준비를 하고 있는 "게걸스러운" 인물로 의인화하고 있는 표현 또한 강력하고 인상적이다. 이어서 시인은 자신의 "언제나 깨어 있는 영혼"이 창조주를 만나고 있는 장면을 상상한다. 그는 신에 대한 두려움으로 모든 관절이 떨릴 정도의 극도의 불안한 상태에 처하게 된다. 여기서 시의 화자는 육신과 영혼이 분리될 때 그의 영혼은 천국으로 가고, 몸은 땅에 머물고, 죄는 영혼에서 떨어져 나와 지옥으로 가게 되기를 바란다. 그렇게 되면 그의 영혼은 멀리 지옥으로 가버린 죄에서 자유로워질 것이라고 생각하기 때문이다.

마지막 2행 연구는『거룩한 소네트』전반에 깔려 있는 생각을 잘 요약해 주고 있다. 그것은 바로 원래 자기가 믿던 가톨릭에서 성공회로 개종한 사실로 인해 자신이 과연 구원받을 수 있을까 하는 절박한 불안감과 걱정이다. 자신의 영적 건강에 대한 본질적 회의와 근심은 초기의 산문에서뿐만 아니라 만년의 설교문에서도 드러나는데,「6번 소네트」에는 이러한 고민과 불안감이 아름답게 그려져 있다. 이 시에서 화자는 다른 시에서 볼 수 있는 극도의 좌절감 대신 다소 체념한 듯하면서도 솔직한 어조로 신에게 이야기한다. "나를 의롭다 여기시고"라고 할 때 사용한 "Impute"는 어느 한 속성을 누군가에게 귀속시킨다는 전문적인 의미를 지닌 신학 용어이다. 그는 신이 완전한 선(善)이듯 자신에게도 선한 속성이 있음을 보고, 자신을 선하게 생각하여 영혼을 구원해 주기를 요청하고 있는 것이다. 우리는 여기서 던이 사용하고 있는 "unjoint"나 "shakes my every joint," 그리고 "would press me"와 같은 표현들이 당시에 가톨릭 교도들을 박해할 때 행해졌던 여러 형태의 고문 방법을 연상시킨다는 점에 주목할 필요가 있다. 가톨릭 신앙을 지키기 위해 박해를 받고 순교를 당하는 자들을 바라볼 때 던은 말로 표현하기 힘든 감정과 가책을 느꼈을지 모른다. 이러한 가책과 염려 때문에 그의 종교시에는 폭력적이고 잔인한 이미지와 가학적인 태도로 계속해서 자신에게 벌주기를 신에게 요구하는 모습이 자주 등장하는지도 모른다.

3 다음에 읽을「10번 소네트」는 던의 종교시 가운데서 가장 유명한 시일 것이다. 죽음에 대해 꾸짖듯이 이야기하고 있는 이 시의 목소리는「6번 소네트」에 비해 훨씬 강력하고 도전적이며 확신에 차 있다.

죽음아, 우쭐거리지 마라, 어떤 사람들은 너를

힘세고 무섭다고 하지만 사실은 그렇지 않으니까.
네가 멸망시킨 줄로 여긴 사람들은
죽지 않는다, 불쌍한 죽음아, 또한 넌 나도 죽이지 못해.
단지 네 그림에 불과한 휴식이나 잠으로부터도
많은 즐거움이 흐르니, 너로부터는 더 많은 즐거움이 흘러넘쳐야지.
우리의 훌륭한 사람들은 얼른 너와 함께 간다
뼈의 안식과 영혼의 해방을 찾아서.
너는 운명과 우연, 왕들, 그리고 자포자기한 사람들의 노예며,
독약과 전쟁과 질병과 함께 살지.
아편이나 마법도 우릴 곧잘 잠들게 할 수 있어
네가 어루만지는 것보다 더 잘. 그런데 넌 왜 뽐내니?
짧은 한순간의 잠을 자고 나면 우리는 영원히 깨어난다네,
그러면 죽음은 더 이상 없을 것이니, 죽음아, 넌 죽으리라.

Death, be not proud, though some have callèd thee
Mighty and dreadful, for thou art not so;
For those whom thou think'st thou dost overthrow
Die not, poor Death, nor yet canst thou kill me.
From rest and sleep, which but thy pictures be,
Much pleasure; then from thee much more must flow,
And soonest our best men with thee do go,
Rest of their bones, and soul's delivery.
Thou art slave to fate, chance, kings, and desperate men,
And dost with poison, war, and sickness dwell,
And poppy or charms can make us sleep as well
And better than thy stroke; why swell'st thou then?

One short sleep past, we wake eternally

And death shall be no more; Death, thou shalt die.

화자는 죽음을 신랄한 어조로 꾸짖으면서 "넌 나도 죽이지 못해"라며 자신이 불멸하는 존재라는 대단한 선언을 하고 있다. 그러므로 그는 죽음이 흔히 생각되는 것처럼 그렇게 힘세고 무서운 존재가 아니라고 주장하는 것이다. 이러한 대담한 주장은 죽음을 가능한 한 깎아내리려는 6행 연구에서도 계속되고 있다. 화자는 죽음을 "운명과 우연, 왕들, 그리고 자포자기한 사람들"의 노예로 폄하한다. 그리고 죽음을 독약이나 전쟁, 질병과 함께 사는 보잘것없는 존재로 묘사한다. 더욱이 마약이나 마법같이 천하고 하찮은 것들도 죽음만큼이나 우리를 곧잘 잠들게 할 수 있다고 말하는 부분에 이르러서는 앞서 두렵고 힘센 존재로 보였던 죽음이 한없이 처량하고 나약한 자로 전락한 느낌이다.

절제된 리듬과 자신만만한 효과를 주는 두운을 통해 마지막 2행 연구에서 던은 드디어 무시무시한 죽음을 제거하고 고뇌하는 자신의 영혼은 안식을 발견하기에 이른다. 죽음과 영생 사이에는 단지 "짧은 한순간의 잠"이 있을 따름이며, 그러기에 그는 "죽음아, 넌 죽으리라"라며 죽음의 죽음을 선언하고 있다. 비록 이 소네트에서 하고 있는 주장이나 생각이 아무리 혼란스럽고 납득이 가지 않더라도, 우리는 마지막 시행의 확신에 찬 어조와 힘에 감동을 받게 된다. 심지어 죽음을 극복해 보려는 무모하기까지 한 시도와 야망에 강한 인상을 받게 될 것이다.

그러나 한편으로는 스타치니에프스키(John Stachniewski)가 주장하듯이 겉으로 드러난 주장과 화자가 실제로 느끼는 감정 사이에 존재하는 긴장에서 시의 진정한 의미를 찾아볼 수도 있다. 사실 매우 수사적이며 웅변적인 「10번 소네트」의 어조는 확신에 차 있기보다는 과장된 허풍에 가깝게 들린다. 시의 화자는 죽음을 인간을 죽이려고 애쓰는 건방진 인물로 주제넘게 희화화시키면서 그를 노예라고 부른다. 죽음이 "운명과 우연, 왕들, 그리고 자포자기한 사람들"에게서 덕을 보는 존재가 아니라 이들의 노예라는 주장이다. 시의 논리는 "단지 네 그림에 불과한 휴식이나 잠으로부터도 / 많은 즐거움이 흐르니, 너로부터는 더 많은 즐거움이 흘러넘쳐야지"라고 하는 데서 삐끗거린다. 여기에 사용된 "must"라는 단어는 이 주장이 취약하다는 사실을 반증할 따름이다. 시의 후반에 이르러 화자가 죽음에게 "그런데 넌 왜 뽐내니?"라고 빈정거릴 때, 정작 분수도 모르고 우쭐거리는 존재는 화자 자신이라는 느낌이 강하게 든다. 만약 죽음이 실제로 죽거나 소멸되었다면 시를 끝맺을 때 구태여 "thou shalt die"라는 강한 톤으로 동사를 사용하지 않았을 것이기 때문이다(Stachniewski 272-73). 이렇게 볼 때 죽음의 존재 자체를 부인하고 무시하는 듯한 대담한 표현 이면에는 필사적인 노력에도 불구하고 죽음의 공포에서 한 발자국도 벗어나지 못하고 있는 시인의 불안감이 정반대의 어조로 표출되고 있다고 해석할 수 있는 것이다.

4 던의 『거룩한 소네트』에서 마주치게 되는 병들고 절망감에 사로잡힌 영혼의 상태는 이 시를 읽는 20세기의 독자들을 당혹하게 한다. 많은 독자들은 성 바울 성당의 성공회 수석 사제였던 던에게서 영적인 건강이나 믿음과 위안을 얻고 싶어 하지만, 그의 시에서 이런 기대를 충족시키기는 어렵다. 이 19편의 소네트를 각각 독립적인 시로 읽어야 하는지, 아니면 하나의 연속된 작품으로 읽어야 하는지에 대해서는 학자들마다 의견이 분분하다. 그러나 분명한 것은 이들 소네트가 하나로 묶여 있기는 하지만 각각 독자적이면서 완전한 목소리로 혼란스러운 정신 상태와 복잡한 감정을 생생하게 그리고 있다는 점이다.

『거룩한 소네트』에서 신은 흔히 인간으로부터 멀리 떨어져서 침묵하고 있는 존재처럼 보인다. 시의 화자는 자신이 타락하여 신으로부터 버림받은 상태에서 느끼는 절망과 소외감을 토로하고 있다. 비스톤(Lawrence

Beaston)은 던의 소네트에서 볼 수 있는 이러한 신의 부재와 침묵을 기독교의 오랜 신비주의 전통 속에서 파악하고 있다. 즉 기독교인들은 인간으로부터 멀리 떨어져 있는 듯한 신의 부재를 경험하면서 절망하는 것이 아니라, 역설적으로 신의 존재를 더 깊이 깨닫고 구원에 이르게 된다는 것이다(Beaston 96-99). 시의 화자는 자신의 죄를 깊이 인식하거나, 사탄에 사로잡힌 인간이나 임박한 죽음의 공포 앞에서 두려워 떠는 존재로 자신을 묘사한다. 이러한 절박한 순간에 부르짖는 그의 호소에 신은 마치 존재하지 않는 듯이 멀리서 침묵하고 있다. 거의 모든 소네트가 자신의 죄를 용서하는 신의 은총을 간절히 호소하는 내용을 담고 있다. 그러나 신은 계속해서 침묵하고, 화자는 신에게서 멀리 떨어져 있다는 소외감을 처절하게 느끼며 절망에 가까운 몸부림을 친다. 이는 마치 이스라엘이 이집트의 지배를 벗어나 가나안으로 가는 도중에 광야에서 보낸 40년의 역사와 맥을 같이하는 것이다. 인간의 지력과 논리적인 한계를 넘어 무한한 진리와 신에게 다가가도록 신은 부재하는 듯이 침묵을 지키고, 인간은 고통스런 깨달음을 통해서 신을 경험하게 된다는 것이다. 이렇게 볼 때 인간이 영혼의 어두운 밤 속에서 고통스러워할 때 침묵하는 신은 무관심하기 때문이 아니라 인간의 이성과 언어의 한계를 넘어선 신의 속성과 신비를 보여 주기 위함인 것으로 이해할 수 있다. 『거룩한 소네트』에서 신은 침묵함으로써 화자의 삶을 재조정하며, 인간이 경험과 이성에 의지하지 않고 더욱 신에게 의지하게 함으로써 신의 존재를 발견하게 한다(Beaston 107).

그 외 종교시

1 던은 존 밀턴(John Milton)이나 조지 허버트(George Herbert)와 함께 영국을 대표하는 종교 시인으로 평가되고 있으나, 신과 세상과 그 자

신의 관계를 깊이 생각하는 던의 종교시들은 진지함과 깊이에 있어서 다른 어떤 영국 시인들과도 다른 독특함을 지니고 있다. 많은 영국시 가운데 자신의 영적인 건강에 대해 던과 같이 깊은 관심을 보여 주는 시인이 거의 없다는 사실에 우리는 다소 놀라게 된다. 던의 모든 종교시가 1615년에 그가 성공회 신부로 서품된 후 쓰인 것은 아니다. 그의 종교시 가운데 가장 길고 걸작으로 손꼽히는 「1613년 성 금요일, 서쪽으로 말을 달리며」("Goodfriday, 1613. Riding Westward")는 『거룩한 소네트』와 달리 시를 쓴 정확한 날짜와 상황이 제시되어 있다. 던은 1613년 이른 봄에 워윅셔(Warwickshire)의 폴스워스(Polesworth)에서 친구인 헨리 구디어 경(Sir Henry Goodyer)과 함께 지내다가 그곳으로부터 서쪽으로 70마일가량 떨어진 몽고메리(Montgomery)로 또 다른 친구인 에드워드 허버트 경(Sir Edward Herbert)을 방문하러 간다. 그가 4월 7일 몽고메리에서 쓴 편지가 있는 것으로 미루어, 그 전에 그곳에 도착한 것 같다. 이러한 여러 가지 정황과 부제를 고려하여 판단해 볼 때, 던은 이 시를 몽고메리에 도착하기 전인 4월 3일 성 금요일에 써서 구디어에게 보낸 것으로 추정된다. 시의 제목에 이례적으로 연도를 넣은 것은 로스톤(Murray Roston)이 말한 바와 같이 시의 주제가 예수의 십자가 죽음 자체가 아니라, 이 기념일에 기독교인으로서 시인 자신이 한 행동에 초점을 두고 있음을 암시하고 있다(205).

시는 천체의 움직임에 관한 당시의 생각을 반영하는 점성학에 대해 언급하며, 8행까지 계속되는 길고 복잡한 문장으로 시작한다.

> 인간의 영혼이 천계가 되게 하라, 그러면 그 안에서
> 신앙심이 천계를 움직이는 천사가 되리니.
> 그리고 다른 천체들처럼 성장함으로써
> 다른 움직임에 영향을 받아 그들 자신의 운행을 상실하고,
> 또한 다른 천체들로 인하여 매일 허둥거리게 되니,

일 년이 지나도록 그들 본래의 형태를 따르지 못한다.
그처럼 쾌락이나 사업을 우리 영혼이 자신의 원동력으로
인정하여 그 때문에 방황한다.

Let man's soul be a sphere, and then, in this,
The intelligence that moves, devotion is,
And as the other spheres, by being grown
Subject to foreign motions, lose their own,
And being by others hurried every day,
Scarce in a year their natural form obey:
Pleasure or business, so, our souls admit
For their first mover, and are whirled by it. (1-8)

던은 시작부터 자신의 영혼을 천계로 만드는 기발한 생각을 도입하고 있다. 각각의 천계는 그것을 움직이고 조정하는 천사가 있듯이 인간의 영혼을 움직이고 조절하는 천사는 신앙심임에 틀림없다는 것이다. 그러나 천체가 다른 천체의 움직임에 영향을 받아 원래의 궤도대로 운행하지 못하고 이탈하듯이, 그의 영혼도 "쾌락이나 사업"과 같은 다른 세속적인 요인들로 인해 원래의 목표점인 동쪽으로나 그리스도를 향해 나아가지 못하고 방황하게 된다는 것이다. 독자는 우주에 대한 프톨레마이오스(Ptolemy)의 천문학적 체계로부터 점차 시인을 서쪽으로 가게 만드는 마음속 갈등의 요인을 읽게 된다. 이를 두고 로스톤은 물리적 법칙이 지배하는 세계가 갑자기 종교적 믿음을 이야기하는 역설에 의해 약화되면서, 서쪽으로 상징되는 단조롭고 기계적인 세계는 풍요롭고 상상력으로 가득 찬 영적인 세계인 동쪽과 대조를 이루는 것으로 파악하고 있다. 합리적인 과학적 진리를 확신에 찬 어조로 말하다가 전혀 다른 세계인 시인 자신의 정신적인 상황을 이야기하는 던 특유의 논법이 여기서도 등장하고 있는 것이다(Roston 205-6). 여기에 묘사되어 있는 화자는 불행하게도 너무 자신의 세속적인 일과 즐거움에 빠져서 마땅히 지켜야 할 종교적인 의무를 이행하지 못하는 세속적인 인물로 볼 수 있다.

그래서 이날, 내 영혼의 형태는 동쪽으로 향해 있는 때에
난 서쪽을 향해 가고 있다.
거기서 나는 태양이 떠오름으로써 지고,
해가 짐으로써 끝없는 낮이 생기는 것을 보아야 하는데.
그러나 그리스도가 십자가에 올라갔다가 내려오지 않았다면
죄가 영원히 온 세상을 밤이 되게 하였으리라.
허나 내게 너무 큰 부담이 되는 그 광경을
보지 않는 것이 난 오히려 기쁘다.
생명 그 자체인 하나님의 얼굴을 본 자는 죽어야만 하는데
하나님이 죽는 것을 보는 것은 어떤 죽음이었을까?
그건 그분의 부관인 자연을 움츠러지게 했고,
그분의 발등상이 갈라지게 하고, 태양이 눈을 깜빡이게 했다.

Hence is't, that I am carried towards the west
This day, when my soul's form bends toward the east.
There I should see a sun, by rising set,
And by that setting endless day beget;
But that Christ on this Cross, did rise and fall,
Sin had eternally benighted all.
Yet dare I' almost be glad, I do not see
That spectacle of too much weight for me.

Who sees God's face, that is self life, must die;
What a death were it then to see God die?
It made his own lieutenant Nature shrink,
It made his footstool crack, and the sun wink. (9-20)

여기서 "이날"은 물론 예수가 십자가에 못 박힌 날을 뜻한다. 시인이 살았던 17세기 영국인들에게는 부활절이 오늘날보다 훨씬 더 중요한 의미를 지닌 날이었다는 사실을 기억할 필요가 있다. 예수의 십자가 죽음을 기념하는 이날 신부 서품식을 2년 정도 앞둔 당시 41세였던 던은 그리스도가 십자가에 달린 동쪽으로부터 등을 돌리고 서쪽으로 말을 달려 가고 있었다. 즉 이날 마땅히 해야 할 신앙 행위를 거부하고 세속적인 즐거움을 찾아 친구를 만나러 가고 있다는 것이다.

11행에서 시인은 "태양"(sun)을 하나님의 아들(son) 예수에 대한 펀으로 사용함으로써 "떠오름으로써 지고"(by rising set)라는 재치 있는 모순어법을 통해 말하고자 하는 바를 분명히 하고 있다. 던은 태양이 지는 것뿐만 아니라, 십자가에 못 박혀 죽는 예수의 이미지를 보고 싶어 한 것이다(Nutt 145). 그는 예수 그리스도의 십자가 고난을 깊이 묵상하며 그 고난의 자리에 있는 것같이 고통을 느끼고 있다. 명상을 통해 십자가의 고통을 경험함으로써 자신의 죄를 깊이 깨닫고 영적으로 회복되는 것이 예수회(Jesuit)의 창설자인 로욜라(Ignatius Loyola)로부터 비롯된 전형적인 명상의 과정이라고 할 수 있는데, 시인은 바로 이 명상 행위를 실천에 옮기고 있다(Roston 207). 던은 자신의 삶과 죄와 그리스도의 고난에 자신의 생각을 집중하는 로욜라의 명상법인 영적인 훈련의 영향을 강하게 받은 것으로 보인다. 시인은 예수의 부활로 인해 인류에게 "끝없는 낮"인 구원의 가능성이 열리게 되었고, 그가 부활하지 않았다면 "죄가 영원히 온 세상을 밤"으로 만들었을 것이라는 사실을 깊이 묵상하고 있다. 던은 예수의 십자가 죽음을 바라보는 것이 자신에게 너무 큰 부담이 되어 그 장면을 외면하고 있음을 고백한다. 그러면서 동시에 특유의 기발한 생각을 동원하여 예수가 십자가에서 죽는 것을 보는 것은 하나님의 죽음을 보는 것이고, 하나님을 본 자는 반드시 죽는다고 했으므로 그 현장을 목격한 자연은 움츠러들고, 그리스도의 발등상인 땅도 갈라지고, 태양도 일식으로 컴컴하게 되었던 사실을 생각나게 한다.

다음 구절에서는 우주적 규모의 사건과 그에 비해 보잘것없는 자신의 나약함과 미미함이 대비되어 다루어지고 있다.

내가 양극을 한 뼘으로 재는 두 손을 볼 수 있을까,
구멍들로 뚫린 채 모든 천체를 한꺼번에 돌리는 손들을?
내가 우리에게도 우리 정반대편에 있는 사람들에게도 천정인
저 무한한 높이를 볼 수 있을까,
겸손히 우리 밑으로 낮아지신 그분을? 혹은 그분 영혼의 자리는
아니더라도 우리 모든 영혼이 거하는 자리인 흙의 먼지로 된 그 보혈을,
혹은 하나님에 의해 옷 입혀진 저 육신을,
그분의 옷이 누더기로 찢긴 것을?
만약 이런 것들을 내가 보지 않는다면, 감히 어찌 내가
그의 비참한 어머니에게 내 시선을 던질 수 있을까,
이곳에서 하느님의 동반자였으며 이렇게
우리 몸값을 치른 그 희생의 절반을 제공하신 그분을?

Could I behold those hands which span the poles,
And turn all spheres at once, pierced with those holes?
Could I behold that endless height which is
Zenith to us, and to'our antipodes,

Humbled below us? or that blood which is
The seat of all our souls, if not of his,
Made dirt of dust, or that flesh which was worn,
By God, for his apparel, ragged, and torn?
If on these things I durst not look, durst I
Upon his miserable mother cast mine eye,
Who was God's partner here, and furnished thus
Half of that sacrifice, which ransomed us? (21-32)

양극을 한 뼘에 재고 동시에 모든 천체를 움직일 수 있는 신의 손은 십자가에 못 박혀 구멍이 뚫려 있다. 우리나 지구 정반대에 사는 사람들에게 동시에 무한한 높이의 정점에 존재하는 신은 인간의 몸으로 비천하게 태어나 우리 밑으로 낮아졌다. 우리의 모든 영혼이 거하는 자리인 예수의 피는 갈보리 땅에 흘러 흙먼지가 된다. 하나님이 인간 세상으로 올 때 입은 옷과 같은 예수의 몸은 그를 고문하는 자들에 의해 갈기갈기 찢겨지는 고난을 당한다. 그러나 이어지는 행에서 던은 "우리 몸값을 치른 그 희생의 절반을 제공하신 그분"이라며 당시 신교도와 가톨릭 교도 사이에 격렬한 논쟁거리를 제공한 성모 마리아에 대해 언급하고 있다. 이는 예수를 잉태함으로써 우리의 죄를 위해 아들을 희생하는 데 하나님과 반씩 몫을 담당했다는 뜻이기도 하고, 십자가 고통을 바라보는 슬픔을 겪음으로써 하나님 아버지와 함께 어머니로서 그리스도의 희생에 동참했다는 뜻이기도 하다. 자기 아들이 십자가에 달려 죽는 고통을 가만히 바라봐야만 하는 비탄에 잠긴 마리아의 인간적인 고뇌를 제시함으로써 시의 비극성에 깊이를 더하고 있다.

"비록 이런 일들이 내가 말을 타고 가는 내 시야에서 벗어나 있지만"이라고 시작되는 시의 결말은 조용한 두운의 리듬을 통해 우리로 하여금 기억 속에서 예수의 고난을 생생하게 되살리도록 이끈다.

비록 이런 일들이 말을 타고 가는 내 시야에서 벗어나 있지만
아직 내 기억 속에 자리 잡고 있네,
기억이 그들을 향해 바라보고 있기에. 또한 당신이 저를 바라보십니다,
오 주여, 당신이 십자가에 달리실 때.
나는 당신으로부터 등을 돌리지만, 징계를
받아들입니다, 당신의 은총이 당신에게 멈추라고 명할 때까지.
오, 분노할 만한 가치가 있다고 생각하시고 저를 벌하소서,
저의 녹과 결함을 불태워 버리소서,
당신이 저를 알아보실 수 있을 만큼 당신의 형상을 회복시켜 주소서
당신의 은총으로, 그러면 저도 제 얼굴을 돌리겠습니다.

Though these things, as I ride, be from mine eye,
They are present yet unto my memory,
For that looks towards them; and thou look'st towards me,
O Saviour, as thou hang'st upon the tree;
I turn my back to thee, but to receive
Corrections, till thy mercies bid thee leave.
O think me worth thine anger, punish me,
Burn off my rusts, and my deformity,
Restore thine image, so much, by thy grace,
That thou mayst know me, and I'll turn my face. (33-42)

그가 등을 돌리고 있는 동안에 십자가 위에서 자신을 내려다보고 있는 예수를 기억하며 죄책감이 든 화자는 자신을 돌이키기 위해 신이 내리는

어떤 벌도 달게 받겠다고 다짐한다. 이제 그는 신의 은총으로 구원을 받으려는 강한 열망을 토로하면서, 죄와 허물로 인해 녹이 슬고 형태가 일그러져 버린 자신의 모습을 회복시켜 주기를 간절히 기도하고 있다. 이처럼 던은 예수가 십자가에 못 박히는 장면을 자신이 직접 목격하는 것처럼 묘사함으로써 우리로 하여금 죽음을 당하는 그리스도를 바라보는 공포를 느끼게 한다(Winny 119). 그러면서 특유의 뛰어난 구조와 기발한 착상을 사용하여 서쪽으로 말을 달릴 때 냉담했던 자신이 처한 시 전반부의 극적 딜레마를 해결하고 신의 은총으로 올바른 운명을 향해 동쪽으로 나아갈 것이라는 사실을 보여 주고 있다.

월튼(Izaak Walton)은 던이 성 바울 성당의 수석사제가 된 지 2년이 지나 51세가 되던 해인 1623년에 심한 병으로 시달리던 와중에 「하나님 아버지께 드리는 찬송」("A Hymn to God the Father")이, 그리고 1631년 임종을 앞두고 「병상에서 하나님, 나의 하나님께 드리는 찬송」("Hymn to God my God, in my Sickness")이 쓰였다고 전기에서 밝히고 있다(Walton 61-66). 그러나 오늘날 많은 비평가들은 후자의 창작 연대도 1623년으로, 두 편 모두 『위급한 때의 기도문』(*Devotions upon Emergent Occasions*)과 같은 시기에 쓰였다고 보는데(Smith 664), 그렇다면 시를 통해서는 그의 심경이 어떻게 표현되고 있는지 살펴보는 것은 매우 흥미로울 것이다. 던은 「하나님 아버지께 드리는 찬송」에 힐튼(John Hilton, 1599-1657)이라는 작곡자로 하여금 곡을 붙이도록 하였으며, 이 찬양은 성 바울 성당의 성가대와 오르간 연주자들에 의해 자주 연주되었다고 한다. 신에게 바치는 기도의 형식으로 되어 있는 이 시는 우아하면서도 호소력을 지닌, 신과의 대화를 담고 있다.

> 당신은 그 죄를 용서하시겠습니까, 거기서부터 제가 짓기 시작한 죄를?
> 그것은 제 죄입니다, 비록 전에 저질러졌어도.

당신은 그 죄를 용서하시겠습니까, 그 가운데 제가 헤매었고
  지금도 여전히 헤매고 있는? 비록 제가 아직도 뉘우치고 있지만.
    당신이 용서하셨을 때, 당신은 용서하지 않으신 것입니다.
        더 많은 죄를 제가 갖고 있기에.

당신은 그 죄를 용서하시겠습니까, 제가 다른 사람들을 꾀어
  범하게 한 죄를? 그리고 제 죄를 그들의 문으로 만든?
당신은 그 죄를 용서하시겠습니까, 제가 한두 해
  피했으나 이십 년 동안이나 뒹굴었던?
    당신이 용서하셨을 때, 당신은 용서하지 않으신 것입니다.
        더 많은 죄를 제가 갖고 있기에.

Wilt thou forgive that sin where I begun,
  Which was my sin, though it were done before?
Wilt thou forgive that sin, through which I run,
  And do run still: though still I do deplore?
    When thou hast done, thou hast not done,
        For, I have more.

Wilt thou forgive that sin which I have won
  Others to sin? and, made my sin their door?
Wilt thou forgive that sin which I did shun
  A year, or two: but wallowed in, a score?
    When thou hast done, thou hast not done,
        For I have more. (1-12)

첫 두 연의 마지막 두 행이 후렴구처럼 반복되는 구조를 취하고 있어, 던의 시로서는 드물게 서정적 리듬이 느껴지는 이 시는 시인 자신의 이름을 가지고 거듭 말장난을 하는 것 외에는 꾸밈없는 소박한 언어로 신에게 이야기하고 있다.「하나님 아버지께 드리는 찬송」은 긴박한 호소와 개인적인 열망을 담은 기도로서, 조용하게 겸손하면서도 자기반성이 넘치는 체념의 목소리로 용서를 간절히 바라고 있다. 던의 시 치고는 너무 단순해서 충격적이기까지 하지만, 자세히 읽으면 그리 단순하지만은 않다는 사실을 발견하게 된다.

그는 먼저 자신의 원죄(original sin), 혹은 과거에 지은 죄를 용서해 달라고 간청하면서 시작한다. 이 죄는 비록 자신의 죄라고 말하고 있지만 오래전에 저질러진 죄라서 자신과 멀리 떨어져 있다. 이 두 번째 행에서 던은 흥미롭게도 자신의 이름을 가지고 펀을 하고 있다. 그 죄는 던(Donne)의 죄이지만 오래 전에 행해진(done) 죄라는 말이다. 쓴웃음이 절로 나오는 멋진 펀이 아닐 수 없는데, 이 펀은 시 전체에 걸쳐 되풀이되고 있다. 3행에서 그는 두 번째 유형의 죄에 대한 용서를 구하고 있다. 이 죄는 그가 짓지 않으려고 하면서도 현재 계속해서 습관적으로 짓고 있는 죄를 의미하는데, 이때 사용된 'run'이라는 동사는 그가 죄를 지음으로써 얼마나 자신의 종말을 서둘러 재촉하고 있는가 하는 것을 잘 나타내고 있다. 지금도 여전히 죄 가운데 헤매고 있음을 표현한 "run still"이라는 모순어법은 자신의 영적인 여정을 앞으로 나아가지 못하게 막는 습관적으로 짓는 죄의 무목적성과 그로 인한 실패를 아주 효과적으로 강조하고 있다(Nutt 149).

던 자신의 이름에 대한 본격적인 펀은 마지막 두 행에서 등장하는데 얼핏 보기와는 다르게 상당히 복잡하다. "당신이 용서하셨을 때, 당신은 용서하지 않으신 것입니다"(When thou hast done, thou hast not done)라는 역설적인 구절에서 'done'은 'Donne'으로도 읽히고 'have'라는 동사도 완료의 의미와 소유의 의미를 동시에 지니면서 복합적인 의미를 만들어 내고 있다. 즉 하나님은 용서를 다 했다고 생각하더라도 던은 아직도 여전히 죄 가운데 있으며 고백할 죄가 더 있다는 것이 문제다. 그렇기 때문에 "thou hast not done"은 "당신은 아직 용서를 다 못하셨습니다"(you have not finished yet)라는 의미와 "당신은 아직 던을 가지지 못하셨습니다(you have not yet gained Donne)라는 뜻으로 해석될 수 있다(Smith 667). 이러한 생각은 하나님의 지식을 넘어선 죄가 있음을 인정하는 것이기 때문에 신의 전지(omniscience)를 부정하고 있다는 점에서 놀랍다. 그와 동시에 신 앞에 자신의 약함을 고백하면서 몸부림치며 엎드린 시인의 모습을 보는 듯하여 안타까움을 느끼게도 한다.

그러나 우리는 "더 많은 죄를 제가 갖고 있기에"(For, I have more)라는 마지막 행을 읽을 때 펀이 여기서 끝나지 않는 것이 아닐까 하는 의문을 가지게 된다. 시의 세 개의 연 모두가 동일하게 'more'라는 단어로 끝맺고 있다는 점에서 우리는 던이 아내인 앤 모어(Anne More)의 이름을 가지고 말장난을 한 다른 시의 예를 자연스럽게 떠올리게 되기 때문이다. 4개의 단어로만 되어 있는 놀랄 만큼 짧은 시행에서 오직 이 단어만이 주목을 끌 만한 단어이기 때문에, 그리고 바로 앞에서 자신의 이름을 가지고 펀을 하고 있기 때문에, 그렇게 생각하게 되는 것도 무리가 아닐 것이다. 그러나 한편으로는 앤이 가난과 어려움 가운데 살다가 13번째 아이를 사산한 후 죽은 지 불과 6년밖에 되지 않은 때라서 아직 던이 엄청난 죄책감에 시달리고 있을 시점이라는 사실을 고려하면, 그렇게 생각하는 것이 지나친 억측일 가능성도 있다. 이것은 쉽게 단정을 내릴 수 없는 하나의 수수께끼라고 하겠다. 2연에서 던은 다른 사람을 죄짓게 한 죄에 대해 고백하고 있다. 여기서 '문'(door)은 더 많은 죄를 짓도록 나아가게 한 문일 수도 있고, 지옥 그 자체를 향한 문일 수도 있다. 만년에 지은 이 시에서 그는 "한두 해 피했으나 / 이십 년 동안이나 뒹굴었던" 죄를 고해하듯이 용서를 간절히 바라고 있다. 이처럼 첫 두 연에서 화자는 샌더즈의 말처럼 회개하며 신에게 나아가려고 애쓰고 있지만, 그와 동시에 아직 용서받지 못한 더 많은 죄가 있다고 반복해서 말함으로써 신으로부터 피하고 저항하려는 욕망도 동시에 드러내고 있다(Sanders 142).

마지막 연은 자신의 죄를 언급하면서 두려움에 떠는 어조로 통렬하게 시작하고 있다. 그가 말하는 죄는 우리가 쉽게 이해하기 힘들지도 모르지만 의심의 죄라고 할 수 있다. 즉 던은 신에 대한 믿음과 신뢰가 부족하여 이 땅에서 멸망하지나 않을까 하는 두려움에 떨고 있다. 이러한 불신의 죄는 당시 신교도들에게는 큰 죄로 인식되던 것이었다.

저는 두려워하는 죄마저 짓습니다, 제 마지막 실을
  자아낸 후엔 이 땅에서 멸망하리라는.
당신 자신을 두고 맹세 하소서, 제가 죽으면 당신 아들이
  지금 비추듯이 비출 것이고, 앞으로도 계속 비추리라는 것을.
    그리고 그렇게 맹세함으로써, 당신은 용서하신 것입니다,
      전 더 이상 두렵지 않아요.

I have a sin of fear, that when I have spun
  My last thread, I shall perish on the shore;
But swear by thy self, that at my death thy son
  Shall shine as he shines now, and heretofore;
    And, having done that, thou hast done,
      I fear no more. (13-18)

이어서 그는 깜짝 놀랄 만큼 대담하게, 자신이 죽으면 "당신 아들"인 예수가 "지금 비추듯이 비출 것이고, 앞으로도 계속 비추리라는 것을" "당신 자신을 두고 맹세 하소서"라고 하나님에게 다소 당돌하면서도 절박한

어조로 요구하고 있다. 그러나 "지금 비추듯이"라고 말하고 있는 것을 보아 그는 빛으로 상징되는 예수의 구원의 은혜를 누리면서 이 시를 쓰고 있음을 알 수 있다. "당신 아들"(thy son)이라고 할 때도 해(sun)를 두고 펀을 하고 있음은 물론이다. 하나님의 아들과 던의 태양은 동일한 존재로, 그의 은총의 빛이 죄를 짓고 있는 시인을 지옥의 어두움으로부터 이끌어 내고 있다는 의미이다. 던은 신에 대한 믿음을 확신하며 "그렇게 맹세함으로써, 당신은 용서하신 것입니다, / 전 더 이상 두렵지 않아요"라며 기쁨에 찬 어조로 시를 마무리 짓고 있다. 이제 그는 더 이상 숨겨진 죄가 없기에 두려워하지 않게 되고, 따라서 하나님은 그의 모든 죄를 용서하고 던도 소유하게 된다(thou hast donne)는 말이다. 겉보기에는 매우 단순한 것 같은 이 시는 자신의 이름을 두고 진지하면서도 재치 있는 펀을 구사함으로써 우리 인간이 공통적으로 가지고 있는 연약함과 의심을 세련된 솜씨로 말하고 있다고 하겠다.

그러나 같은 시기에 쓰인 것으로 여겨지는 「병상에서 하나님, 나의 하나님께 드리는 찬송」은 긍정적인 시각을 차분하게 표현한 대부분의 다른 종교시들과 달리 "난 기뻐요"라며 병으로 생사의 기로에 선 고통을 겪는 와중에도 확신에 찬 어조로 기쁨을 노래하고 있다.

> 내 의사들은 그들의 사랑으로 천체학자들이 되고
> 　난 그들의 지도가 되어 이 침대 위에
> 반듯이 누워 그들에게 보일 것입니다
> 　이것이 저의 남서쪽 발견항로임을,
> 　열병의 해협을 통과하여 죽음의 해협을 지나는.
>
> 난 기뻐요, 이들 해협에서 내 서쪽을 보게 되니.
> 　해협의 조류가 아무 곳으로도 되돌아가지 않지만

내 서쪽이 날 해치지 않을 테니까요. 서쪽과 동쪽이
　모든 평면 지도에서 하나이듯이 (저도 하나이고)
　그렇게 죽음도 부활과 맞닿아 있습니다.

Whilst my physicians by their love are grown
　Cosmographers, and I their map, who lie
Flat on this bed, that by them may be shown
　That this is my south-west discovery,
　Per fretum febris, by these straits to die,

I joy, that in these straits, I see my west;
　For, though those currents yield return to none,
What shall my west hurt me? As west and east
　In all flat maps (and I am one) are one,
　So death doth touch the resurrection. (6-15)

시인은 의사가 병이 든 자신의 몸을 자세히 진찰해서 병의 원인을 찾아내는 것을 마치 천체 지리학자들이 지도 역할을 하는 그의 몸을 살펴서 천체나 지구의 모형을 만들고 지도를 제작하는 것처럼 묘사하고 있다. 여기서 남쪽은 열대지역이나 열병을 의미하고 서쪽은 쇠퇴와 사멸을 상징하는데, 시인은 열병으로 죽음으로써 신세계로 가는 항로를 발견한 것처럼 말한다(Smith 665). 열병에 걸려 죽음에 이르는 고통스럽고 힘든 길을 좁은 수로인 "해협"(straits)이라고 말하고 있는데, 이는 성경에서 말하는 구원에 이르는 "좁은 문"(마 7:13)을 연상시킨다. 이러한 비유에는 인간의 육체는 우주의 축소판이라고 할 수 있는 소우주라는 당시의 생각과 지리학에 대한 지식이 반영되어 있다.

다음 연에서 시인은 죽을지도 모르는 극한 고통과 어려움을 뜻하는 "해협에서" 자신의 종말이 다가옴을 보고 기뻐한다고 말하고 있다. 따라서 이 기쁨은 열병으로 인해 무서운 고열을 앓으면서 죽음 너머의 세계를 발견하는 데서 느끼는 쓰라린 기쁨이라고 할 수 있을 것이다. 해협을 흐르는 힘찬 조류는 무서운 해협의 격랑을 지나 결국 그를 인간이 알지 못하는 새로운 세계인 평화롭고 고요한 서쪽나라, 즉 죽음의 세계로 이끈다. 시인은 이 바다를 지나 사멸됨과 동시에 새로운 세계를 발견하고 그곳에 들어가게 되는 것이다(Sanders 146-47). 그는 서쪽과 동쪽이 지도에서 서로 연결되어 있듯이 죽음과 부활도 하나로 맞닿아 있다고 말한다. 여기서 서쪽은 그가 갈 최종 목적지이면서 죽음을, 그리고 동쪽은 그리스도를 의미한다. 따라서 죽음은 단지 부활의 전주곡일 뿐이며 우리의 끝은 시작이라는 것이다. 이처럼 종교적 역설을 과학적 토대 위에서 이야기하는 것이 던 특유의 수사법 가운데 하나라고 할 수 있다. 시에서 지도는 캐리의 주장처럼 죽음과 삶의 조화를 연상시키며, 정반대의 것들이 만나 하나가 되도록 하는 장치라고 할 수 있다. 캐리는 서쪽과 동쪽이 평면 지도 상에서 비록 멀리 떨어져 있다 하더라도 결국은 만나게 된다는 생각이 던의 설교와 편지와 시에 반복적으로 등장하고 있음을 아울러 지적하고 있다(Carey 250). 그 대표적인 예로 「수태고지일과 수난일이 1608년 같은 날이 된 데 대해」("Upon the Annunciation and Passion falling upon one day. 1608")라는 시를 들 수 있을 것이다. 1608년은 예수가 성령으로 잉태될 것을 천사 가브리엘이 마리아에게 알린 날인 3월 25일이 예수가 십자가에 못 박힌 성금요일과 공교롭게도 겹쳐진 해였다. 던은 같은 날에 그리스도가 왔다가 간, 처음과 끝이 겹쳐진 흥미로운 사실에 주목하면서 예수의 탄생과 죽음에 대해 명상한다. 그는 "평면지도에서 가장 먼 서쪽이 동쪽이듯이"(As in plain maps, the furthest west is east; 21), "교회는 이 두 날을 결합시킴으로써 / 인간에게는 죽음과 수태가 하나임을 보여 주었다"(This Church, by letting these days join, hath shown / Death and conception in mankind is one; 33-34)라고 노래하고 있다.

시인은 "여기 문에서 악기를 조율하여"(tune the instrument here at the door; 4) "당신 음악을 만들겠습니다"(I shall be made thy music; 3)라고 시의 서두에서 말했듯이, 죽음이 임박했음을 느끼는 병석에서 죽음으로 부활에 이르게 됨을 확신하며 하나님께 바치는 음악으로 자신의 시를 쓰고 있다. 마치 음악가가 악기를 정확하게 조율하여 긴장된 선율을 균형 있게 연주하듯이, 지금 시인은 복잡한 심경과 감정을 가다듬으며 절묘한 수사와 논리를 구사하여 음악과 같은 시를 신에게 바치고 있는 것이다. 이처럼 던은 자신을 하나님의 음악을 연주하는 악기이며, 전 세계를 보여 주는 지도이며, 첫째 아담과 둘째 아담 사이의 인류 역사의 전 과정으로 여기면서, 자신의 질병을 보다 새롭고 위대한 비전을 발견하는 좋은 기회로 인식하고 있다. 그는 다시 살아나는 부활의 은혜를 받기 위해 지금 죽는다는 믿음을 "그러므로 일으키기 위해 주님은 내던지십니다"(Therefore that he may raise the Lord throws down; 30)라고 밝히며 시를 마무리 짓고 있다. 이 마지막 구절은 자신을 전 세계이며 인류의 역사라고 볼 때 던 "자신의 영혼에게 하는 설교"(my sermon to mine own; 29)이면서 동시에, 도처티의 말처럼 흑사병으로 고통받고 있던 당시 영국의 위태로운 상황에 대한 설교라고 할 수 있을 것이다(Docherty 212-13).

2 던의 종교시에서 마주치게 되는 병들고 절망감에 사로잡힌 영혼의 상태는 이들 시를 읽는 20세기의 독자들을 당혹하게 한다. 많은 독자들은 성 바울 성당의 성공회 수석 사제였던 던에게서 영적인 건강이나 믿음과 위안을 얻고 싶어 하지만, 그의 시에서 이런 기대를 충족시키기는 어렵다. 특히 『거룩한 소네트』에서 신은 흔히 인간으로부터 멀리 떨어져서 침묵하고 있는 존재처럼 보인다. 시의 화자는 자신이 타락하여 신으로부터 버림

받은 상태에서 느끼는 절망과 소외감을 토로하고 있다. 비스톤은 던의 종교시에서 볼 수 있는 이러한 신의 부재와 침묵을 기독교의 오랜 신비주의 전통 속에서 파악하고 있다. 즉 기독교인들은 인간으로부터 멀리 떨어져 있는 듯한 신의 부재를 경험하면서 절망하는 것이 아니라, 역설적으로 신의 존재를 더 깊이 깨닫고 구원에 이르게 된다는 것이다(Beaston 96-99). 그의 종교시 가운데 대표작이라고 할 수 있는『거룩한 소네트』에는 부인 앤 모어와 사별한 후 느낀 죽음과 관련된 고통과 슬픔이 지배적으로 드러나 있으며, 던이 사제로서 공식적인 임무를 수행할 때 겪은 신앙적인 동요나 내면의 갈등과 불안 같은 사적인 내용이 담겨 있다.『거룩한 소네트』를 비롯한 던의 종교시는 신앙인으로서 시인이 겪은 경험과 생각을 표현한 것으로, 그의 자유로운 기질과 종교적인 의지 사이의 갈등과 투쟁을 생생하게 반영하고 있다. 따라서 신에 대한 찬양이나 신앙의 확신을 기쁘게 노래한 당시의 종교시와 달리 구체적으로 자신의 신앙적 체험과 고뇌를 형상화하고 있다는 점에서 오늘날 독자에게도 많은 공감을 불러일으키는 것 같다.

외부 세계의 부패가 아니라 인간 마음속의 타락을 해부하고 있는 던의 종교시는 그의 연애시가 그런 것처럼 내성적(introspective)이고 사적이며 탐색적이고, 무엇인가 발견하고 고치려는 과정을 다루고 있다. 그러나 그 초점은 귀보리의 말처럼 영혼과 육체 사이의 이중적인 관계뿐만 아니라 죄와 죽음, 심판, 부활에 맞춰져 있다(Guibbory 139-42). 던의 종교시는 인간의 성적 사랑과 신성한 종교적 사랑 사이의 유사성을 거듭 언급하면서, 이 남녀 간의 성적인 사랑이 신과의 관계를 이해하기 위해 우리가 경험해 볼 수 있는 유일한 방편임을 주장하고 있는 듯하다.

던은 만년에 들면서 인간과의 관계에서 완전한 의미 찾기를 포기하고 신과의 관계를 모색하려고 애썼던 것으로 보인다. 그는 종교시와 산문을 통해 신과 인간의 관계를 탐구하면서 때로는 이 관계를 인간의 사랑이라는 관점에서 묘사하고, 남성의 여성에 대한 사랑과 신의 인간에 대한 사랑 사이의 진정한 관계를 찾으려고 모색한다. 이들 종교시에서 화자는 순수하고 영적인 신과의 사랑을 갈구하면서 젊은 날에 경험한 남녀 간의 사랑을 노래하듯 성적 이미지로 이야기하는 경우가 있다. 이는 던이 신과 인간 사이의 거리를 좁히려고 애쓰면서 보다 인간적인 차원에서 신이 자신을 이해해 주기를 바라고, 그만큼 열정적으로 신과의 새로운 관계를 원하고 있음을 보여 준다. 그는 신과의 관계를 생각할 때 이지적이거나 추상적으로 접근하기보다는, 구체적으로 만지고 느낄 수 있으며 자신이 이해하기 쉬운 정열적이고 관능적인 방식으로 신에 대한 사랑을 표현하고 있다고 할 수 있다(최재헌 204-5). 던은 신의 사랑과 신앙적 갈등을 과학적이고 성적인 용어를 통해 자연스럽게 다룸으로써 형이상학적 기상의 극치를 보여 준다. 이러한 경향은 지동설이 새로운 학설로 등장하고, 과학적으로 입증되지 않은 것은 믿을 수 없다는 회의주의가 생겨나고, 새로운 과학적 발명과 지리적 탐험이 이뤄지던 그 시대의 급격히 변화하는 감수성을 반영하는 것이다.

7

던의 종교적 산문

던은 『자살론』과 『가짜 순교자』, 『이그나티우스의 비밀회의』 등의 글을 발표할 즈음에 가톨릭으로부터 영국 국교로 개종하게 된다. 1607년 던이 비록 영국 국교회의 성직을 단호하게 거부한 바 있지만 제임스 1세는 그가 언젠가는 국교회의 훌륭한 설교가가 될 것이라고 확신하고 있었다. 왕이 성직자 외의 어떠한 지위에도 던을 등용 내지 고용해서는 안 된다고 선언한 연유가 여기에 있다. 던은 한때 가족과 함께 런던의 드루리가(街)에 있는 든든한 후원자인 로버트 드루리 경(Sir Robert Drury)의 집에서 살았고, 1611년에는 드루리와 동행하여 대륙여행도 하였다. 던은 대륙여행을 다녀온 이후 1615년에 성공회 신부로 임명됨으로써 성직에 발을 들여놓게 되며, 링컨 법학원의 신학강사에 임명되었다. 1617년 앤이 열두 번째 아기를 사산하면서 33세로 세상을 뜨는 슬픔을 겪은 후 던은 더욱 종교적으로 헌신하게 된 것으로 보이며, 1621년에는 세인트 폴 성당의 수석사제가 된다. 던은 형이상학적 스타일과 기지, 뛰어난 이미지 묘사와 두드러진 박식함으로 이내 위대한 설교가로 부상하게 된다. 왕 앞에서는 물론 다양한 회중을 상대로 그가 행한 설교 가운데 160편 정도가 지금 남아 있다.

이 시기에 던은 설교문과 더불어 많은 종교시와 "어느 누구도 완전한 섬이 아니다"(No man is an island entire of itself)나 "누구를 위해 종을 울리는지 알아보려고 하지 마라"(Ask not for whom the bell tolls)와 같은 잘 알려진 구절들로 유명한 『위급한 때의 기도문』(*Devotions upon Emergent*

Occasions, 1623)을 남기고 있다. 던은 1625년 찰스 1세가 왕위에 오르자 새 국왕 앞에서 첫 공개 설교를 했으며, 만년에 오랫동안 병상에 있었던 그는 1631년 2월 왕 앞에서 그의 마지막 설교인 유명한「죽음의 결투」("Death's Duell")를 설교하고 얼마 안 되어 세상을 떠났다. 오랜 기간 초조한 갈등의 세월을 보냈던 그가 회중들에게 쏟아 놓은 시적인 이미저리와 박진감 넘치는 묘사로 가득 찬 설교는 던이 주역을 맡아 원죄와 범죄, 회개와 참회, 신앙, 죽음, 그리고 성화 등의 기독교 교리를 클로즈업시킨 한 편의 드라마였다. 던은 교리를 해설하거나 실천적인 도덕률을 세우는 데는 별 관심을 두지 않았으며, 하나님 앞에서 인간의 문제를 내어 놓고 설명하는 등 열정적이면서 인간적인 설교를 하였다.

던은 1624년에 개인적인 기도집을 출판한 후 죽기 몇 년 전까지 계속해서 종교시를 썼다. 그러나 그의 설교문과 후기의 종교시에서 우리는 세속적이고 불경스럽기까지 한 기상(conceit)이 새롭고 숭고한 목적에 이바지하는 방식으로 여전히 사용되고 있음을 발견하게 된다. 던은 인기 있는 수많은 설교를 통해 당대의 대중을 교화시켰다. 그러나 그는 단순히 신도들에게 정통적인 신학에 입각한 권면만 한 것이 아니라 죽음이나 심판의 문제를 포함하여 자신이 항상 고민하고 갈등을 겪고 있던 이슈에 관해 소리 높여 설교하였다. 그의 설교문 어디를 읽더라도 던이 이러한 문제를 두고 지적으로나 정서적으로 치열하게 고뇌했던 흔적을 찾아볼 수 있다. 우리가 던의 시에서 발견하는 매우 극적인 성격은 자연스레 강력한 감정을 수반하는데, 이는 설교라는 연설 행위를 통해 최고도로 표현되고 있음을 알 수 있다. 설교를 통해서 던은 몸짓이나 얼굴 표정, 그리고 성량이나 음색 등을 십분 활용하여 자신이 품고 있던 개인적인 감정과 생각을 마음껏 표현할 수 있었던 것이다(Winny 164-65).

10권의 설교집을 낸 종교시인 던의 설교는 그의 연애시만큼이나 독특하였다. 젊은 날의 방황과 어렵게 시작한 결혼, 평탄치 않았던 결혼생활과 아내의 죽음 등은 그가 성직자로서의 삶을 사는 동안 설교를 통해 신께로 향하게 되는 큰 동기가 된 것으로 보인다. 그는 가족 가운데 남동생과 삼촌의 죽음을 보았고, 아들과 딸과 아내까지 죽는 아픔을 경험했다. 이러한 죽음을 경험하면서 던은 자신이 먼저 죽음에 대해 깊이 묵상하며 죽음의 궁극적인 원인과 죽음의 다양한 형태 및 그 죽음이 가져다주는 최종의 결론을 깨닫고는 성도들에게 죽음에 대한 자신의 생각을 설교하였다. 이렇게 그가 설교에서 죽음을 자주 다뤘던 이유는 던이 일생동안 자신과 가까이 있는 사람들의 죽음을 직접 눈으로 보고 겪으면서, 또한 마침내 성직자의 길에 들어서서 하나님 앞에서 자신의 죽음을 바라보면서 깨달은 것이 많았기 때문일 것이다.

설교문(Sermons)

던의 설교는 생전에는 여섯 편만이 출판되었으나, 1962년 조지 포터(George Potter)와 이블린 심슨(Evelyn Simpson)이 총 10권으로 펴낸 에디션에 160편의 설교가 실려 오늘날 우리가 볼 수 있게 되었다. 1615년 43세의 나이에 성직자의 길로 들어선 던은 각계각층의 회중들 앞에서 많은 설교를 하였으며 1631년 찰스 1세 앞에서 「죽음의 결투」라는 마지막 설교를 한 것으로 알려져 있다. 이 마지막 설교를 했을 때 당시 사람들은 던이 마치 자신의 장례식 설교를 한 것으로 생각했으며, 평생 설교의 권위와 능력에 매혹되었던 그가 강단에서 죽음을 맞이하기를 바랐던 소망이 성취되었다고 믿었다. 샤미(Jeanne Shami)는 이러한 던의 설교를 일컬어 "그의 지적인 삶의 극치이고, 도덕적이고 정치적 사상의 저장소이며, 가장 정교한 문학적 창조물"(318)이라고 평가하고 있다.

또한 던의 설교는 그의 생전에 그가 설교가로서의 주요한 명성을 확립한 중요한 문화적 사건이다. 그의 전문가적 재능은 그가 성직을 수락한 지 일 년 이내에 벌써 14개의 성직을 받을 만큼 탁월했다. 던의 교구민이었으며 던의 첫 번째 전기 작가이기도 한 위대한 전기 작가 아이작 월튼(Izaak Walton)은 던이 "가끔 그의 회중을 위해 울고 그들과 함께 울기도 한 신실한 설교가"(49)였다고 회상하고 있다. 그의 설교집은 그 시대에 가장 격렬히 논쟁했던 문제와 종교적이고 정치적인 상황에 대해 자세하게 알려 주기 때문에 던이 살았던 시대와 문화를 이해하는 렌즈 역할을 한다.

던의 설교는 교리를 가르치면서 맹목적인 순종을 요구하기보다는 어떻게 도덕적인 결정을 해야 하는가 하는 과정을 가르치는 데 강조점을 두면서, 매우 사적인 영역인 개인의 양심을 매우 공적인 설교라는 매개와 연결짓고 있다(Shami 319). 그의 설교는 탁월한 수사와 성경 해석 전략이 조화를 이룬 표본이라고 할 수 있다. 던은 설교를 성경에서 시작된 하나님이 인간과 나누는 대화의 연속으로 보았으며, 따라서 설교자의 역할은 성경 본문을 풀어서 설명하고 펼쳐서 적용하는 것이라고 생각했다. 그는 어거스틴(St. Augustine)을 비롯한 교회 교부들과, 아퀴나스(Thomas Aquinas)와 같은 신학자들, 에라스무스(Ersmus)와 인문주의자, 루터(Martin Luther)나 칼뱅(John Calvin)을 포함한 종교개혁가 등으로부터 풍부한 설교의 전통과 자료를 절충하는 입장에서 취사선택하여 설교를 구성하고 있다. 이들 가운데 던은 특히 어거스틴으로부터 성경 해석의 이론과 그것을 실제로 적용하는 면에서 많은 영향을 받았다. 그리고 16세기의 탁월한 설교 이론가인 에라스무스에게서 원어 성경과 자국어로 번역된 성경 모두에 유용한 해석의 방법 등을 배웠다.

던이 살던 시대에 설교는 종교적인 교화를 목적으로 할 뿐만 아니라 뉴스나 오락, 정치와 사회가 돌아가는 소식 등에 대한 욕구를 충족시키는 방편이기도 했다. 즉 설교는 수사적이고 영적인 힘으로 회중을 감화시키는 매우 강한 영향력도 지니고 있었으며, 동시에 오늘날로 말하면 신문이나 텔레비전과 같은 대중매체가 하는 역할을 어느 정도 감당했다. 그리고 17세기 당시 영국에서는 일요일에 영국 국교회 예배에 참석하는 것이 국민의 의무였다. 모든 국민이 예배당에 모여 지적인 자극도 받고, 함께 즐거워하고, 교육도 받고, 감동도 받았다. 따라서 회중에게 행해지는 설교는 마치 한 편의 강연처럼 권고와 교화를 목적으로 하였다. 던도 설교를 할 때 단순히 교리를 이야기하거나 성경을 해석하는 데 그치지 않고, 하나님의 말씀에 따라 영혼을 흔들고 양심에 가책을 느끼게 하고 죄와 잘못된 것으로부터 돌이키도록 두려움을 느끼게 하는 데 초점을 맞추었다. 던은 설교에서 성경 본문을 회중 개개인의 특정한 사정에 맞게 적용하여 복잡한 도덕적, 정치적 문제를 위대한 기독교 사상가들의 음성을 들으며 함께 생각하고 풀어 나갈 수 있도록 하는 탁월한 능력을 지니고 있었다. 그러나 던의 설교에서 가장 두드러진 특징은 뛰어난 수사적 능력이라고 할 수 있다. 그는 시에서 볼 수 있었던 생생한 이미지를 많이 구사하였으며, 강렬하고 극적인 연설과 같은 설교를 통해 단순히 글을 통해서는 전달될 수 없는 천둥과 같고 음악 같은 힘과 감동을 회중에게 전달했다(Shami 332-34).

흔히 던 자신의 장례식에 대한 설교라고 여겨지는 「죽음의 결투」는 화이트홀(Whitehall)에서 1631년 2월 25일 찰스 1세 앞에서 행해진 것이다(McCullough 204). 이후 한 달 남짓 지난 3월 31일에 던이 죽었으므로, 이 설교가 시인 자신의 죽음에 대한 설교가 아니었겠는가 하고 생각들을 하게 된 것이다. 「죽음의 결투」에는 "죽어 가는 생명과 살아 있으나 죽은 육체에 맞선 영혼에게 하는 위로"(or A Consolation to the Soule, against the Dying Life, and Living Death of the Body)라는 부제가 길게 붙어 있으며, 인간의 삶에서 생명과 죽음의 상호연관성을 강조하고 있다. 이 설교는 "사망에서 피함이 주 여호와께로 말미암거니와"(And unto God the Lord belong the issues of Death)라는 시편 68편 20절에 대한 것이다.

회중을 감동시키는 인기 있는 설교가로 명성이 자자했던 던이 마지막으로 행한 이 설교는 당시의 증언에 따르면 특히 감동적이었다고 한다. 설교자가 심한 병에 걸려 죽음을 앞두고 있는 초췌한 모습을 하고 있다는 점 외에도, 회중들은 죽음과 부패되어 가는 모습에 대한 소름 끼칠 정도의 생생한 그의 설교를 듣고 큰 충격과 감동을 받았을 것이다. 던은 평소에 설교를 하다가 자신의 생애를 마무리하겠다는 꿈을 가지고 있었는데 자신의 소망대로 마지막 설교를 하고 한 달 남짓 후에 던은 세상을 뜬다. 「죽음의 결투」는 그의 시처럼 온갖 지식과 박학함으로 가득 차 있으며 독창적이고 은유적인 언어가 현란하게 구사되고 있다. 또한 『기도문』에서처럼 문장이 길게 꼬여 있으며, 복잡하고 정교한 것이 특징이다. 그러면 모든 인간에게 해를 끼치려는 적인 죽음에 대한 무시무시하고 몸서리를 치게 하는 다음 구절의 설교를 들어 보자.

> 무덤에서는 구더기들이 우리를 죽이지 않습니다. 우리는 우리 자신들이 생겨나게 한 그 벌레들을 낳고, 먹이고, 그리고 죽입니다. 자궁에서 죽은 아이는 자신을 잉태한 엄마를 죽이니 살인자, 아니 죽은 후에도 존속을 살해하는 자입니다. (…) 자궁 안에서 우리는 눈이 있지만 보지 못하고 귀가 있으나 듣지 못합니다. 자궁 속에서 우리는 모든 빛을 빼앗기고 어두움의 일에 적합하게 됩니다. 그 자궁 속에서 피를 먹음으로써 잔인함을 배우고, 태어나기도 전에 저주받는지도 모르겠습니다.

> In the grave the worms do not kill us; we breed, and feed, and then kill those worms which we ourselves produced. In the womb the dead child kills the mother that conceived it, and is a murderer, nay, a parricide, even after it is dead. (…) In the womb we have eyes and see not, ears and hear not. There in the womb we are fitted for works of

darkness, all the while deprived of light; and there in the womb we are taught cruelty, by being fed with blood, and may be damned, though we be never born. (*Death's Duel* 168)

인간의 비극적인 운명에 대한 그의 설교는 "우리는 어머니의 자궁 속에서 수의를 걸쳤습니다. 이 수의는 우리가 잉태된 순간부터 우리와 함께 자라나고 우리는 그 수의를 두른 채 이 세상에 나옵니다. 왜냐하면 우리는 무덤을 찾아오는 것이니까요"(we have a winding-sheet in our mother's womb which grows with us from our conception, and we come into the world wound up in that winding-sheet, for we come to seek a grave; *Death's Duel* 169-70)라고 암울한 어조로 계속된다. 오늘날보다 질병에 걸려 죽을 위험도 많았던 당시에 죽음은 언제 닥칠지 모르는, 어쩌면 생명이 시작되는 순간부터 늘 가까이 있는 존재로 인식되었던 것 같다. 따라서 어느 교우의 죽음을 알리는 교회의 종소리는 죽은 영혼을 위해 기도를 올리도록 자극하는 소리일 뿐만 아니라 바로 자신의 죽음을 깨닫게 하는 소리로 인식되었던 것이다.

이어서 던은 부패를 경험하지 않은 예수 그리스도의 육체와 달리 죽어서 썩고 소멸되고 부패를 겪을 수밖에 없는 인간의 운명에 대하여 눈에 보이듯 생생하고도 상세하게 묘사한다.

지금 죽어서 죽음의 상태에서 잠자는 우리는 이 사후의 죽음을, 이 죽음 후의 죽음, 아니 매장된 후의 죽음을, 이 사멸 후의 사멸, 썩고 부패되는 죽음, 구더기가 먹고 화장이 되는 죽음, 무덤에서 그리고 무덤으로부터 소멸되고 해체되는 죽음을 모두가 통과해야 합니다. (…) 욥과 같이 "부패여, 너는 내 아비라. 구더기더러 너는 내 어미요 내 누이라"고 말해야 하지요. 한 구더기가 내 어미가 되고, 내 누이와 내 자신이 되어야 하다니, 비참한 수수께끼지요! 내가 내 어머니와 내 누이와 결혼해야 하고, 내 자신의 어머니와 누이에게 아비와 어미가 되어 저 끔직스럽고 온통 굶주려 있는 구더기를 배고 낳으니, 이 무슨 비참한 근친상간인가요. 내 입이 흙으로 채워질 때 구더기가 나를 아주 달게 먹을 것입니다.

> but for us that die now and sleep in the state of the dead, we must all pass this posthume death, this death after death, nay, this death after burial, this dissolution after dissolution, this death of corruption and putrefaction, of vermiculation and incineration, of dissolution and dispersion in and from the grave, (…) must say with Job, *Corruption, thou art my father, and to the worm, Thou art my mother and my sister.* Miserable riddle, when the same worm must be my mother, and my sister and myself! Miserable incest, when I must be married to my mother and my sister, and be both father and mother to my own mother and sister, beget and bear that worm which is all that miserable penury; when my mouth shall be filled with dust, and the worm shall feed, and feed sweetly upon me. (*Death's Duel* 176)

열정에 넘치는 부흥 목사로서 던은 이 마지막 설교의 결론 부분에서 청중들로 하여금 회개하고 기도하고 신을 믿고 따르도록 촉구하고 있다. 김윤경은 이 「죽음의 결투」야말로 "던이 평생 탐구하던 죽음이라는 주제를 공적인 설교가 갖추어야 할 특정한 형식적, 내용적 조건과 종교적 요구에 맞추어서 분석한 장"(274)이며, 죽음에 대해 다룬 이전에 다른 설교와 비교할 때 그 범위와 깊이, 강도에 있어서 탁월한 설교라고 평가하고 있다.

그는 160여 편에 달하는 설교에서 자신의 죄로 인해 괴로워하며 회개하는 모습과, 죽음에 대한 두려움, 그리스도의 구속으로 부활을 소망하는 모습을 보여 준다. 던은 연애시에서 주로 개인적인 경험을 바탕으로 한 수사적이고 형이상학적인 표현기법을 사용했으나, 그의 설교는 주로 성경의 내용을 중심으로 이에 대한 자신의 생각과 태도를 표현하고 있다. 죽기 몇 년 전부터 던은 자신을 살아 있는 송장과 같이 생각하는 등 육체적으로 쇠약해지고 몸이 사멸될 것에 대해 강박관념을 가지고 있었으며, 이러한 경향은 자신의 마지막 설교에서도 나타나고 있다. 그는 주위의 만류를 뿌리치고 병석에서 일어나 마지막 설교를 행한 후 수의를 입은 자신의 초상화를 그리게 한 일은 유명한 일화로 남아 있다. 그는 마치 자신의 삶을 죽음과 장례를 위한 긴 준비과정으로 여기며 죽음에 집착했다. 월튼에 따르면 던은 자신이 들어가 설 수 있게 유골 항아리 모양으로 나무를 파게하고 수의를 걸친 초상화를 그리게 하였다고 한다. 시체를 싸는 천으로 온 몸을 두르고 머리와 발끝을 매듭으로 묶고서 야위고 창백한 얼굴로 구세주의 재림을 기다리듯이 동쪽을 향해 눈을 감고 서 있는 그의 모습은 마치 관이나 무덤 속에 있는 것 같았다고 이 전기 작가는 기록하고 있다(Walton 78). 던은 전신 크기의 이 초상화를 침대 곁에 걸어 두었다고 하는데, 그가 후대에 남기기를 원했던 유일한 초상화가 바로 수의를 걸친 송장 같은 모습이라는 사실은 위니가 말한 것처럼 참으로 아이러니하다(Winny 46).

『위급한 때의 기도문』(*Devotions upon Emergent Occasions*)

1 기도문(devotion)은 일반적으로 명상과 기도로 이루어지며, 명상은 죄에 대한 의식을 일깨워 회개하고 신에게로 향하도록 하는 목적으로 구성되어 있다. 17세기 당시 영국에서는 프로테스탄트의 종교개혁과 로마가톨릭 자체 내의 쇄신운동으로 인해 다양하고 조직적인 명상과 기도의 훈

련이 일어나고 있었다. 프로테스탄트들은 '오직 성경으로'(*sola scriptura*)라는 원칙에 충실하여 성경에 새로운 관심을 가지고 집중함으로써 묵상하는 경향이 있다. 반면, 로마가톨릭 신자들은 성서의 역할보다는 전통을 더 중요시하는 경향을 보였다(Narveson 308-9). 기도문은 이러한 묵상을 바탕으로 개인적인 반응을 이끌어내는 것으로 마무리하는 데 초점을 맞추고 있으므로 그 하이라이트는 마지막 부분인 기도라고 할 수 있다. 이들 기도문은 독자들이 죄와 지옥의 불에 대해 가르침으로써 회개할 마음이 일어나도록 감성을 자극하는 한편, 묵상과 기도는 교리적인 이해를 도모하고 있다.

이들 기도문을 대표하는 던의 산문『위급한 때의 기도문』은 시인이 1623년 겨울에 발진티푸스로 생각되는 심한 열병을 앓고 난 직후에 집필되었다. 던은 마치 병을 앓고 있으면서 그때 일어난 일들을 기록하고 있는 것처럼 글을 쓰고 있다. 그를 거의 죽음으로 몰고 간 23일 동안 병에 시달린 호된 시련은 던에게 자신이 절실하게 경험하고 느낀 죽음과 사멸이라는 주제에 대해 깊이 성찰하고 글을 쓸 기회를 제공했다. 죽음과 사멸에 대한 섬뜩한 명상과 기도 등을 담은 이『기도문』은 그가 앓고 있는 병과 그로부터 회복되는 단계, 즉 "예기치 못하고 갑자기 당한 일들"을 23부분으로 나누어 다루고 있다. 책의 제목인 '헌신' 혹은 '기도'라는 용어는 일상생활에서 겪는 일들에 대해 프로테스탄트들이 흔히 수행하는 묵상 행위와 관련된 것이다. 각 단계는 "우리 인간의 조건에 대한 묵상"(meditation upon our human condition)과, 자신이 일방적으로 이야기하는 "하나님과의 논쟁"(expostulation and debatement with God), 그리고 하나님에 대한 기도(prayer to god)를 포함하고 있다. 즉 병을 앓은 23일간을 각 단계로 나누어 이때 느낀 자신과 세상의 영적 상태에 관한 개인적인 묵상과 기도를 담고 있는 것이다. 예를 들자면 첫 부분은 병에 걸릴 것 같은 징후를 다루고, 두 번째 부분은 신체의 기능이 떨어지고 힘이 없어지는 상태를, 세 번째 부분은 드디어 자리에 드러눕게 되는 상황을, 그리고 네 번째 부분은 의사를 부르러 보내는 단계를 각각 묘사하고 있으며, 마지막으로 갈수록 점점 병세가 호전되어 마침내 누운 자리에서 일어나게 되는 과정을 다루고 있는 식이다. 그러나 비록 그의 몸의 상태에 일어난 변화가 이 책이 구성되는 틀을 제공하고 있다 할지라도, 던은 병 그 자체에 대해서는 별 관심을 기울이지 않고 그 병이 자신과 인류의 영적인 상태에 대해 상징하는 의미를 추적하는 데 집중한다. 이러한 관심사를 탐구하기 위해 그는 기도문의 23 단계를 각각 묵상과 논쟁과 기도라는 세 부분으로 나누어, 몸의 상태나 매일 처방되는 치료를 모티브로 하여 신학적 진리나 도덕적 진리에 대하여 모색하고 있다.

젊은 날의 연애시에서부터 죽음의 문제에 대해 지속적인 관심을 보여 왔던 던은 죽음의 문턱까지 이른 병을 3주 넘게 앓으면서 한층 치열하게 사멸과 죽음의 주제에 대해 깊이 성찰하게 된 것 같다. 그러나 우리는 던이 이 기도문을 통해 죽음 그 자체에 대한 깊은 관심을 보여 주는 데 그치지 않고, 이를 모티브로 하여 떠오르는 도덕적, 신학적 진리에 대해 근원적으로 탐구하고 있음에 주목할 필요가 있다. 즉 삶과 질병과 죽음 등 인간이 살아가면서 겪는 중요한 문제들에 대한 심오한 묵상을 열정에 넘치는 진지한 태도와 던 특유의 역설과 위트에 넘치는 문체, 그리고 웅변적인 어조를 통해 다루고 있는 것이다. 무슬리(Andrew Mousley)가 지적한 것처럼 그는 병석에서도 자신의 질병이나 불편함(dis-ease)이 지니는 은유적이고 종교적인 다양한 의미를 탐색하고 있다(1). 던의 기도문은 독일의 켐피스(Thomas a Kempis)가 쓴 『그리스도를 본받아』(*The Imitation of Christ*)와 같은 성격의 명상록에 비해 훨씬 현학적이고 비교(祕敎)적이며 형이상학적이기까지 하여 일반 독자들이 접근하기에는 다소 어렵게 느껴질 수 있다. 그럼에도 불구하고 이 책은 집필되자마자 즉시 출판되었는데, 그 이유는 독자들이 생사의 문턱을 넘나든 한 독실하고 기지에 찬 기독교인의 불안과 정신적인 모험을 즐기고 싶어 했기 때문일 것이다. 개인적인 생각과 느낌이 공적인 설교나 교훈과 혼합되면서 17세기 당시 독자들에게 강한 호소력으로 받아들여졌던 이 작은 책자는 1624년 출판되어 그 해 두 번 재판되고, 1626년과 1627년에 다시 출판될 정도로 인기가 있었다. 이때까지만 해도 던이 출판을 한 작품은 후원자와 관련된 것이거나 공적인 관심사에 관한 것이었는데, 그가 개인적인 작품을 출판했다는 사실은 매우 놀랄 만한 일이다. 이 기도문 가운데서 특히 유려하고 웅변적이며 은유적인 문체로 씌어진 「묵상 17」("Meditation 17")의 한 구절을 헤밍웨이는 『누구를 위하여 종은 울리나』(*For Whom the Bell Tolls*)라는 자신의 소설 제목으로 사용하기도 하였다.

그러면 구체적으로 23단계로 구성된 기도문의 각각의 장이 묵상과 논쟁과 기도라는 세 부분으로 어떻게 연결되어 있는지를 4일째의 기도문을 통해 살펴보자. 나흘째 되는 날 던은 건강이 쉽게 좋아지지 않아서 마침내 의사를 부르러 사람을 보내는 상황에 있다("*The Physician is sent for*"). 이날의 「묵상 4」("Meditation 4")는 모든 인간은 대우주를 닮은 소우주라는 생각을 바탕으로 하여 시작한다. 그러나 사람이 병들어 비록 몸져누울지라도 생각은 자유롭게 활동한다는 점에서 상상력이 넘치는 장난기 어린 논리로 기존의 사상을 역설적으로 뒤엎고 있다.

> 인간을 하나의 작은 세계라고 부르는 것은 너무나도 보잘것없는 일이다. 왜냐하면 하나님이 없다면 인간은 아무것도 아닌 하찮은 존재이기 때문이다. 인간은 세계보다 더 많은 부분, 더 많은 요소로 이루어져 있다. (…) 그리고 만약 그 요소들이 세계 속에서처럼 인간 안에서 확장되고 펼쳐진다면 인간은 거인이 되고 세계는 난쟁이가 될 것이다. 그리고 세계는 단지 지도가 되고 인간은 세계가 될 것이다. 만약 우리 몸에 있는 모든 혈관이 강으로 확대되고, 모든 힘줄은 광산의 광맥이 되

고, 겹겹이 쌓여 있는 모든 근육이 언덕이 되고, 모든 뼈가 돌산이 되고, 다른 모든 요소도 세계에 있는 것들 중에 자신에게 상응하는 것의 비율로 커진다면, 하늘은 사람의 눈이 움직이기에도 좁을 것이며, 천체는 이 별이 움직이기에 겨우 족할 것이다.

It is too little to call man a little world; except God, man is a diminutive to nothing. Man consists of more pieces, more parts, than the world. (…) And if those pieces were extended, and stretched out in man as they are in the world, man would be the giant, and the world the dwarf; the world but the map, and the man the world. If all the veins in our bodies were extended to rivers, and all the sinews to veins of mines, and all the muscles that lie upon one another, to hills, and all the bones to quarries of stones, and all the other pieces to the proportion of those which correspond to them in the world, the air would be too little for this orb of man to move in, the firmament would be but enough for this star. (*Devotions* 23)

하나의 생각이 도화선이 되어 꼬리에 꼬리를 물고 재빨리 이어지는 생각의 고리는 우리의 가슴을 뜨겁게 흥분시키고 있다. 위니(James Winny)가 말한 바와 같이 점점 길어지는 문장의 리듬은 던의 감정이 그가 펼치고 있는 지적인 기상에 완전히 빠져들어 있음을 보여주고 있다(168). 던은 인간을 작은 세계, 즉 소우주라고 보는 오래된 생각에 대해 명상하면서, 이러한 생각은 인간의 몸이 지닌 복잡한 특성을 충분하고 적절하게 나타내지 못한다고 거부한다. 그는 인간이란 무엇이며, 죽을 수밖에 없는 인간과 불멸의 신과의 관계는 어떠한 것인지에 대해 탐구하면서, 중세와 르네상스 시대 초의 사상과는 다른 새로운 생각을 전개시키고 있다. 던의 생각

속에서 인간의 몸은 한층 복잡하고 다양한 것으로 확장되어, 인간 몸의 각 부분은 놀랄 만한 지리적인 차원을 획득한다. 이 명상을 마무리할 즈음에 인간은 캐리(John Carey)의 말처럼 거대한 우주적 존재가 되어 그의 목을 천체 가운데 내밀고 있는 듯하다(123).

따라서 인간을 소우주라고 말하는 것은 무한한 피조물들로 가득 차 있는 거대한 존재인 인간에 대한 모욕이라고 주장하며, 던은 인간의 우주적 중요성과 생각의 위대함에 대하여 과대망상증에 사로잡힌 것 같은 어조로 찬사를 한다.

> 인간이여, 이 세계가 만들어 낸 창조물의 무한함을 숙고하기까지 이 위대한 세계에 대한 명상을 확장시켜라. 우리의 창조물인 생각은 거인으로 태어난 창조물이어서, 동쪽에서 서쪽까지, 땅에서 하늘까지 이르고, 모든 바다와 육지에 걸터앉을 뿐 아니라 태양과 천계를 한 뼘으로 재어 버린다. 나의 생각은 모든 것에 미치고 모든 것을 이해한다. 설명할 수 없는 신비여! 생각의 창조자인 나는 닫힌 감옥이나 병상이나 그 어디에 있는데, 나의 창조물 중 하나인 생각은 태양과 함께, 그리고 태양 너머에 있고, 한 걸음에 태양을 따라잡고 한 걸음에 태양을 지나치며 어디에나 있네.

> Enlarge this meditation upon this great world, man, so far as to consider the immensity of the creatures this world produces; our creatures are our thoughts, creatures that are born giants; that reach from east to west, from earth to heaven; that do not only bestride all the sea and land, but span the sun and firmament at once; my thoughts reach all, comprehend all. Inexplicable mystery; I their creator am in a close prison, in a sick bed, any where, and any one of my creatures,

my thoughts, is with the sun, and beyond the sun, overtakes the sun, and overgoes the sun in one pace, one step, everywhere. (*Devotions* 23)

여기서 엄청난 속도를 지닌 미치지 않는 데가 없는 생각은 상상력과 같은 것으로서, 인간은 상상력을 발휘함으로써 우주를 정복할 수 있는 존재라고 말하고 있는 것이다(Carey 245-46).

그러나 이 묵상의 마지막 부분에서 던은 인간보다 열등한 동물도 본능적으로 병을 고쳐 줄 약초를 찾는 등 자신을 치료할 능력을 지니고 있는데 반하여, 정작 인간은 병에 걸려도 아무것도 할 수 없는 무능한 존재라는 사실을 상기시키며 균형을 잡고 있다.

인간은 의사를 가지고 있지만 우리가 의사는 아니다. 이런 점에서 스스로 자신들의 의사가 되는 비천한 피조물과 비교하여 인간은 부족한 점이 있고 고결함이 덜하다. 쫓기다가 부상당한 숫사슴은 먹으면 화살이 빠져나오는 약초를 알고 있어서, 그 약초를 먹으면 화살이 희한하게도 빠져나온다고 한다. 속담에 이르기를 병에 걸린 개도 자신을 치료할 약초를 찾아낸다고 한다. (…) 그러나 다른 피조물과 달리 인간은 약제사와 의사를 가까이 가지고 있지 않고, 당면한 위험을 치료할 천연의 약제를 사용할 타고난 본능도 가지고 있지 않으며, 자신을 치료할 약제사도 의사도 되지 못한다.

We have the physician, but we are not the physician. Here we shrink in our proportion, sink in our dignity, in respect of very mean creatures, who are physicians to themselves. The hart that is pursued and wounded, they say, knows an herb, which being eaten throws off the arrow: a strange kind of vomit. The dog that pursues it, though he be subject to sickness, even proverbially, knows his grass that recovers him. (…) man hath not that innate instinct, to apply those natural medicines to his present danger, as those inferior creatures have; he is not his own apothecary, his own physician, as they are. (*Devotions* 24)

「묵상 4」는 스스로를 치유할 능력을 지닌 동물에 비해 아무 능력도 없는 인간의 보잘것없는 상태에 대한 이해를 다루고 있는데, 이처럼 '묵상' 부분은 과학적인 생각을 포함한 세속적인 내용을 주로 담고 있다. 한편, 이어지는 '논쟁'은 창조주인 신에게 질문을 쏟아붓고는 그에 대해 스스로 대답을 하는, 신에 대한 일방적인 대화로 되어 있다. 던은 신에게 "몸이 벌거벗은 것의 수치를 의식하기 전에 하나님은 옷을 만들지 않았습니다"(Thou didst not make clothes before there was a shame of the nakedness of the body)라면서 다음과 같이 말한다.

그러나 병이 들 조짐이 있기 전에 당신은 약품을 만드셨지요. 태초부터 하나님은 약초에 약효를 부여하셨는데, 그렇다면 당신은 우리가 병들 것이라는 사실을 알고 그렇게 하신 것입니까? 우리를 창조하셨을 때 하나님은 우리가 죄지을 수도 있다고 생각하셨습니다. 당신은 병과 죄를 예견하셨지만 병들고 죄를 지으라고 하시지는 않았습니다.

but thou didst make physic before there was any grudging of any sickness; for thou didst imprint a medicinal virtue in many simples, even from the beginning; didst thou mean that we should be sick when thou didst so? when thou madest them? No more than thou didst mean, that we should sin, when thou madest us: thou foresawest both, but causedst neither. (*Devotions* 25)

4일째 기도문을 마무리하는 '기도' 부분은 같은 주제를 이어받아서 성경으로부터 치유와 회복에 대한 구절을 인용하며 하나님의 도움을 간절히 바라는 내용을 담고 있다. "당신의 아들은 두루 다니며 모든 병을 고쳐 주셨습니다"(*Thy Son went about healing all manner of sickness*)라고 마태복음 4장을 인용하며 자신의 병도 고쳐주기를 기도한다.

> (어떤 병도 못 고칠 병이 없고 어느 것도 어렵지 않아, 예수님은 지나가면서 병을 고쳤습니다.) 능력이 그로부터 나와서 모든 사람을 낫게 했습니다. 예수님은 사람의 전신을 온전하게 하셨으니, (그가 못 고칠 사람은 없으며 직접 말씀하시듯이) 그는 병의 흔적도 남기지 않았습니다. 이 만유의 의사가 이 병원을 지나쳐 나를 방문하지 않겠습니까? 나를 고쳐 주지 않겠습니까? 나를 온전히 치료해 주지 않겠습니까?

> (No disease incurable, none difficult; he healed them in passing). *Virtue went out of him, and he healed all*, all the multitude (no person incurable), he healed them *every whit* (as himself speaks), he left no relics of the disease; and will this universal physician pass by this hospital, and not visit me? not heal me? not heal me wholly? (*Devotions* 29)

던은 『기도문』의 각 장마다 간략한 제목을 달고 그 제목이 암시하는 생각을 매우 특이한 방식으로 연상하고 뒤틀어서 생각을 발전시키고 있다. 예를 들어 여섯 번째 날은 "의사가 두려워하다"(*The physician is afraid*)라는 제목하에서 아래와 같이 환자의 마음의 동요를 다루고 있다.

> 의사가 병을 찬찬히 살펴보듯이 나는 의사를 살펴본다. 의사가 겁을 먹고 있는 것을 보니 그와 함께 나도 겁이 난다. 나는 의사가 겁내는

> 것을 따라잡아 그보다 훨씬 더 겁을 먹는다. 그가 두려움의 보조를 늦추자 내가 더 빨리 간다. 그가 자신의 두려움을 감추니 나는 더 두렵다. 그가 자신이 두려워한다는 사실을 내가 알아차리기를 원하지 않기에, 나는 더 날카롭게 그의 두려움을 지켜본다. (…) 비장에서 생긴 문제가 몸의 모든 병과 얽혀 있듯이 두려움은 마음의 모든 작용과 격정에 알게 모르게 영향을 미친다.

> I observe the physician with the same diligence as he the disease; I see he fears, and I fear with him; I overtake him, I overrun him, in his fear, and I go the faster, because he makes his pace slow; I fear the more, because he disguises his fear, and I see it with the more sharpness, because he would not have me see it. (…) As the ill affections of the spleen complicate and mingle themselves with every infirmity of the body, so doth fear insinuate itself in every action or passion of the mind. (*Devotions* 35-36)

그러다가 논쟁 부분에 들어서서는 이 병에 대해 의사와 자신이 느끼는 두려움(fear)이 신에 대한 경외(fear)라는 의미로 발전되고 이어진다. 던은 하나님을 진실로 두려워한다면 "이 경외함이 나를 모든 무질서한 두려움으로부터 나를 보호할 것"(this fear preserves me from all inordinate fear; *Devotions* 41)이라며, 다윗이 "환난의 날에 내가 왜 두려워하랴"(*Wherefore should I fear in the days of evil*; 시편 49:5)라고 고백한 것처럼 자신도 질병으로 인해서 두려워하지 않겠다는 결론에 다다른다. 여기서 "두려움"(fear)이라는 단어는 백 번 이상 끊임없이 반복되면서 위니가 말한 것처럼 독자의 마음속에 두려움에 대한 생각이 깊이 새겨지게 하고 던이 의사로 인해 느낀 두려움을 같이 느끼게 만든다(Winny 169).

이처럼 23개의 다양한 주제들에 대해 세 부분의 각기 다른 목소리나 태도를 견지하면서 전체 작품의 개념적인 구성을 유지하는 일은 작가의 특별한 능력을 요구한다. 던은 성경에 대한 이해를 바탕으로 자신의 신체적 상태와 폭넓은 주제와 사상을 서로 연결시켜 유추하고 관련성을 포착해내는 탁월한 능력을 지니고 있었다. 또한 의도하는 주장을 펼치는 데 있어서 길을 잃지 않고 박식하게 각 부분별 주제에 기초하여 유추를 이어 나가는 뛰어난 상상력의 소유자였다. 지적이고 상상력이 넘치는 작품의 특징은 과거 그의 시에서 찾아볼 수 있는 것들인데, 그의 기도문은 바로 이러한 문학적 스타일을 살린 형이상학적인 산문이라고 말 할 수 있다. 이렇게 볼 때 비록 젊은 날의 시인과 세인트폴 성당의 수석 사제 사이에는 30년이라는 세월의 간극이 있지만 이전의 활기는 많이 사라졌다 하더라도 그의 마음의 본질적인 부분은 변함없이 유지되고 있음을 알 수 있다.

우리는 『기도문』에서 개인적으로 의기소침해져 있는 분위기를 분명히 느낄 수 있는데, 이는 르네상스 인문주의의 기운이 서서히 쇠퇴되기 시작함에 따라 던이 동시대인들과 같이 느꼈던 실망감이 표현된 결과라고 볼 수 있을 것이다. 즉 질병과 죄로 인해 자신이 품고 있던 무한한 희망과 포부가 좌절된 한 인간의 분열된 비극적 상태가 이 기도문을 통해 나타나 있다고 하겠다.

2 이제 이 『기도문』에서 가장 널리 읽히고 많이 알려져 있는 16번과 17번, 18번 묵상에 대해 살펴보자. 던은 이들 묵상에서 모두 인근 교회로부터 울리는 종소리를 들으면서 자기보다 더 심한 고통을 당하고 있는 사람의 상태에 대해 깊은 생각에 잠기고 있다. 이 가운데 「묵상 17」(“Meditation17”)에서 던은 죽음에 임한 알지 못하는 사람에 대해 동류의식을 느끼며 자기 자신에 대한 생각에서 이웃에 대한 생각으로 자신의 생각을 확장시키게 된다. 17번 묵상은 “지금 다른 사람을 위하여 나직이 울리는 이 조종은 너는 반드시 죽으리라고 나에게 말한다”(*Now, this bell* *tolling softly for another, says to me: Thou must die*)라는 제사(epigraph) 밑에 다음과 같이 시작하고 있다.

> 지금 그를 위해 울리고 있는 저 조종의 당사자는 아마 병이 너무 심하여 그 종소리가 자신의 죽음을 알리고 있다는 것을 알지 못할지 모른다. 혹시 내 주변 사람들이 나의 상태를 보고 나를 위해 저 종을 울리게 했는데도 나는 모르고 있을 만큼 스스로는 괜찮거니 하고 있을지도 모른다.

> Perchance he for whom this bell tolls may be so ill, as that he knows not it tolls for him; and perchance I may think myself so much better than I am, as that they who are about me, and see my state, may have caused it to toll for me, and I know not that. (*Devotions* 107)

우리는 누구의 죽음을 알리는 조종을 들을 때 자신에게도 가까이 다가오고 있는 죽음에 대해 생각하기 마련이다. 이 묵상은 거의 시체나 다름없이 죽어 가는 어떤 사람이 자신의 죽음을 알리는 종소리를 들으면서, 그것이 다른 사람의 장례를 알리는 종으로 생각하고는 그 장례식에 늦지나 않을까 걱정하며 종소리를 듣고 있는 것처럼 묘사하고 있다. 던의 많은 산문은 소리 내어 읽을 때 그 내용과 효과적인 문체의 특성을 제대로 느낄 수 있는데, 이 17번 묵상의 경우 특히 그러하다.

임종을 앞둔 인간이나 장례에 대한 생각에서, 이와 아무 상관이 없는 듯이 보이는 갓 태어난 아기의 세례에 대한 생각으로 이어진다. 그리하여 한 인간의 병과 죽음에 대해 이야기하던 묵상은 갑자기 보편적 교회에 대한 생각으로 옮겨 가고 있다.

> 교회는 보편적이고 우주적이어서 교회가 하는 모든 일은 모든 사람에

게 속한다. 교회가 한 아이에게 세례를 주면 그 행위는 나와 관련이 있다. 왜냐하면 세례를 통해 그 아이는 내 머리이기도 한 머리와 연결되고, 내가 그 신체의 일부인 몸에 접붙여진다. 교회가 어떤 사람을 장례하면 그 행위는 나와 관련된 것이다.

> The church is Catholic, universal, so are all her actions; all that she does belongs to all. When she baptizes a child, that action concerns me; for that child is thereby connected to that body which is my head too, and ingrafted into that body whereof I am a member. And when she buries a man, that action concerns me. (*Devotions* 107-8)

던은 여러 인간이 하나의 같은 머리에 접붙여져(ingrafted) 있으며 이들 모두는 한 몸의 지체(member)라는 특이한 이미지를 제시하고 있다. 여기서 머리는 그리스도를, 그리고 몸은 교회를 상징하고 있다. 이는 '보편적' 교회라는 개념에 의해서 모든 인간들은 몸의 지체와 같이 서로 친밀한 관계를 맺어야 하며, 다양한 삶과 경험으로부터 새로운 연합을 이뤄야 한다는 생각으로 전개된다. 즉 모든 인류는 어린아이가 세례로 보편적 교회의 몸에 접붙여진 순간부터 어른이 되어 죽게 되기까지 하나의 운명 공동체로 살아가게 된다는 말이다.

온 인류는 한 교회를 이루어 같은 머리에 붙어 있는 지체들이라는 생각에 이어서 모든 인류는 한 저자가 쓴 한 권의 책이라는 생각이 도입된다.

> 모든 인류는 한 분의 저자가 쓴 한 권의 책이다. 한 사람이 죽으면 한 장이 그냥 책에서 찢겨 나가는 것이 아니라 더 나은 언어로 번역되며 결국 모든 장마다 그렇게 번역될 것이다. 하나님은 여러 번역자를 동원하시고, 어떤 부분은 늙음으로, 어떤 것은 질병으로, 어떤 것은 전쟁

으로, 또 어떤 것은 법의 심판에 의해 번역된다. 그러나 모든 번역마다 하나님의 손길이 드리워져 있고, 모든 책들이 서로서로에게 펼쳐져 놓이게 될 도서관에 두기 위해 이 모든 흩어져 있는 책의 한 장 한 장을 그분의 손이 다시 한 권으로 제본하실 것이다. 그러므로 설교를 위해 울리는 종은 설교자만을 부르기 위한 것이 아니라 모든 회중이 오도록 하기 위한 것이듯이, 이 조종도 우리 모두를 부르고 있는 것이다.

> all mankind is of one author, and is one volume; when one man dies, one chapter is not torn out of the book, but translated into a better language; and every chapter must be so translated; God employs several translators; some pieces are translated by age, some by sickness, some by war, some by justice; but God's hand is in every translation, and his hand shall bind up all our scattered leaves again for that library where every book shall lie open to one another. As therefore the bell that rings to a sermon calls not upon the preacher only, but upon the congregation to come, so this bell calls us all. (*Devotions* 108)

17세기에는 '저자'(author)라는 말이 주로 창조주(Creator)나 조물주(First Cause)라는 뜻으로 사용되었는데, 던은 의도적으로 이 단어를 '작가'(writer)라는 개념으로 사용하고 있다(Roston 201). 저자나 책에 관한 이야기가 이어지면서 우리는 지금까지 던이 주로 관심을 가지고 말하던 죽음이라는 주제에서 멀리 벗어나고 있는 것 같은 느낌을 갖게 된다. 그러나 바로 뒤이어 "번역되며"(translated)라는 말이 등장함으로써 그렇지 않다는 것을 알게 된다. 즉 이 단어의 축자적 의미가 '옮기다'(carried across)라는 사실을 기억할 때, "이 세상에서 내세로 옮겨 간다"는 뜻으로 사용된 편

(pun)을 둘러싼 던의 뛰어난 수사법에 우리는 감탄하지 않을 수 없다. 여기서 번역된다는 말은 모든 인간이 머지않아 잠시 살던 이 세상에서 내세로 옮겨 갈 것이라는 사실을 알려 주고 있다. 이 단어가 지닌 근본적이고 영적인 의미로 인해 보다 근원적이고 영속적인 진리를 위해 이 땅의 일시적이고 덧없는 것을 버리라는 던의 핵심적인 의도가 우리에게 효과적으로 전달되고 있다고 하겠다.

이처럼 이 기도문에서 사용된 '지체'(member)나 '번역하다'(translate)와 같은 단어가 처음에는 일상에서 사용되는 평범한 의미로 사용된 것처럼 보이지만, 영적인 의미를 포함한 근본적이고 성경적인 뜻이 드러나면서 일상적인 의미에서 성스럽고 종교적인 의미로 옮겨감을 알 수 있다. 던은 인간을 죽음으로 이끄는 고통의 예로서 늙음과 병, 전쟁, 교수형 등을 언급하고 나서, 하나님이 흩어져 있는 책장들을 한 권의 책으로 제본할 것이라고 말하고 있 다. 여기서 '제본'(bind up)한다는 말은 "상심한 자를 고치시며 저희 상처를 싸매시는도다"(시편 147: 3)라는 시편의 구절을 생각나게 한다. 또한 책의 흩어진 "한 장 한 장"은 로스톤의 말처럼 가을날의 흩어져 날리는 나뭇잎 같은 인생의 무상함을 연상시키기도 한다(Roston 201-2). 던은 이렇게 제본된 우리 모두의 책이 최후의 심판 날 서로에게 숨김없이 펼쳐지게 될 것을 말하고 있다.

지금까지 느리게 진행되던 묵상은 곧 다가올 죽음을 상기시키며 긴박하게 전개된다. 던은 멀리 떨어져 있거나 잘 알지 못하는 교우의 죽음에 대한 이기적인 무관심에 경종을 울리면서, "누가 이 세상으로부터 자신의 한 부분을 떠나보내는 그 종소리로부터 귀를 돌릴 수 있겠는가?"(who can remove it from that bell which is passing a piece of himself out of this world?; *Devotions* 108)라고 직접적인 어조로 단호하게 이야기한다. 즉 조종은 나와 상관없는 다른 사람의 죽음을 알리는 것이 아니라 "자신의 한 부분"이 세상을 떠남을 알리고 있다고 주장한다. 이제 묵상은 다음의 유명한 구절로 극적인 결말을 맺고 있다.

> 어느 누구도 그 자체로 완전한 섬은 없다. 모든 인간은 대륙의 한 조각이며 본토의 한 부분일 뿐이다. 흙 한 덩어리가 바닷물에 씻겨 나가면 유럽은 그만큼 작아진 것이다. 마치 그 튀어나온 갑(岬)이 씻겨 나가거나, 그대 친구의 영지나 당신 땅의 일부분이 씻겨 내려간 것처럼. 그 누구의 죽음이라도 나를 줄어들게 하는데, 이는 내가 인류 속에 포함되어 있기 때문이다. 그러므로 누구의 죽음을 알리기 위해 종을 울리고 있는지 알아보려고 사람을 보내지 마라. 그것은 바로 당신의 죽음을 알리는 종소리니까.

> No man is an island, entire of itself; every man is a piece of the continent, a part of the main. If a clod be washed away by the sea, Europe is the less, as well as if a promontory were, as well as if a manor of thy friend's or of thine own were: any man's death diminishes me, because I am involved in mankind, and therefore never send to know for whom the bells tolls; it tolls for thee. (*Devotions* 108-9)

바닷물에 씻겨 나간 흙은 비록 보잘 것 없이 미미한 양이라 하더라도 그 흙이 내 친구나 나와 같은 인간의 영혼이 거하던 집과 몸을 뜻하면서 중요한 의미를 부여받는다. 이와 대조적으로 던은 대륙이나 본토와 같이 측정하거나 만져 볼 수 있고 대단하게 보이는 이 세상의 그 어떤 것도 기껏해야 잠시 있다가 없어질 덧없는 것에 불과하다는 사실을 강조하고 있다. 던의 묵상은 죽음의 문턱에서 자신이 경험한 육체적·영적 고난으로부터 깨달은 기독교의 가르침을 뛰어난 예술로 승화시켜 독자들에게 호소력 있게 전달하고 있는 것이다.

3 『위급한 때의 기도문』은 이처럼 시인 자신이 심하게 앓아 누웠던 경험을 계기로 인간의 조건과 신에 대한 깊은 묵상을 담고 있는 종교적인 작품이다. 그는 성경에 히스기야(Hezekiah) 왕이 병을 앓고 난 후 자신의 병에 대한 묵상을 글로 쓴 것을 모델로 하여 이 기도문을 썼다고 하며, 이 작품을 제임스 1세 이후 왕위를 잇게 되는 찰스 왕자(Prince Charles)에게 헌정하고 있다. 앞서 장래가 매우 불확실하고 아무 힘이 없는 젊은 시절에 친구들 사이에 돌려보기 위해 시를 썼던 것과 달리 이제 던은 영국을 대표하는 성직자로서 자신의 글을 마음대로 출판할 수 있는 위치에 있다. 젊은 날 자신의 재능을 발휘한 글을 통해 출세를 모색했던 던이 지금도 지극히 개인적이고 종교적인 내용의 기도문을 향후 고위 성직을 담보하기 위해 "사회적이고 정치적인 통화"(Marotti 349)와 같이 정치적 차원에서 사용하고 있을 가능성을 배제할 수 없다.

스튜어트 초기의 명상록은 대부분 일인칭 단수형과 보다 교훈적인 일인칭 복수형 사이를 쉽게 오가는 형태를 취하고 있다. 그리고 프로테스탄트 기도문의 스타일은 청교도의 설교와 같이 소박한 형태를 취하면서 성경을 중시하는 경향을 보인다. 반면 가톨릭 기도문은 성서보다는 선행을 강조하거나 8복이나 5감각, 7덕 등 전통적인 범주로 좀 더 조직화된 경향이 있다.

던의 기도문은 자신의 열병을 앓은 특별한 경험을 담고 있을 뿐만 아니라, 이 병이 자신에게 유익한 고난이며 은총이라고 해석하며 진리를 모색함으로써 아우구스티누스(Augustine)의 『고백록』(*Confessions*) 같은 영적 자서전의 형태를 취하고 있기도 하다. 그의 작품은 나베슨(Kate Narveson)이 말한 것처럼 당대의 묵상과 기도에서 나타나는 많은 특징, 즉 구조적인 역동성이나, 단수에서 복수로 목소리가 쉽게 옮겨 가는 점, 성경중심주의, 자신을 본보기로 제시하며 감성적인 표현과 함께 영적인 진리를 보여 주는 등의 특징을 지니고 있다(310-11). 그러나 이전 기도문의 특징과 전통을 단순히 이어받는 데 그치지 않고 여기에 혁신을 가하고 다양한 요소를 가미함으로써 지적으로나 감정적으로 유래가 없을 정도로 강렬한 새로운 영역을 개척한 것으로 평가받고 있다. 던의 『위급한 때의 기도문』은 많은 은유를 두드러지게 사용하여 작품에 엄청난 에너지를 부여하며 시적인 효과를 얻고 있다. 또한 묵상에서 시작하여 논쟁을 거쳐 기도로 마무리 짓는 구성을 통해 깊은 사색과 명상에서 출발하여 하나님에게 따지듯이 논쟁하는 과정에서 교리적이고 신학적인 해결점에 도달하고, 이어서 기도에서는 문제가 풀린 후 느끼는 안도감과 감사의 목소리를 들려 준다. 이 과정에서 차분한 명상가의 목소리라기보다는 열정적인 설교자의 목소리를 통하여 강렬한 감정을 불러일으키고 있다.

8

던 비평의 역사

오늘날 가장 높이 평가되는 던의 시들은 그의 당대에도 인기가 있었지만, 문학사적 측면에서 그가 합당하게 뛰어난 시인으로 인정받는 데는 다른 시인들보다 훨씬 더 오랜 시간이 걸렸다. 심지어 던의 시에 대해 잘 알았던 동시대인들조차도 다른 이유에서이긴 하지만 이들 시의 미래에 대해 우려했었다. 던을 "어떤 점에서는 세상에서 최초의 시인"이라고 칭송한 벤 존슨(Ben Jonson)도 불규칙적인 운율 때문에 그가 "교수형 감이다"라고 단언했으며, "이해되지 않아서 던은 아마 사라질 것이다"라고 예언했다. 던에 대하여 최초의 전기를 쓴 작가인 월튼(Izaak Walton)의 주장에 따르면, 던은 젊은 날 대부분 시를 뿌리고 다녔고, 그 시들이 열매를 맺지 못하거나 생명력이 짧아서 사라지는 것을 보기 원했다고 한다. 그러나 다른 예술가들처럼 던은 그가 남긴 문학 작품이 자신보다 더 오래 살아남아 읽히고 연구됨으로써 오늘날에도 여전히 살아서 생명력 있는 작가가 되었다.

일반적으로 던은 젊은 시절 방탕한 삶을 살았던 것으로 이야기된다. 그러나 던과 함께 법학원에서 젊은 날을 보낸 베이커 경(Sir Richard Baker)에 따르면 1640년대의 던의 삶은 "방탕하지 않고 아주 정결했으며, 숙녀들을 찾는 위대한 방문객이며, 연극을 보는 위대한 단골 관객이고, 기상이 깃든 운문을 쓰는 위대한 작가"였다고 한다. 그리고 나중에 제임스 왕의 격려로 "신학을 공부하게 되고… 세인트폴 성당의 수석사제가 된다. 그리고 아주 드문 위대한 설교자가 되어 그의 설교를 듣는 모든 사람들로부터 존경을 받았다"라고 평가를 내리고 있다.

던은 자신의 작품이 널리 퍼져서 읽히지 않도록 적극적으로 관리하려고 했고, 살아 있는 동안에는 출판을 거의 하지 않았으며, 몇 편의 시를 인쇄한 뒤에는 후회했다. 그러나 그는 많은 시들을 수서본(manuscript) 상태로 주변의 친구와 지인들에게 돌려서 읽게 했고, 『위급한 때의 기도문』(*Devotions upon Emergent Occasions, 1624*)을 인쇄했으며, 사후에 출판할 목적으로 그의 설교집을 신중하게 준비했다. 던이 로버트 커 경(Sir Robert Ker)에게 "이 책은 "던 박사(Dr. Donne)가 아니라 젊은 날의 던(Jack Donne)이 쓴 책이다"라며 『자살론』(*Biathanatos*) 원고를 주면서, 이 원고를 한편으로는 "출판"되지 않도록, 그리고 또 한편으로는 "불"로부터 지켜서 태워지지 않도록 잘 보관하라고 지시하였는데, 이를 통해 자살을 옹호한 이 글에 대한 던의 복잡한 심경을 엿볼 수 있다.

던의 명성은 그가 죽은 지 2년 후인 1633년에 출판된 『시집』(*Poems by J. D.*)에서 구축되기 시작하였으나, 이 위대한 설교자의 삶과 죽음에 대해 월튼의 해설이 붙은 『설교집』(*LXXX Sermons*, 1640)이 나옴으로써 시인으로보다는 설교자로서 주로 인식되는 변화를 보인다. 그후 삼십 년 동안, 더 많은 시와 설교집, 산문 편지, 그리고 작가의 젊은 날의 작품이 출판됨으로써 그의 인지도를 강화시켰다. 그러나 17세기 후반 영국 문학계가 급격하게 변화할 때 그의 글들이 이해되기를 바랐던 던의 희망은 좌절되었다. 이후 거의 2세기 동안 그의 작품들은 읽혀지지 않았다.

1633년 던의 시집이 출판되자 그의 죽음을 애도하는 시("Elegies on the Authors Death")에서 케어리(Thomas Carew)는 그를 "전 세계의 기지의 왕 중 왕"(King of the universall Monarchy of wit)이라고 선언하며 시와 설교 두 분야 모두에서 던의 탁월함을 인정했다. 그러나 브라운(Thomas Browne) 같은 사람은 에로틱한 열정과 기독교와의 공존성에 대해 약간 부정적인 평가를 내리기도 하였다. 이후 1635년에 출판된 그의 시집에서 남녀 간의 노골적인 사랑을 노래한 엘레지와 같은 시가 빠진 것은 세인트폴 성당의 수석사제에 더 걸맞게 여겨지는 방향으로 책의 출판이 변화되어 갔음을 보여 준다. 이러한 암시는 던의 초상화 아래에 월튼이 쓴 짧은 글, 즉 이 책은 "사랑으로 시작하지만, 한탄과 죄로 인해 흘리는 눈물로 끝나다"라고 적힌 구절에서 잘 나타난다.

17세기 중반을 지나면서 던은 특별히 시인으로서 기억되는데 그의 시집은 1669년까지 5번의 추가 판본이 나왔으며 그의 시들은 원고 모음집으로 계속 인쇄되었다. 당대에 활동한 많은 시인들, 즉 서클링 경(Sir John Suckling)과 카울리(Abraham Cowley), 필립스(Katherine Philips), 마블(Andrew Marvell), 드라이든(John Dryden)과 같은 캐롤라인 궁정 작가들은 던의 작품을 연상케 하는 연애시나 장례시를 썼다. 이러한 많은 시 작품에서 던은 계속 경쟁의 대상이 되었다. 그의 시가 많은 시인들에게 영감을 주어 모방의 대상이 되었다는 사실은 던의 시가 독창성을 지녔다는 점을 더욱 분명하게 해 주는 것이다. 이후 유행하는 시의 형태가 변하고 서정시의 중요성이 줄어든 17세기 후반에 던은 "최고의 시인은 아니지만, 가장 위대한 기지의 시인"(the greatest Wit, though not the best Poet of our Nation)으로 기억되었다. 비록 드루몬드(Drummond of Hawthornden)가 던의 시가 "형이상학적"(metaphysical)이라고 최초로 언급했을지는 모르지만, 그 용어가 계속 살아남아 있게 한 사람은 바로 드라이든이었다. 드라이든은 던이 "풍자시뿐만 아니라 연애시에서도 형이상학을 사용하여 여인의 마음을 사랑의 감미로움으로 즐겁게 해 주어야 할 때도 지나친 철학적 사색으로 여성의 마음을 당황하게 한다"고 불평하면서, 던의 부자연스러움과 불성실함을 비난함으로써 던의 시를 사람들의 기억에서 떠나게 했다.

18세기에는 던의 글과 월튼의 전기는 절판되었고, 던은 당시 문학사에서 거의 완전히 사라졌다. 1669년과 1779년 사이에 단 한 권의 시집만 출판되었다. 던의 시는 시 선집에 좀처럼 포함되지 않았고 그의 시집이나 설교집 사본을 소장한 개인 서재도 거의 없었다. 1770년대 무렵 던은 존슨(Samuel Johnson)이 집필한 『시인들의 생애』(*Lives of the Poets*) 평전에 나오는 작가 그룹에서도 완전히 제외되었다. 풍자시를 제외하고는 던의 작품 중 어떤 것도 알려진 것이 없다는 평가가 나올 정도였지만 던이 완전히 잊힌 것은 아니었다. 포프(Alexander Pope)는 던의 풍자시 두 편을 "번역하는" 일을 떠맡았을 때 당대 사람들의 귀에 거슬리지 않고 쉽게 만들기 위해 던의 풍자시를 거세해 버렸다. 하지만 포프는 선배인 던에 대한 존경심을 가지고 있었으며, 던을 소수 학파의 수장으로 묘사하고, 시로 번역한 글 바로 옆에 원본을 실어 인쇄했다.

『카울리 전』(*Life of Cowley*)에서 존슨은 던을 상세히 다루면서 그의 시가 거친 스타일과 음악적이지 못한 시행, 설득력 없는 비유를 담고 있다고 비판한 흔하고 진부한 비평에 맞서서 새로운 흐름을 제공해 주었다. 존슨은 "형이상학파 시인들"은 학자들이고 그들의 학식은 그들의 전적인 노력을 보여 준다고 썼다. 하지만 존슨이 이별하는 연인들을 나침반의 두 다리로 비유한 「슬퍼하지 말라는 고별사」("A Valediction: Forbidding Mourning")에서 형이상학파 시인들이 전혀 닮은 곳이 없이 이질적인 두 개념을 "폭력"을 사용하여 억지로 하나로 결합하여 확장함으로써 그들의 작품이 가끔씩 "풍부한 독창성"을 보여 준다고 인정하였지만, 이는 결코 순전히 칭찬하는 말은 아니다. 존슨은 이전 시대의 형이상학적인 관행을 "새롭고 낯선 어떤 것을 추구함으로써 자연스러움으로부터 벗어나고자 하는 의도를 가진 일탈"로 간주하며 탐탁하게 여기지 않는 그 시대의 흐름에 속해 있었다. 그럼에도 불구하고 존슨이 언급했던 말은 던을 관심의 대상으로 만들었다.

19세기에는 1811년에 코울리지(Samuel Taylor Coleridge)가 던의 시집

을 읽고 그가 시를 조직하고 통일하기 위해서 어떻게 기지를 활용하였는지를 알게 되었을 때 환희에 찬 놀라움을 표현하였다. 코울리지가 형이상학 시를 읽는 것에 대한 결정적인 돌파구를 만들었지만 이 시들이 널리 읽히기까지는 또 다시 백 년 이상의 시간이 더 걸렸다. 20세기 중반의 "새로운" 비평가들과 함께 우리는 던과 같은 진정한 천재는 결국은 필연적으로 인정받게 된다는 사실을 알게 된다. 20세기 중반에 던은 모더니즘의 선구자로서 자리매김하였고, 이는 엘리엇(T. S. Eliot)이 그를 발굴함으로써 가능했던 것으로 여겨진다.

하지만 던의 작가로서 부활하게 된 것은 월튼이 쓴 던의 전기에 대한 19세기의 관심이 증폭된 데 힘입은 바 크다. 19세기 중반에는 월튼이 쓴 던의 전기를 읽는 독자가 그의 시를 읽는 독자들의 100배가 된다는 말이 있을 정도였다. 던의 전기는 두 가지 측면에서 큰 흥미를 불러 일으켰다. 월튼이 "그의 인생에서 눈에 띄는 실수"(the remarkable error of his life)라고 표현한 던의 은밀한 결혼과, 제2의 성 어거스틴이라고 말할 수 있을 정도로 젊은 날의 던의 특유의 행동에 대한 함축이 그것이다. 던이 사랑 때문에 결혼했고 후에 성공회 목사가 되었다는 사실이 마치 성 어거스틴을 연상하게 하면서 흥미를 자아내었을 것이다. 이와 같은 전기의 요소가 결국 시에 대한 흥미를 촉진시키게 된다. 예를 들어 제임슨(Anna Jameson)은 여러 번 인쇄된 자신의 책『시인들의 사랑』(*Loves of the Poets*)에서 던이 한때는 작가로서 칭송을 받았음을 인정하면서도, 앤 모어와 던의 결혼 생활에 대한 로맨틱한 이야기를 다루면서 그가 "자신의 박식하고 형이상학적이며 신학적인 작품들보다 그의 결혼생활 이야기 때문에 더 흥미가 있다"라고 말한다.

한편 던의 시들은 브리튼 섬에서는 어느 누구에게도 잘 알려지지 않았지만 미국에서는 상당한 독자를 얻고 있었다. 에머슨(Ralph Waldo Emerson)이 1719년 판을 손에 넣게 되면서 던에 대한 흥미가 보스턴을 중심으로 번져 나갔다. 쏘로우(Henry David Thoreau), 풀러(Margaret Fuller), 롱펠로우(Henry Wordsworth Longfellow), 로웰(James Rusell Lowell) 등이 대표적 인물이다. 1855년에는 영국시인 전집을 위해서 드라이든을 편집하고 있던 로웰이 던도 포함시키자고 출판업자들을 설득했다. 1880년대 성 제임스 궁정에 파견된 미국 성직자였던 로웰은 미국으로 돌아와 새롭게 설립된 현대 언어 학회(Modern Language Association)의 회장직을 받아들였고 던을 편집하는 일을 다시 시작하였다. 로웰의 텍스트는 초기의 판본들을 수집하고 분석했던 그의 딸 버네트(Mabel Burnett)와 북미 최고의 단테 학자이며 로웰의 유작 관리자인 노턴(Charles Eliot Norton)에 의해서 출판되었으며, 편집에 대한 노턴의 지식은 1633년에 발표된 판본에 규범적인 지위를 부여하는 영향력을 발휘하였다. 노턴의 판본은 영국에서는 무시되었으나, 그리어슨(Herbert Grierson)이 새로운 총서를 준비하고 있을 때 노턴의 작품을 우연히 접하고 원고에 대해 연구할 필요성을 느끼게 된다. 1912년 출판된 그의 위대한 총서는 1980년대 초기에 집주판(*Variorum*) 기획이 시도되기까지는 이전에 시도된 어떤 것들보다 훨씬 더 광범위한 원문 대조를 기반으로 한 것이다.

그리어슨은 학문적인 배경으로 시인인 던에 대해 관심을 갖게 된 첫 번째 편저자이다. 이 사실은 좋든 나쁘든 20세기에 던의 운명의 많은 부분을 결정하게 된다. 젊은 시절 그리어슨은 에버딘(Aberdeen)에서 민토(William Minto) 교수의 조교로 있었는데, 민토 교수는 던에 대한 강의는 하지 않았지만 문예 동인 안에서 던이 작품 활동이 미친 영향에 대한 상당히 통찰력 있는 논문을 1880년에 발표했다. 던의 운문이 많은 독자들이 인정하는 것보다 훨씬 익살스럽기도 하면서 동시에 심각하기도 하다는 것과, 이러한 극단의 뜻을 가지고 있는 시들이 거의 알려지지 못했다는 것을 설명하면서 민토 교수는 던이 그의 동시대 시인 사이에서 높게 평가된 반면, 문학에서는 기껏 몇몇의 연구학자들에 의해만 연구되는 엄청난 실패자로 남을 것 같다는 도발적인 결론을 내렸다.

1870년대부터 영국에서는 던에 대한 관심은 커져 가고 있었고, 세인트 폴 성당에 안치된 던의 기념비는 교회 지하실에서 200년 동안 보관되다가 복원되었다. 1890년대까지 던의 시들은 17세기 중반 이후로 그 어느 때보다 훨씬 더 많이 논의되었다. 노턴은 대서양을 가로질러 던을 하문 연구의 영역 안으로 끌어들이는 데 공헌했다. 17세기 판본들과 필사본들을 수집하고 던의 시들을 편집하면서, 노턴은 하버드 영어교육과정에서 던이 전 세계 그 어떤 대학에서보다 훨씬 중요한 의미가 있는 인물이 되도록 돕게 된다. 세인트 루이스에서 온 엘리엇(Tom Eliot)이라는 한 젊은 학생이 1906년 1월 브릭스(Le Baron Russell Briggs)의 강연을 통해 존 던을 처음 접하게 된다.

사실 1890년대 이후로 시몬즈(Arthur Symons)나 예이츠(W. B. Yeats), 브룩(Rupert Brooke)과 같은 많은 시인들이 열광적으로 던의 시 작품들을 읽었다. 1930년대까지 던은 새로운 과학에 대해 왕성한 관심을 보인 시인으로 생각되었으며, "새로운 철학이 모든 것에 대한 의심을 불러일으킨다"(New philosophy calls all in doubt)라는 구절이 자주 인용되곤 했다. 던은 연애시인으로서, 신사로서, 반항아로서, 풍자가로서, 우울한 청년으로서, 사제로서 등 다양한 입장에서 독자와 작가들에게 얘기했다. 오웬(Wilfred Owen)과 엠프슨(William Empson), 크레인(Hart Crane), 밀레이(Edna St. Vincent Millay), 그리고 스펜더(Stephen Spender) 등은 자신들의 시에서 던의 영향을 보여 준다. 헤밍웨이(Hemingway)는 『누구를 위해 종은 울리나』(*For Whom the Bell Tolls*, 1940)의 제목을 『위급한 때의 기도문』의 17번 명상(Meditation 17)에서 가져왔으며, 그 후에 "아무도 섬이 아니다"(no man is an island)로 시작하는 구절은 영어 문장 가운데 성서를 제외하고 가장 널리 인용되는 구절 중의 하나가 되었다.

그럼에도 불구하고, 던에게 새로운 명성을 가져다 준 것으로 인정받는 사람은 바로 『황무지』(*The Waste Land*)의 작가인 엘리엇이다. 그리어슨이 『17세기 형이상학파 서정시와 시』(*Metaphysical Lyrics and Poems of the Seventeenth Century*, 1921)를 출판했을 때, 엘리엇은 이 책의 논평을 의뢰받았다. 던에 대해 관심을 가지고 있었던 엘리엇은 문학 사의 내용을 수정할 수 있는 기회를 놓치지 않았다. 「형이상학파 시인들」("The Metaphysical Poets")이란 그의 논평이 거듭 출판되면서 17세기 후반에 "감수성의 분열"(dissociation of sensibility)이 일어났다는 엘리엇의 주장이 널리 전파되었다. 이 주장은 사상과 감정을 융합시키는 "통합된 감수성"(unified sensibility)을 가졌다고 일컬어지는 이전 시대의 작가들에 대한 추종을 불러일으켰다. 던은 스펜서와 밀턴보다 더 훌륭한 시인이라고 주장되었고, 대단히 지적이고 호기심 많으며 회의적이고 예리한 작가로 다루어졌다. 그는 모더니즘의 결정적인 선구자였으며, 그를 마침내 이해하게 된 것은 현대인의 특별한 영광이라고 여겨졌다. 엘리엇이 던에게 다소 흥미를 잃어 가던 시기에 '예술가의 몰개성'(impersonality of the artist)에 대한 그의 이론은 무게의 중심을 전기(傳記)적 관심으로부터 옮겨서 맥락 연구(contextual studies)를 촉발시키는 데 도움을 주었다. 사상사를 연구하는 학자들은 던의 작품들을 중세시대 정신이나 신플라톤주의, 페트라르카 시풍, 그리고 새로운 과학이나 연금술 등과의 관계에서 평가하려는 시도를 하였다.

20세기 중반 무렵에 캘리포니아 대학 출판부는 10권 분량의 방대한 『설교집』(*Sermons*, 1953-1962)을 펴냈으며, 그동안 옥스퍼드는 던 연구센터를 설립하여 멋진 던 시집을 연속해서 출판하였다. 가드너(Helen Gardner)가 주도한 이 책들은 가장 꼼꼼한 학문적인 기준을 구현한 것으로 여겨진다. 1981년에는 지난 30년 동안 던에 관하여 가장 널리 읽힌 캐리(John Carey)의 흥미로운 『존 던: 삶, 정신, 그리고 예술』(*John Donne: Life, Mind, and Art*)이 나왔다. 캐리는 던이 가톨릭을 "배교"한 사실을 그의 성격과 작품 이해의 핵으로 삼고 있다. 그리고 아웃사이더의 사회적 신분에 대한 야망이 던의 삶을 이해하는 데 중요한 단서라고 제시한다.

혁신적인 실험을 시도한 시인으로서 던은 또한 문체론적이고 형식적인 분석의 주요 대상이었다. 그러나 던에 대한 연구는 대부분 몇몇 『노래와 소네트』(*Songs and Sonnets*)와 『거룩한 소네트』(*Holy Sonnets*), 소수의 엘레지와 종교시에 집중되고 있어서 전체 작품의 절반 이하로 제한되어 있었다. 1970년대까지만 하더라도 존 던 비평은 신비평적 글읽기에 머물렀으나, 1980년대에 들어서면서부터 던을 비롯한 17세기 텍스트에 대한 연구가 젠더 개념이나 이데올로기, 권력, 르네상스기의 언어에 대한 탐구 등으로 새로운 시각에서 접근할 수 있게 된다. 최근의 비평가들은 던의 시를 해체주의와 페미니즘, 신역사주의, 문화유물론, 정신분석학 등 다양한 현대 비평적 방법론을 통하여 텍스트성(textuality)과 문화, 문학작품의 생산과 수용, 젠더에 대한 새로운 생각을 바탕으로 재조명하는 작업을 진행하고 있다.

엘리엇이 던과 형이상학파 시인들을 재발견한 때로부터 지금까지 던의 시와 이들 시가 불러일으킨 비평적 반향은 문학 비평사에서 중요한 위치를 차지하고 있다. 던의 시는 역사와 성(sexuality)과 지식, 그리고 신앙 사이의 상호관련성을 보여 줌과 동시에, 이에 대한 깊은 명상과 함께 이를 해석하고자 하는 강한 욕망을 드러내고 있다. 성적 욕망과 함께, 정신적이고 종교적인 욕망뿐 아니라 명예에 대한 욕망이 서로 얽힌 상태로 가득 차 있는 던의 텍스트는 이를 해석하려는 문학 비평가들의 욕망을 자극하면서 지금까지 많은 논쟁을 불러일으켜 왔다. 문학 비평은 역사적·문화적·제도적 맥락에 의해 형성된다고 할 수 있는데, 최근 신역사주의(Arthur Marotti, Jonathan Goldsberg)와 마르크시즘(David Aers, Gunther Kress, Richard Halpern), 해체주의(Thomas Docherty, Catherine Belsey, Claude Summers, Ted-Larry Pebworth), 정신분석비평(Ronald Corthell,

Ben Saunders)과 페미니즘(Janel Mueller, Janet Halley, Elizabeth Harvey, Achsah Guibbory), 독자반응비평(Stanley Fish) 등 다양한 비평적 방법이 저마다의 방식으로 던의 텍스트를 해석하려는 시도를 하고 있다. 특히 던과 르네상스 텍스트를 정치적인 함의를 가득 담은 형태로 해석하는 신역사주의자와 문화유물론자들은 개별적인 작품에 대한 분석과 해석을 하던 이전의 경향에서 벗어나, 던의 작품 전체를 사회적·경제적·정치적인 문맥을 포함하는 하나의 사회문화적 모체(matrix)로 파악하는 보다 포괄적인 비평적 시각을 소개하고 있다.

존 던(1572–1631) 연표

1572 철물상을 경영하는 아버지 John Donne과 어머니 Elizabeth Heywood 사이에서 6명의 자녀 중 셋째로 태어남

1576 1월 부친 사망. 7월 어머니 재혼

1584 동생 Henry와 함께 Oxford 대학 Hart Hall에 입학하여 1588년까지 다님

1587-1590 Cambridge 수학

1588 Donne의 계부 사망

1589-1591 유럽 여행

1591 Thavies Inn에 입학하여 법을 공부함. 어머니 세 번째 결혼함

1592 Lincoln's Inn에 입학함. 시작(詩作) 시기: *Songs and Sonnets*, *Satires*, *Elegies* 등을 이 시기에 쓰기 시작한 것으로 추측됨

1593 6월 23일 아버지 유산을 상속받음. 동생 Henry Donne이 Newgate 감옥에서 열병으로 옥사함

1594 4월 중 동생 몫의 유산을 상속받음

1595-1596 이탈리아와 스페인 여행

1596 6월 Cadiz 탐험에 참가함

1597 Island 탐험에 참가함(6월-10월)

1598 Sir Thomas Egerton의 비서직으로 일함

1601 Backley 하원의원으로 의회에 진출. 12월 Anne More와 비밀결혼

1602 비밀결혼이 Anne의 아버지 George More 경에게 알려져 2월에 감옥에 수감됨. Thomas Morton 경의 비서직에서 해고됨. 소송에서 승소하여 부인 Anne과 재결합

1603 Elizabeth 1세 사망. James 1세 즉위. 부인 Anne의 사촌집인 Surry의 Pirford에 거주함. 딸 Constance 출생

1604 아들 John 출생. James 1세의 후견인 Thomas Morton을 도와 영국 국교 기피자를 영국 국교회로 개종시키는 일을 담당함

1605 아들 George 출생

1606 세 자녀와 부인을 이끌고 Mitcham으로 이사하여 궁핍한 생활을 함. Herbert 부인과의 우정이 이때부터 시작됨

1606-1607 아들 Francis 출생. Morton은 Donne에게 성직을 수락하도록 권함. Elizabeth 여왕 사망 후 1607년경부터 *La Corona*를 쓰기 시작함

1608 딸 Lucy 출생. 여성후원자 Bedford 백작부인이 차녀 Lucy의 대모가 됨. Irland에서 비서직을 얻으려 했으나 실패함

1609 딸 Bridget 출생

1610 1월 영국 국교 기피자를 거짓 순교자라고 비판하는 내용의 *The Pseudo-Martyr*를 출판. 4월 옥스퍼드 대학에서 명예 M. A. 학위를 받음

1611-1612 1월 딸 Mary 출생. *The First Anniversary* 출판. *Ignatius His Conclave* 출판. 11월 Robert Drury 경과 함께 Amiens, Paris, Germany로 여행을 떠나 1612년 9월에 돌아옴. *An Anatomy of the World(The First Anniversary)* 출판

1612 *The First and Second Anniversaries* 출판. Drury 경의 호의로 부인과 7명의 자녀를 데리고 Drury Lane에 있는 집으로 이사함

1613 공석(空席)인 베니스 대사직에 자신을 지명해 준다는 약속을 얻으려 했으나 뜻을 이루지 못함

1614 Taunton의 하원의원으로 일함. 자녀 중 2명이 사망(딸 Lucy는 5월에, 아들 Francis는 11월에 사망함)

1615 St. Paul 성당의 보제로 임명되고 왕실의 후견인으로 지명됨. 왕의 명령으로 4월 Cambridge 대학으로부터 명예 신학박사학위를 받음. 4월 딸 Margaret 출생

1616 Huntingtonshire와 Kent에 거주함

1617 8월 10일 부인 Anne More가 사산아를 낳고 1주일 후인 8월 15일에 사망함

1619 5월 대사의 임무를 띤 Doncaster 백작과 함께 독일을 여행함. A Hymn to Christ at the Author's last going into Germany를 씀

1620 London으로 귀향함

1621 11월 19일 St. Paul 성당의 사제장으로 임명됨

1622 Bedfordshire의 Blunham의 교구사제로 임명됨

1623 11월-12월까지 건강이 악화되어 중병을 앓음. 12월 장녀 Constance가 Edward Alleyn과 결혼함

1624 St. Dunston 교구사제로 지명됨. *Devotions upon Emergent Occasions* 출판

1625 3월 27일 James 1세 사망. 4월 3일 Charles 1세에게 첫 번째 설교함. London을 휩쓸었던 흑사병을 피하기 위해 Chelsa에 있는 Sir John Danvers의 농장으로 거처를 옮김

1626 2월 2일 Charles 1세 즉위(대관식)

1627 1월 딸 Lucy 사망. 3월 18일 가장 절친하던 친구 Henry Goodyer 경 사망. 3월 21일 여성후원자 Bedford 백작부인 사망. 6월 친구이자 여성후원자인 Magdalen Danvers 부인 사망

1628 2월 오랜 친구 Christopher Brooke 사망

1630 6월 24일 미망인이 된 딸 Constance Alleyn이 Samuel Harvey와 결혼함. 중병을 앓으며 자신의 유언을 준비함

1631 Donne의 어머니가 86세로 별세함. 2월 26일 Whitehall의 어전에서 마지막 설교("Death's Duell")를 함. 3월 초 "Heliotropes"라는 붉은 돌의 인장을 기념물로 친구에게 주고 수의로 온몸을 싼 자신의 초상화를 그리게 함. 3월 31일 런던에서 사망. 4월 3일 St. Paul 성당에 안장됨

1632 수의를 입은 던의 초상이 흰 대리석에 조각되어 St. Paul 성당에 세워져 현재까지도 잘 보존되어 있음

참고문헌

2. 『엘레지』

최재헌. 『르네상스 시대 영국시의 이해』. 대구: 경북대학교출판부, 2005.

_____. 「영국 르네상스 텍스트의 여성의 목소리--존 던의 『엘레지』와 「사포가 필레니스에게」 읽기」. 『영어영문학』 51.2 (2005): 305-29.

Abrams, M. H. *A Glossary of Literary Terms*. Orlando: Harcourt Brace, 1999.

Belsey, Catherine. *Desire: Love Stories in Western Culture*. Oxford: Oxford UP, 1994.

Benet, Diana Trevino. "Sexual Transgression in Donne's Elegies." *Modern Philology* 92.1 (1994): 14-35.

Davies, Stevie. *John Donne*. Plymouth: Northcote House, 1994.

Guibbory, Achsah. "'Oh, Let Mee Not Serve So': The Politics of Love in Donne's *Elegies*." *John Donne*. Ed. Andrew Mousley. New York: St. Martin's, 1999. 25-44.

_____. "John Donne." *The Cambridge Companion to English Poetry: Donne to Marvell*. Ed. Thomas N. Corns. Cambridge: Cambridge UP, 1993. 123-47.

_____. "'Oh, Let Mee Not Serve So': The Politics of Love in Donne's *Elegies*." *ELH* 57.4 (1990): 811-33.

Marotti, Arthur F. *John Donne, Coterie Poet*. Madison: U of Wisconsin P, 1986.

Reid, David. *The Metaphysical Poets*. London: Longman, 2000.

Sugg, Richard. *Critical Issues: John Donne*. New York: Palgrave Macmillan, 2007.

젠더와 식민주의: 「엘레지 18」과 「엘레지 19」

Belsey, Catherine. *Desire: Love Stories in Western Culture*. Oxford: Oxford UP, 1994.

Carey, John. *John Donne: Life, Mind, and Art*. New York: Oxford UP, 1981.

Docherty, Thomas. *John Donne, Undone*. London: Methuen, 1986.

Donne, John. *John Donne: The Complete English Poems*. Ed. A. J. Smith. London: Penguin, 1996.

Guibbory, Achsah. "'Oh, Let Mee Not Serve So': The Politics of Love in Donne's *Elegies*."

Mousley 25-44.

Marotti, Arthur F. *John Donne, Coterie Poet*. Madison: U of Wisconsin P, 1986.

Mousley, Andrew. *John Donne*. New York: St. Martin's, 1999.

Nutt, Joe. *John Donne: The Poems*. London: Macmillan, 1999.

Patterson, Annabel. *Censorship and Interpretation*. Madison: U of Wisconsin P, 1984.

Raman, Shankar. "Can't Buy Me Love: Money, Gender, and Colonialism in Donne's Erotic Verse." *Criticism* 43 (2001): 135-68.

Young, R. V. "'O My America, My New-found-land.' Pornography and Imperial Politics in Donne's *Elegies*." *South Central Review* 4 (1987): 35-48.

영국 르네상스 텍스트의 여성의 목소리: 『사포가 필레니스에게』

Blank, Paular. "Comparing Sappho to Philaenis: John Donne's 'Homeopoetics.'" *PMLA* 110.3 (1995): 358-68.

Carey, John. *John Donne: Life, Mind, and Art.* New York: Oxford UP, 1981.

Correll, Barbara. "Symbolic Economies and Zero-Sum Erotics: Donne's 'Sapho to Philaenis.'" *ELH* 62.3 (1995): 487-507.

Donne, John. *John Donne: The Complete English Poems*. Ed. A. J. Smith. London: Penguin, 1996.

Gardner, Helen, ed. *John Donne: The Elegies and The Songs and Sonnets*. Oxford: Clarendon P, 1965.

Harvey, Elizabeth. *Ventriloquized Voices: Feminist Theory and English Renaissance Texts*. London: Routledge, 1992.

Holstun, James. "'Will You Rent Our Ancient Love Sunder?': Lesbian Elegy in Donne, Marvell, and Milton." *ELH* 54.4 (1987): 835-67.

Infante, Cecilia. "Donne's Incarnate Muse and His Claim to Poetic Control in 'Sapho to Philaenis.'" Summers and Pebworth 93-106.

Mueller, Janel. "Lesbian Erotics: The Utopian Trope of Donne: 'Sapho to Philaenis.'" Summers 103-34.

Summers, Claude J, ed. *Homosexuality in Renaissance and Enlightenment England: Literary Representations in Historical Context*. New York: Haworth, 1992.

Summers, Claude J and Ted-Larry Pebworth, ed. *Representing Women in Renaissance England*. Columbia: U of Missouri, 1997.

3.『풍자시』: 종교와 정치

최재헌.『르네상스 시대 영국시의 이해』. 대구: 경북대학교출판부, 2005.

Abrams, M. H. *A Glossary of Literary Terms*. Orlando: Harcourt Brace College Publishers, 1999.

Boose, Lynda E. "The 1599 Bishop's Ban, Elizabethan Pornography, and the Sexualization of the Jacobean Stage." *Enclosure Acts: Sexuality, Property, and Culture in Early Modern England*. Ed. Richard Burt and John Michael Archer. Ithaca: Cornell UP, 1994. 185-200.

Donne, John. *John Donne: The Complete English Poems*. Ed. A. J. Smith. London: Penguin, 1996.

Guibbory, Achsah. "John Donne." *The Cambridge Companion to English Poetry: Donne to Marvell*. Ed. Thomas N. Corns. Cambridge: Cambridge UP, 1993. 123-47.

King, John N. "Traditions of Complaint and Satire." *A Companion to English Renaissance Literature and Culture.* Ed. Michael Hattaway, Oxford: Blackwell, 2000. 367-77.

Lewis, C. S. *English Literature in the Sixteenth Century Excluding Drama*. Oxford: Clarendon P, 1954.

Patterson, Annabel. "Satirical Writing: Donne in Shadows." *The Cambridge Companion to John Donne*. Ed. Achsah Guibbory. Cambridge: Cambridge UP, 2006. 117-31.

Perry, Curtis. "Court and Coterie Culture." *A Companion to English Renaissance Literature and Culture.* Ed. Michael Hattaway, Oxford: Blackwell, 2000. 106-18.

Sugg, Richard. *John Donne*. New York: Palgrave, 2007.

참된 종교에 대한 모색:「풍자시 3」

최재헌.「존 던의「풍자시 3」: 종교와 정치」.『밀턴과근세영문학』14.2 (2004): 265-83.

Bellette, A. F. "The Originality of Donne's *Satires*." *University of Toronto Quarterly* 44.2 (1975): 130-40.

Carey, John. *John Donne: Life, Mind, and Art*. New York: Oxford UP, 1981.

Corns, Thomas N., ed. *The Cambridge Companion to English Poetry: Donne to Marvell*. Cambridge: Cambridge UP, 1993.

Docherty, Thomas. *John Donne, Undone*. London: Methuen, 1986.

Donne, John. *John Donne: The Complete English Poems*. Ed. A. J. Smith. London: Penguin, 1996.

Gross, Kenneth. "John Donne's Lyric Skepticism: In Strange Way." *Modern Philology* 101.3

(2004): 371-99.

Guibbory, Achsah. "'Oh, Let Mee Not Serve So': The Politics of Love in Donne's *Elegies*." Mousley 25-44.

______. "John Donne." Corns 123-47.

Herek, Bryan Thomas. "Donne's Satyre III." *Explicator* 60.4 (2002): 193-96.

Hester, M. Thomas. "'All Our Soules Devotion': Satire as Religion in Donne's *Satyre III*." *Studies in English Literature, 1500-1900* 18.1 (1978): 35-55.

Mousley, Andrew, ed. *John Donne*. New York: St. Martin's, 1999.

Nutt, Joe. *John Donne: The Poems*. London: Macmillan, 1999.

Parfitt, George. *English Poetry of the Seventeenth Century*. London: Longman, 1992.

Scodel, Joshua. *Excess and the Mean in Early Modern English Literature*. Princeton: Princeton UP, 2002.

______. "The Medium Is the Message: Donne's 'Satire 3,' 'To Sir Henry Wotton'(Sir, more than kisses), and the Ideologies of the Mean." *Modern Philology* 90.4 (1993): 479-511.

Sloan, Thomas O. "The Persona as Rhetor: An Interpretation of Donne's *Satyre III*." *Quarterly Journal of Speech* 51 (1965): 14-27.

Strier, Richard. "Radical Donne: 'Satyre III.'" *ELH* 60 (1993): 283-321.

Wiggins, Peter DeSa. *Donne, Castiglione, and the Poetry of Courtliness*. Bloomington: Indiana UP, 2000.

4. 던의 중기 산문

『자살론』

이정영. 「자살의 광기와 정치적 욕망: 존 던의 『자살론』 읽기」. 『밀턴과근세영문학』 22.1 (2012): 113-33.

Donne, John. *Biathanatos*. New York: Arno, 1977.

______. *John Donne: Biathanatos*. Ed. Michael Rudick and M. Pabst Battin. New York: Garland Publishing, 1982.

Marotti, Arthur F. *John Donne, Coterie Poet*. Madison: U of Wisconsin P, 1986.

Price, Michael W. "The Paradox." Jeanne Shami, Dennis Flynn, and M. Thomas Hester 149-52.

Shami, Jeanne, Dennis Flynn, and M. Thomas Hester, eds. *The Oxford Handbook of John Donne*. Oxford: Oxford UP, 2011.

Sullivan, E. W., II. "The Paradox: *Biathanatos*." Jeanne Shami, Dennis Flynn, and M. Thomas Hester 153-57.

『가짜 순교자』

최재헌. 「르네상스 영국의 종교적 자유의 전통: 존 던과 존 밀턴 비교연구」. 『밀턴과근세영문학』 23.1 (2013): 41-67.

Donne, John. *Pseudo-Martyr*. Ed. Anthony Raspa. Montreal: McGill-Queen's UP, 1993.

Mohamed, Feisal G. "Donne, Milton, and the Two Traditions of Religious Liberty." *A New Companion to English Renaissance Literature and Culture*. Ed. Michael Hattaway. Oxford: Blackwell, 2010. 289-303.

Roebuck, Graham. "The Controversial Treatise." *The Oxford Handbook of John Donne*. Ed. Jeanne Shami, Dennis Flynn, and M. Thomas Hester. Oxford: Oxford UP, 2011. 249-63.

Tutino, Stefania. "Notes on Machiavelli and Ignatius Loyola in John Donne's *Ignatius his Conclave* and *Pseudo-Martyr*." *English History Review* 119. 484 (2004): 1308-21.

『이그나티우스의 비밀회의』

Carey, John. *John Donne: Life, Mind, and Art.* New York: Oxford UP, 1990.

Donne, John. *Ignatius His Conclave*. London: EEBO Editions, 1653.

Prescott, Anne Lake. "Menippean Doone." *The Oxford Handbook of John Donne*. Ed. Jeanne Shami, Dennis Flynn, and M. Thomas Hester. Oxford: Oxford UP, 2011. 158-79.

5. 『노래와 소네트』

Belsey, Catherine. "John Donne's Worlds of Desire." *John Donne*. Ed. Andrew Mousley. New York: St. Martin's, 1999. 63-80.

욕망의 정치학

Belsey, Catherine. "John Donne's Worlds of Desire." Mousley 63-80.

Brown, Meg Lota. "'In that the World's Contracted Thus': Casuistical Politics in Donne's 'The Sunne Rising'." Summers and Pebworth 22-33.

Carey, John. *John Donne: Life, Mind, and Art.* New York: Oxford UP, 1990.

Corns, Thomas N., ed. *The Cambridge Companion to English Poetry: Donne to Marvell.* Cambridge: Cambridge UP, 1993.

Docherty, Thomas. *John Donne, Undone.* London: Methuen, 1986.

Donne, John. *John Donne: The Complete English Poems.* Ed. A. J. Smith. London: Penguin, 1996.

Guibbory, Achsah. "John Donne." Corns 123-47.

Halpern, Richard. "The Lyric in the Field of Information: Autopoesis and History in Donne's *Songs and Sonnets.*" Mousley 104-21.

Harvey, Elizabeth D. *Ventriloquized Voices: Feminist Theory and English Renaissance Texts.* London: Routledge, 1992.

Hobby, Elaine. "The Politics of Gender." Corns 31-51.

Loewenstein, David. "Politics and Religion." Corns 3-30.

Marotti, Arthur F. *John Donne, Coterie Poet.* Madison: U of Wisconsin P, 1986.

Mousley, Andrew, ed. *John Donne.* New York: St. Martin's, 1999.

Mousley, Andrew. "Introduction." Mousley 1-24.

Nutt, Joe. *John Donne: The Poems.* London: Macmillan, 1999.

Summers, Claude J. and Ted-Larry Pebworth, ed. "*The Muses Common-Weale*": *Poetry and Politics in the Seventeenth Century.* Columbia: U of Missouri P, 1988.

Summers, Claude J. and Ted-Larry Pebworth. "Introduction." Summers and Pebworth 1-8.

현존과 부재, 그리고 재현의 미학

최재헌.「욕망의 정치학 - 존 던의『노래와 소네트』」.『영어영문학』49.2 (2003): 331-48.

Byatt, A. S. "Feeling Thought: Donne and the Embodied Mind." Guibbory, *John Donne* 247-57.

Carey, John. *John Donne: Life, Mind, and Art.* New York: Oxford UP, 1990.

Docherty, Thomas. *John Donne, Undone.* London: Methuen, 1986.

Donne, John. *John Donne: The Complete English Poems.* Ed. A. J. Smith. London: Penguin, 1996.

Guibbory, Achsah, ed. *The Cambridge Companion to John Donne.* Cambridge: Cambridge UP, 2006.

______. "John Donne." *The Cambridge Companion to English Poetry: Donne to Marvell.* Ed. Thomas N. Corns. Cambridge: Cambridge UP, 1993. 123-47.

______. "Erotic Poems." Guibbory, *John Donne* 133-47.

Herz, Judith Scherer. "Reading and Rereading Donne's Poetry." Guibbory, *John Donne* 101-15.

Hutcheon, Linda. *The Politics of Postmodernism*. New York: Routledge, 1991.

Mitchell, W.J.T. "Representation." *Critical Terms for Literary Study*. Ed. Frank Lentricchia and Thomas McLaughlin. Chicago: U of Chicago P, 1990.

Mousley, Andrew, ed. *John Donne*. New York: St. Martin's, 1999.

Nutt, Joe. *John Donne: The Poems*. London: Macmillan, 1999.

Roston, Murray. *The Soul of Wit: A Study of John Donne*. Oxford: Clarendon P, 1974.

Sugg, Richard. *Critical Issues: John Donne*. New York: Palgrave Macmillan, 2007.

Targoff, Ramie. *John Donne, Body and Soul*. Chicago: U of Chicago P, 2008.

6. 『종교시』: 내면의 갈등과 신과의 대화

『거룩한 소네트』

Beaston, Lawrence. "Talking to a Silent God: Donne's Holy Sonnets and the Via Negativa." *Renaissance* 51. 2 (1999): 95-109.

Carey, John. *John Donne: Life, Mind, and Art.* New York: Oxford UP, 1981.

Donne, John. *John Donne: The Complete English Poems*. Ed. A. J. Smith. London: Penguin, 1996.

Garrett, John. *British Poetry since the Sixteenth Century*. London: Macmillan, 1986.

Kerrigan, William W. "The Fearful Accommodations of John Donne." *English Literary Renaissance* 4 (1974): 337-63.

Nutt, Joe. *John Donne: The Poems*. London: Macmillan, 1999.

Stachniewski, John. *The Persecutory Imagination: English Puritanism and the Literature of Religious Despair*. Oxford: Clarendon P, 1991.

그 외 종교시

Beaston, Lawrence. "Talking to a Silent God: Donne's Holy Sonnets and the Via Negativa." *Renaissance* 51. 2 (1999): 95-109.

Carey, John. *John Donne: Life, Mind, and Art.* New York: Oxford UP, 1990.

Corns, Thomas N., ed. *The Cambridge Companion to English Poetry: Donne to Marvell*. Cambridge: Cambridge UP, 1993.

Docherty, Thomas. *John Donne, Undone*. London: Methuen, 1986.

Donne, John. *John Donne: The Complete English Poems*. Ed. A. J. Smith. London: Penguin,

1996.
______. *John Donne: Devotions upon Emergent Occasions: Together with Death's Duel*. Ann Arbor: U of Michigan P, 2000.
Guibbory, Achsah. "John Donne." Corns 123-47.
McCullough, Peter E. "Donne as Preacher at Court: 'Precarious Inthronization.'" *John Donne's Professional Lives*. Ed. David Colclough. Woodbridge: D. S. Brewer, 2003. 179-204.
Marotti, Arthur F. *John Donne, Coterie Poet*. Madison: U of Wisconsin P, 1986.
Mousley, Andrew, ed. *John Donne*. New York: St. Martin's, 1999.
Nutt, Joe. *John Donne: The Poems*. London: Macmillan, 1999.
Roston, Murray. *The Soul of Wit: A Study of John Donne*. Oxford: Clarendon P, 1974.
Sanders, Wilbur. *John Donne's Poetry*. Cambridge: Cambridge UP, 1971.
Walton, Izaak. *The Lives of John Donne, Sir Henry Wotton, Richard Hooker, George Herbert & Robert Sanderson*. London: Oxford UP, 1956.
Winny, James. *A Preface to Donne*. London: Longman, 1970.

7. 던의 종교적 산문

설교문

김윤경. 「"비참한 수수께끼": 존 던의 『죽음의 결투』에서 탐구된 죽음의 다면성」. 『밀턴과근세영문학』 18.2 (2008): 271-300.
Donne, John. *John Donne: Devotions upon Emergent Occasions: Together with Death's Duel*. Ann Arbor: U of Michigan P, 2000.
McCullough, Peter E. "Donne as Preacher at Court: 'Precarious Inthronization.'" *John Donne's Professional Lives*. Ed. David Colclough. Woodbridge: D. S. Brewer, 2003. 179-204.
Shami, Jeanne. "The Sermon." *The Oxford Handbook of John Donne*. Ed. Jeanne Shami, Dennis Flynn, and M. Thomas Hester. Oxford: Oxford UP, 2011. 318-47.
Walton, Izaak. *The Lives of John Donne, Sir Henry Wotton, Richard Hooker, George Herbert & Robert Sanderson*. London: Oxford UP, 1956.
Winny, James. *A Preface to Donne*. London: Longman, 1970.

Beaston, Lawrence. "Talking to a Silent God: Donne's Holy Sonnets and the Via Negativa." *Renaissance* 51. 2 (1999): 95-109.

Carey, John. *John Donne: Life, Mind, and Art.* New York: Oxford UP, 1990.

Corns, Thomas N., ed. *The Cambridge Companion to English Poetry: Donne to Marvell.* Cambridge: Cambridge UP, 1993.

Docherty, Thomas. *John Donne, Undone.* London: Methuen, 1986.

Donne, John. *John Donne: The Complete English Poems.* Ed. A. J. Smith. London: Penguin, 1996.

______. *John Donne: Devotions upon Emergent Occasions: Together with Death's Duel.* Ann Arbor: U of Michigan P, 2000.

Guibbory, Achsah. "John Donne." Corns 123-47.

McCullough, Peter E. "Donne as Preacher at Court: 'Precarious Inthronization.'" *John Donne's Professional Lives.* Ed. David Colclough. Woodbridge: D. S. Brewer, 2003. 179-204.

Marotti, Arthur F. *John Donne, Coterie Poet.* Madison: U of Wisconsin P, 1986.

Mousley, Andrew, ed. *John Donne.* New York: St. Martin's, 1999.

Narveson, Kate. "The Devotion." *The Oxford Handbook of John Donne.* Ed. Jeanne Shami, Dennis Flynn, and M. Thomas Hester. Oxford: Oxford UP, 2011. 308-17.

Nutt, Joe. *John Donne: The Poems.* London: Macmillan, 1999.

Roston, Murray. *The Soul of Wit: A Study of John Donne.* Oxford: Clarendon P, 1974.

Sanders, Wilbur. *John Donne's Poetry.* Cambridge: Cambridge UP, 1971.

Walton, Izaak. *The Lives of John Donne, Sir Henry Wotton, Richard Hooker, George Herbert & Robert Sanderson.* London: Oxford UP, 1956.

Winny, James. *A Preface to Donne.* London: Longman, 1970.

찾아보기